BELLETRISTIK

Stefan Heym

STALIN
VERLÄSST DEN RAUM

Politische Publizistik

1990

Reclam-Verlag Leipzig

Herausgegeben und mit einem Nachwort
von Heiner Henniger

ISBN 3-379-00633-5

Ausgabe des Reclam-Verlages Leipzig für die DDR und die anderen sozialistischen Länder mit Genehmigung des Autors

Reclam-Bibliothek Band 1371
1. Auflage
Reihengestaltung: Lothar Reher
Lizenz Nr. 363. 340/123/90 · LSV 7002 · Vbg. 17,6
Printed in the German Democratic Republic
Grafischer Großbetrieb Völkerfreundschaft Dresden
Gesetzt aus Garamond-Antiqua
Bestellnummer: 661 538 5
4,–

Wenn mich einer fragte …

Wenn mich einer fragte: In welcher Zeit hättest du gerne gelebt? – würde ich ihm antworten: In unserer. Denn noch nie, glaube ich, gab es eine Zeit mit so raschen, so tief einschneidenden Veränderungen, mit so enormen Widersprüchen, so fürchterlichen Verstrickungen und Verteufelungen des Menschen; nie aber auch eine Zeit, in der der Mensch so sehr über sich hinauswächst und mit solcher Kühnheit eine neue, kaum erahnte Welt schafft: eine Zeit also, wie ein Schriftsteller für seine Zwecke sie sich nicht schöner wünschen könnte, selbst auf die Gefahr hin, daß er in ihre Strudel gerät.

In meinen Romanen und Erzählungen habe ich versucht, einige Aspekte dieser Zeit und ihrer Menschen zu erfassen. Selbst da, wo ich in die Geschichte griff, tat ich es, um dort die Wurzeln unserer Zeit und unserer Konflikte zu finden und vielleicht auch Antworten auf Fragen von heute.

Durch die Darstellung von Gefühlen und Schicksalen habe ich mich bemüht, den Menschen etwas zu geben, ihnen vielleicht auch ein wenig vorwärtszuhelfen und so zur Veränderung unserer Welt beizutragen. Dabei war mir natürlich klar, daß der Einfluß des Wortes beschränkt ist, daß er sich oft auch nur indirekt auswirkt, und daß der einzelne überhaupt nur wirken kann in Wechselbeziehung zur Gruppe, zum Kollektiv, zum Ganzen. Der Rufer in der Wüste wirkt immer leicht komisch; er muß sich schon dorthin bemühen, wo die anderen sind; aber manchmal ist es auch notwendig zu rufen, wenn es scheint, als ob nichts als Wüste um einen herum ist.

Wie weit es mir gelungen ist, mitzuwirken, mitzuhelfen an der Neugestaltung unserer Zeit, läßt sich schwer sagen. Man könnte da Ziffern anführen, in einzelnen Fällen sogar hohe – Titel, Auflagen, Anzahl von Übersetzungen. Aber das besagt noch nicht viel. Eher wäre hier zu erwähnen, daß es kaum ein Buch von mir gibt, das nicht vor oder nach seinem Erscheinen zu Kontroversen Anlaß gegeben hat. Wenn ich all die Epitheta aneinanderreihte, die mir dabei verliehen worden sind – die Skala reicht von *Stalin-Agent* bis *Konterrevolutionär*, von *ein neuer Thomas Mann* bis *schwarz-rot-goldener Ganghofer* –, so ergäbe sich ein ganz hübscher Waschzettel.

Habent sua fata libelli – die Schicksale meiner Bücher sind auch das meine, im Westen, im Osten, in unserer Zeit.

Redaktion *Jungbuchhandel,*
Düsseldorf

Ich aber ging über die Grenze ...

1935

Ich aber ging über die Grenze.
Über die Berge, da noch der Schnee lag,
auf den die Sonne brannte durch die dünne Luft.
Und der Schnee drang ein in meine Schuhe.

Nichts nahm ich mit mir
als meinen Haß.
Den pflege ich nun.
Täglich begieße ich ihn
mit kleinen Zeitungsnotizen
von kleinen Morden,
nebensächlichen Mißhandlungen
und harmlosen Quälereien.

So bin ich nun einmal.
Und ich vergesse nicht.
Und ich komme wieder
über die Berge, ob Schnee liegt,
oder das Grün des Frühlings die Höhen bedeckt,
oder das Gelb des Sommers, oder das dunkle Grau
des Herbstes, der den Winter erwartet.

Dann steh ich im Lande, das sich befreien will,
mit einer Stirn, die zu Eis geworden
in den Jahren, da ich wartete.
Dann sind meine Augen hart, meine Stirn zerfurcht,
aber mein Wort ist noch da, die Kraft meiner Sprache
und meine Hand, die des Revolvers
eiserne Mündung zu führen versteht.

Über die Straßen geh ich der Heimatstadt,
über die Felder, die mir verloren gingen,
auf und ab, auf und ab.

Deutsches Volksecho stellt sich vor

20. Februar 1937

Zweierlei Aufgaben hat eine Zeitung zu erfüllen: Nachrichten zu bringen und Meinungen zu bilden. Aber man sehe sich an, was heute aus der Rotationsmaschine kommt! Der Zweck der Presse hat sich in sein Gegenteil verkehrt: Nachrichten werden gefälscht, Meinungen unterdrückt. Und das nicht nur in faschistischen Staaten, wo die Praxis des organisierten Volksbetrugs eine Selbstverständlichkeit ist, sondern auch in den Ländern, wo das Volk durch seinen Widerstand ein Restchen Freiheit für sich gerettet hat.

Die deutsche Presse in Amerika – reden wir nicht von den Naziblättern, die dafür bezahlt werden, daß sie das hysterische Gelalle des Propaganda-Goebbels nachbeten. Aber auch die nicht-nationalsozialistischen deutschamerikanischen Tages- und Wochenblätter, verstreut über das Land, sind eingeschüchtert und erpreßt durch den wirtschaftlichen und politischen Druck der Nazis. Sie wagen nicht mehr so zu schreiben, wie es ihre vornehmste Aufgabe wäre, sie wagen nicht, die Stimmführer des deutschen Volkes zu sein, da dem deutschen Volke innerhalb des Machtbereiches des *Führers* und seiner Unterführer die freie Sprache geraubt wurde. Und die wenigen deutschamerikanischen antifaschistischen Zeitungen sind nicht imstande, im Kampf für die Wahrheit die großen Massen der deutschamerikanischen Bevölkerung zu erreichen, da sie durch ihre Tradition als Parteizeitungen eingeengt sind.

Darum ist die Zeitung, die mit diesem Aufruf zum erstenmal vor die Öffentlichkeit tritt, notwendig. Darum wurde sie gegründet.

Jean Jaurès, der, weil er für Frieden und Freiheit kämpfte, an jenem verhängnisvollen Vorabend des Weltkrieges ermordet wurde, sagte einmal: „Dem Volk kann man immer die Wahrheit sagen, es hat kein Bedürfnis nach Lügen." – Diese Zeitung, die den Namen *Volksecho* tragen wird, weil sie als Echo des Volkes sprechen soll, *wird die Wahrheit sagen.* Die Wahrheit über Deutschland, unsere in Ketten gelegte Heimat, die Wahrheit über Amerika, unser neues Land, die Wahrheit über die Welt, deren Bürger wir alle sind.

Die Wahrheit zu sagen, aber bedeutet Kampf. Nicht nur, weil die am Volksbetrug Interessierten die Wahrheit als ihren schrecklichsten Feind bekämpfen – sondern weil die Erkenntnis der Wahrheit an sich in jedem anständigen, fühlenden, denkenden Menschen den Willen zum Kampf, zu Verbesserungen und Veränderung wachruft.

Hier steht das *Volksecho* nicht allein. Der große Verbündete jeder Zeitung für das Volk ist das Volk selber, das sich heute in einer großen Front zusammenfindet im *Kampf* um seine Rechte, seine Freiheiten.

Jeder Tag bringt neue Angriffe auf diese Rechte und Freiheiten. Da werden die Menschen in den Zuchthäusern gefoltert, auf den Straßen friedlicher Städte bombardiert; da werden sie von den Arbeitsplätzen gerissen und zu langsamem Hungertod verurteilt; da werden die Kulturgüter des Volkes verbrannt und zerschossen; da werden die Greise zu Bettlern und die Kinder zu Lohnsklaven gemacht; die Bauern von den Feldern gejagt; die Soldaten verkauft und verraten; da zerfallen die Krankenhäuser, damit Panzerkreuzer entstehen; da werden ein paar Gewissenlose steinreich und die Armen immer ärmer – das ist die Wahrheit. Und das Volk beginnt, die Wahrheit zu sehen, in einer Volksfront beginnt es sich zusammenzuschließen!

Diese Zeitung stellt sich in den Dienst der Volksfront. Das bedeutet: Sie nimmt Partei auf der Seite des Volkes. Sie will das Echo und der Ruf des Volkes sein. Sie will alle aufrufen, alle um sich scharen: Arbeiter, Bauern, Handwerker, Mittelständler, Intellektuelle – Deutsche in aller Welt, Deutsche in Amerika.

Denn die Geschichte der letzten Jahre hat dem deutschen Volke eine Mission zugewiesen. Diese Mission ist nicht die der Hitler und Göring, die unser Volk dadurch entehren, daß sie es zum Brandstifter eines neuen Weltbrandes machen wollen.

Die Aufgabe der Deutschen ist es, ihre Freiheit wiederzugewinnen, um gleichberechtigt in der Welt an der Seite der fortschrittlichen Demokratien für soziale Befreiung und für den Frieden zu kämpfen.

Kam nicht ein Steuben nach Amerika, um hier die Demokratie erkämpfen zu helfen? Trat nicht hier Karl Schurz selbstlos für die Freiheit einer versklavten Rasse ein?

In dieser Zeit, wo die Schicksale von kommenden Generationen geformt werden – in Fabriken und Schützengräben, in Warenhäusern und Wohlfahrtsämtern, auf den Straßen der Städte und den Feldern der Farmer –, in dieser Zeit müssen wir Deutsche unserer Tradition und Aufgabe uns voll bewußt werden:

Einig, einig für Freiheit und Fortschritt, für Frieden, und das Recht auf unser Leben zu kämpfen – eine große Volksfront, in Deutschland, in Amerika – überall!

Aus finsteren Jahren

Sinn und Form, Sonderheft Thomas Mann

1965

Noch heute träume ich mitunter, daß ich die neue Nummer des *Deutschen Volksecho* umbrechen muß und nichts – aber auch nichts! – von dem, was geschrieben werden müßte, ist geschrieben, nicht die Vereinsnachricht und nicht die Glosse, nicht der Leitartikel und nicht der politische Bericht, und nicht eine Zeile der englischen Seite. Der Setzer wartet, der Metteur. Die Presse – wir druckten in einer winzigen armenischen Druckerei, deren Meister kein Wort deutsch und kaum englisch verstand – war nur auf Stunden zu haben; war die kostbare Zeit verstrichen, konnte überhaupt nicht gedruckt werden. Ein Aufschrei ... Und statt in New York, um zwei Uhr morgens, neben der klappernden Setzmaschine, wache ich in meinem Berliner Bett auf, achtundzwanzig Jahre nach meinen Ängsten.

Nur wer selbst Redakteur war, wird solche Alpträume verstehen. Und selbst in diesem Falle – die Arbeit an einer antifaschistischen deutschsprachigen Wochenzeitung in New York in den Jahren 1937 bis 1939, ohne ständigen Redaktionsstab, ohne Pressedienst, Archiv, Bilderdienst, Honorarfonds, wird normalen Journalisten an normalen Blättern zu normalen Zeiten unvorstellbar bleiben. Unvorstellbar wird ihnen bleiben der Dr. Geismayr, der ohne einen Cent zu erhalten als Redaktionsvolontär mitarbeitete und den ich mit Gewalt nach Hause expedieren mußte, nachdem ich in einer Umbruchnacht eine Blutlache auf seinem Korrekturschemel fand. Unvorstellbar die Redaktionssekretärin Hilde Schott, von der ich heute noch nicht weiß, wie sie damals ihre beiden Kinder ernährte; unvorstellbar die Arbeitslosen, die jeden Mittwoch kamen, die Zeitungen adressierten und verpackten, bis die Postsäcke fertig waren – für ein Dankeschön und einen Kaffee in einer Papptasse. Da konnte man nur Chefredakteur sein, wenn man vierundzwanzig war, elastisch, ans Hungern gewöhnt, und keine Ahnung hatte von journalistischen und politischen Gefahren. Chefredakteur – welch schöner Titel für zwölf Dollar die Woche (sofern die vorhanden waren), und wenn man soeben den Anzeigentext einer Möbeltransportfirma in Yorkville (Anzeige einspaltig, ein Zoll hoch) geschrieben hatte und sich nun eine Analyse der englischen Außenpolitik unter Chamberlain vornahm oder etwa loszog, um Thomas Mann zu interviewen.

Zu den Gründern des *Deutschen Volksecho* gehörten der Nationalökonom Professor Alfons Goldschmidt, der Anwalt und ehemalige preußische Justizminister Dr. Kurt Rosenfeld, der Arzt Dr. Joseph Auslander. Emigranten oder „alteingesessene" Deutschamerikaner, waren sie alle an einer Zusammenfassung der deutschsprachigen antifaschistischen Kräfte in den USA und an einem energisch geführten Kampf gegen die örtlichen Hitleristen interessiert, gegen den „Amerikadeutschen Bund" in New York, New Jersey, Chicago, Los Angeles, San Franzisko, Texas. Die zahlenmäßig geringe organisatorische Basis des *Volksecho* fand sich in linken Gruppierungen der Arbeiter-Gesangsvereine und der Arbeiter-Kranken- und Sterbekasse (es gab damals keine staatliche Sozial- oder Krankenversicherung in den Vereinigten Staaten; die *Krankenkasse*, wie man sie kurz nannte, war eine freiwillige Versicherungsorganisation). Ich sehe diese deutschamerikanischen Arbeiter noch vor mir – Männer wie den Stukkateur Eric Sanger aus Brooklyn, die Metallarbeiter Gustav Merkel und Max Schiffbauer aus New Jersey, den Krankenkassenfunktionär Blohm –, wenn sie in die Redaktion kamen und ein paar Dollar ablieferten, die sie auf Veranstaltungen der Arbeiterorganisation gesammelt hatten. Es lag etwas Rührendes und doch auch Großartiges in ihrer Vereinsmeierei; hier hatte sich noch etwas vom Geist der Achtundvierziger Emigration und des Kampfes gegen das Sozialistengesetz gehalten, gerade weil man vom Hauptstrom der deutschen Entwicklung abgekapselt als Gruppen und Grüppchen in amerikanischer Umgebung lebte; es läuft eine nicht unwichtige Nebenlinie von Marx und Engels über Weydemeyer und Schurz zu den Opfern des Haymarket, zum internationalen 1. Mai, zur modernen amerikanischen Gewerkschaftsbewegung.
Wir übernahmen die Abonnentenliste der kleinen kommunistischen Wochenzeitung *Der Arbeiter* und hofften auf ei-

nen Zusammenschluß mit der sozialdemokratischen New Yorker *Volkszeitung*, die gleichfalls wöchentlich erschien. Die deutschen Sozialdemokraten in den USA, gestützt von noch weiter rechts stehenden Gewerkschaftsgruppen besonders der Bekleidungsindustrie, waren jedoch finanziell mehr als gesund und sahen auch politisch keinen Grund für eine Vereinigung mit Leuten, die so idealistisch waren, daß sie gegen alle Ströme gleichzeitig schwammen. Wenn wir uns auf Kritik an den Nazis beschränkt hätten – gut und schön. Aber wir bestanden darauf, auch die Dinge in den USA von links zu sezieren und die sowjetische Politik, wo immer wir konnten, zu verteidigen. So ergab sich eine Einheitsfront auf einem Bein – auf die Dauer keine bequeme Position.

Um so höher ist es Thomas Mann anzurechnen, daß er von Anbeginn der Existenz des *Volksecho* uns seine moralische und tätige Unterstützung gab. Das kann nicht der Effekt der wenigen Briefe gewesen sein, die wir ihm schrieben; wer die Artikel liest, die er im *Volksecho* veröffentlichte, die Reden, die er in jener Zeit hielt und die wir abdrucken durften, der wird erkennen, daß der Autor der *Betrachtungen eines Unpolitischen* aus politischer Maxime handelte; wie denn der Thomas Mann jener Jahre überhaupt ein verblüffend politischer Mensch war mit Einsichten, von denen wir heute noch lernen können.

Ich bin dankbar, daß mir drei fast vollständige Jahrgänge des *Volksecho* durch meine Abenteuer und Wanderungen hindurch erhalten blieben. Meines Wissens existiert nur noch ein anderes Exemplar: in der New Yorker Public Library. Aus den vergilbten Blättern spricht eine ganze Zeit – eine Zeit der Kämpfe und der Niederlagen, aber auch der Zähigkeit und der Hoffnung, die sich schließlich erfüllen sollte. Und wenn es nur wegen der sonst verschollenen Worte Thomas Manns wäre, die so erhalten blieben – es hätte sich gelohnt.

1939, zwei Wochen nach Abschluß des Nazi-Sowjet-Paktes, stellte das *Volksecho* sein Erscheinen ein. So verständlich der Pakt im Rückblick auch erscheint, so sehr die Ursache seines Zustandekommens auch in Paris und London gelegen haben mag – es wirkte lähmend auf die gesamte antifaschistische Bewegung im Westen.

Dieser Lähmung erlag das *Deutsche Volksecho* in New York. Die an ihm mitarbeiteten, kämpften jedoch weiter gegen den Faschismus, zum Teil mit der Waffe in der Hand. Die Vernichtung Hitlers, der Sieg der Demokratie und des Sozialismus auf einem beträchtlichen Teil des Globus ist auch der Sieg dieser Handvoll von Menschen, die in einer dunklen Zeit ein kleines Licht leuchten ließen.

In meinem Elternhaus war der Künstler eine Respektsperson, der Dichter gar, dessen Wort gedruckt, dessen Name auf einem Buchrücken eingeprägt war, eine Art Hohepriester. Thomas Mann galt unter den Hohepriestern als der höchste; in der Rangordnung, die sich im Kopf des Knaben gebildet hatte, saß er an der Spitze der Tafel; weit unter ihm Wassermann und Werfel, Stefan Zweig und Schnitzler, von solch weltlichen Typen wie Vicki Baum und Remarque gar nicht zu reden. Thomas Mann war Distanz, unerreichbar; Olympier zu Lebzeiten; schon die Art seines Schreibens, seine Sätze, die man verfolgen mußte wie Ariadne-Fäden, schlossen jede ordinäre Annäherung aus, obwohl da auch Freundliches sprühte, ein Augenzwinkern, Ironie, aber doch die Ironie eines ganz Großen.

Das Bild des Unnahbaren ist mir geblieben, auch heute, nachdem mein Beruf es mit sich brachte, daß ich eine Anzahl der anderen Hohepriester in Hemdsärmeln, und manchmal noch stärker déshabillé, kennenlernte. Auch heute, lebte er noch, würde ich Thomas Mann gegenüber die Scheu empfinden, die ich bei den kurzen Begegnungen in New York fühlte. Dabei war er eigentlich, wenn ich mich recht erinnere, gar nicht *stuffy*, gar nicht der Aristokrat, zu welcher Rolle ihn Abkunft und Leistung berechtigten. Er war vielmehr sachlich und durchaus nahbar und, oh, Überraschung, *fast leidenschaftlich,* wenn er von Dingen sprach, die ihm ans Herz rührten.

Er war ein überzeugender Sprecher. Grundlos war die Befürchtung, daß er zu dem Arbeiterpublikum, das wir ihm bieten konnten, die Brücke nicht würde schlagen können. Dabei machte er keine Konzessionen, vereinfachte er weder Satzkonstruktionen noch Gedanken, und nichts war ihm ferner als Theatralik. Der dunkle, markante Kopf hielt den ganzen Saal in schweigendem Bann. Und die Wärme des Beifalls zeigte, daß man in ihm mehr sah als den großen Schriftsteller, den Schicksal und wohl auch Einsicht in eine verrauchte Arbeiterhalle geführt hatten – man sah den Mitkämpfer.

Die Jahre, in denen Thomas Mann seine Reden und Aufsätze dem *Volksecho* zum Abdruck überließ, gehören zu den finstersten der europäischen Geschichte. Es sind die Jahre, da Hitler „von einem Siege über das Nichts, über die vollendete Widerstandslosigkeit, zum anderen getragen wird", da in Spanien sich ein Krieg abspielt, der „gar zu empörend, verbrecherisch und widerwärtig" ist, da Österreich und die Tschechoslowakei dem Aggressor zum Fraß vorgeworfen werden, so daß „das freie deutsche Wort heute in Europa nur noch in der Schweiz laut werden kann, und wer weiß, wie lange auch nur dort noch" und „es nachgerade fast allein in der Hand des Deutschamerikanertums liegt, der erschreckenden Gefahr eines wirklichen Abhandenkommens deutschen Geisteslebens zu steuern".

In diesen Jahren und in diesen Aufrufen und Betrachtungen legt Thomas Mann die Verpflichtung des Schriftstellers zur Aktion in geradezu exemplarischer Weise dar. Im New-Yorker Mecca Temple spricht er von der „Selbstüberwindung", die für seinesgleichen dazu gehört, „aus der Stille seiner Arbeitsstätte herauszutreten vor die Menschen, um persönlich und mit eigener Stimme für die bedrohten Werte zu zeugen". Und er zitiert Hamlet: „Die Welt ist aus den Fugen, Schmach und Scham! Daß ich zur Welt sie einzurenken kam", hinzufügend: „Ein Widerstreit besteht ohne Zweifel zwischen der angeborenen Weltscheu und Skepsis des Dichters und Träumers und der kämpfenden Aufgabe, welche die Zeit ihm aufdrängt, zu der sie ihn beruft. Aber diese Berufung, diese Forderung ist heutzutage unüberhörbar für mich und meinesgleichen". Nach seiner neuerlichen Ankunft in den USA, wo er von da an lange Zeit bleiben wird, geht er wieder auf diese Gedanken ein und wird genauer: „Ich habe natürlich nicht die Absicht, den demokratischen Ländern politische Lektionen zu erteilen, und am wenigsten den Vereinigten Staaten. Ich gebe nur meiner Überzeugung Ausdruck, das ist alles, was ich tun kann, aber ich fühle, es ist meine Pflicht, alles in meiner

Kraft zu tun, um zur Klärung der Weltsituation von heute beizutragen." In der Rede zum Deutschen Tag in New York, im Dezember 1938, greift er die Frage noch einmal vom Grundsätzlichen her auf: „Es wäre durchaus falsch und bedeutete eine schöngeistig schwächliche Haltung, Macht und Geist, Kultur und Politik in einen notwendigen Gegensatz zu bringen und von der Höhe des Spirituellen und Künstlerischen hochmütig auf die politische und soziale Sphäre hinabzublicken ... Es war ein Irrtum deutscher Bürgerlichkeit, zu glauben, man müsse ein unpolitischer Kulturmensch sein. Wohin die Kultur gerät, wenn es ihr am politischen Instinkt mangelt, das können wir heute sehen."

Rückschauend, meine ich, sollten wir ihm danken für diese Worte, die auch in unseren Tagen noch gelten. Und wir sollten ihm danken, daß er sich nicht einmischte in die unseligen Kleinkämpfe der Emigranten, die die Tragödie der Spaltung der deutschen Arbeiterbewegung auf winziger Bühne als Possenspiel wiederholten. Thomas Mann sprach, wo er konnte, für die Einheit aller Gegner des Faschismus, aller Freunde der Demokratie und des Friedens. Freiheit, sagte er, sei das Ziel, auf das sich alle einigen müßten: „... eine Freiheit aber, die aus schweren Erlebnissen gelernt hat und die nicht noch einmal dulden wird, daß ihre Feinde sie überrumpeln ... die sich nicht durch den Geist zum schwächlichen Zweifel an ihrem Erdenrechte verführen läßt und sich zu wehren weiß ..."

Ich freue mich, daß die im New-Yorker *Deutschen Volksecho* veröffentlichten Reden und Betrachtungen Thomas Manns nun einer neuen Generation vorgelegt werden. Sie wird zu urteilen haben, ob und wie weit es gelungen ist, die Forderungen des Dichters zu erfüllen; sie wird ihr Teil dazu beitragen müssen, das noch Unerfüllte zu verwirklichen.

Rede in Camp Ritchie

Meine Damen und Herren,

es ist mir eine Ehre und eine Freude, heute abend zu Ihnen sprechen zu dürfen. Ich werde nicht allzu viel über den Film *Hostages* reden, weil das Buch nämlich, nachdem die Filmrechte einmal nach Hollywood verkauft worden waren, kaum noch in meiner Hand war. Unter normalen Umständen wäre ich wahrscheinlich nach Kalifornien gefahren, um wenigstens bei der Abfassung des Filmskripts mitzuwirken; aber wir befinden uns mitten im Kriege, das wissen Sie ja, und auch ich empfing die bekannten Grüße des Präsidenten der USA und mußte die Schreibmaschine mit dem Gewehr vertauschen. Also machen Sie bitte nicht mich verantwortlich, wenn dies oder jenes in dem Film, der nun vorgeführt werden wird, Ihnen mißfallen sollte. Dort draußen in Hollywood haben die Filmemacher ihre eigenen Auffassungen darüber, was das Publikum begeistert – und sie haben einiges von dem, was ich gern auf der Leinwand gesehen hätte, ausgelassen und manches hinzugefügt, von dem sie annehmen, daß es publikumswirksam sei.

Lieber will ich Ihnen ein bißchen davon erzählen, was mich veranlaßt hat, den Roman *Hostages* zu schreiben.

Viele von Ihnen hier in Ritchie sind aus Europa gekommen. Sie wissen daher, daß der Krieg nicht an dem Tag begann, an dem die Japaner Pearl Harbor überfielen, und auch nicht an dem Tag, als Hitler in Polen einmarschierte. Der berühmte preußische Stratege Clausewitz hat einmal erklärt, der Krieg sei die Fortsetzung der Politik mit anderen Mitteln. In Wirklichkeit begann dieser Krieg, als die deutschen Monopolherren entschieden, daß sie höhere Gewinne machen könnten, wenn sie nicht nur die Deutschen, sondern auch andere Völker ausbeuteten, und als sie demzufolge die Organisierung einer illegalen Armee zu finanzieren begannen, bei der Hitlers Sturmtruppen anfänglich nur eine untergeordnete Rolle spielten.

Den Rest der Geschichte kennen Sie. Sie führt von dem Münchener Bierhallenputsch über das Münchener Abkommen der Herren Chamberlain, Daladier, Mussolini und Hitler zu den Konzentrationslagern und Galgen und Ruinen, mit denen Europa und Asien heute übersät sind. Aber sie führt auch zu einer Wiedererweckung des Freiheitswillens unter den Völkern, zu einem neuen demokratischen Bewußtsein, das gesäubert ist von dem Bodensatz der alten politischen Bräuche – und zu einer neuen, zu großen Hoffnungen Anlaß gebenden Einheit aller anständigen, gerechtdenkenden Menschen auf Erden. Die Zusammenkunft der Außenminister, die in diesen Tagen in Moskau stattfindet, ist ebenso symbolisch für diese neue, hoffnungsvolle Entwicklung wie die Zusammensetzung der Truppen in diesem einzigartigen Camp, Ritchie, wo Männer aus allen Gegenden des Globus – Franzosen, Deutsche, Tschechen, Polen, Russen, Griechen, Italiener, Spanier und was Sie wollen, aber alle von jetzt an Amerikaner – zu einem einzigen Zweck zusammen ausgebildet werden: zur Niederschlagung des Faschismus.

Was mich betrifft, so habe ich in diesem Kampf gestanden, solange ich politisch denken kann. Ich bin dafür verprügelt worden, mein Vater wurde von den Nazis als Geisel verhaftet, ich habe dafür gehungert und geschrieben und gesprochen – und ich nehme an, daß ich dafür auch bald mit dem Gewehr in der Hand im Einsatz stehen werde.

Mein Roman *Hostages* ist aus diesem Kampf hervorgegangen. Ich sehe auch nicht, wie ein Schriftsteller, der es ehrlich meint, heute etwas anderes tun kann, als über diesen Kampf zu schreiben, der ja alle Menschen in Amerika und in der ganzen Welt angeht. *Hostages* wurde mit zweierlei Absicht geschrieben: Einsicht zu geben in das Denken der Nazis und in die große Furcht, die diesem Denken zugrunde liegt; und den Kampf der Menschen gegen die Nazis darzustellen.

Der scheinbare Wahnsinn der Nazis, ihre Grausamkeiten, ihr Wüten und ihre Prahlerei, ihre Verlogenheit sind ganz klar Manifestationen dieser Furcht. Der Nazismus ist nicht, wie Hitler so gerne behauptet, eine „Neue Ordnung". Im Gegenteil, er repräsentiert und verteidigt die älteste und verrottetste aller sozialen Ordnungen: die Herrschaft der Wenigen über die Vielen. Diese Ordnung ist am Zusammenbrechen, aber in ihrem Todeskampf möchte sie noch die ganze Welt in ihren Untergang hineinziehen. Vor kurzem erst hat Goebbels verkündet, die Nazis würden, wenn sie denn schon untergehen müßten, in einem Blutbad untergehen, wie es die Welt noch nicht gesehen hätte. Die Tortur, mit der die Nazis die Menschen quälen, die Verbrechen, die sie verüben, die willkürliche Zerstörung, die sie anrichten, sind nichts anderes als die vorweggenommene Rache für die eigene Niederlage, die sie kommen sehen.

Und wir *werden* ihnen diese Niederlage beibringen, wir, die Vereinten Nationen. Unsere Verbündeten sind die Völker. Die meisten von Ihnen hier in Ritchie werden Berichte über die Untergrundbewegung in Europa gelesen haben; aber einige von Ihnen werden gedacht haben: all right, das sind Propaganda-Artikel und Augenauswischerei und Wunschträume. Lassen Sie mich Ihnen versichern, daß dem nicht so ist.

Wir können in diesem Kampf drei Stadien erkennen. Das erste: der eigentliche Kampf im Untergrund – Agitation, Organisierung, Sabotage, Hilfe für Soldaten der Verbündeten, die in das von den Nazis besetzte Gebiet verschlagen wurden, politische Attentate, und so weiter. Das gibt es in Frankreich, Holland, der Tschechoslowakei und sogar innerhalb Deutschlands. Das zweite Stadium: Guerilla-Kämpfe. Kleine Trupps von mutigen Männern und Frauen, ausgestattet mit allen möglichen Waffen, die die Einheiten des faschistischen Unterdrückers angreifen, schädigen, seine Verbindungslinien unterbrechen, seine Vorräte vernichten, seine Etappe durcheinanderbringen. Dieses Stadium wurde in Teilen Polens, im besetzten Rußland, in Norditalien, Norwegen, Bulgarien erreicht. Und als drittes: Die Guerilla-Trupps vereinen sich zu richtiggehenden kämpfenden Armeen, so ausgebildet und organisiert und bewaffnet, daß sie größere Gefechte aufnehmen und sich uns anschließen können, sobald wir an ihren Ufern landen. Dieses Stadium finden wir bereits vor in Jugoslawien, Griechenland und China.

Auf alle Fälle aber sind die Menschen im Untergrund unsere besten und zuverlässigsten Verbündeten. Aus ihren Reihen werden die Kräfte kommen für eine neue, verjüngte Demokratie in Europa und Asien – Volksregierungen, die bereit sind, unsere Freunde zu sein und sich mit uns zusammenzutun, um wiederaufzubauen, was zerstört wurde, und zu wirtschaftlichen und kulturellen Erfolgen zu gelangen, die in der Vergangenheit unvorstellbar waren. Zusammen mit ihnen und mit den Bürgern des Vereinigten Königreichs und der Union der Sowjetrepubliken müssen und werden wir einen dauernden Frieden schaffen.

Uns, den Soldaten und Bürgern Amerikas, obliegt es, die Fehler von 1918 zu vermeiden. Von dieser Pflicht kann uns keiner entbinden. Und wir können das den Politikern allein nicht überlassen. Die Demokratie erhält ihre Kraft von einem wachen, bewußten, kämpferischen Volk. Wir Soldaten haben gelernt, für den militärischen Sieg zu kämpfen. Ich bin überzeugt, daß wir auch den Aufgaben gewachsen sein werden, die der kommende Friede uns bringt.

Und noch ein Wort – ein persönliches. Ich habe die besten, freundschaftlichsten Beziehungen zu den Männern meiner Kompanie, der Kompanie H, und zu ihren Offizieren, und hatte sie auch zuvor, als ich in den Kompanien E und F diente. Ich war einfach der Soldat Heym und erfüllte meine Pflicht, so gut es ging, und drückte mich von unangenehmen Arbeiten, so wie wir alle es zu tun suchen. Ich habe sogar meinen Küchendienst gemacht. Ich möchte auch weiter nur der Soldat Heym sein, ein Soldat unter vielen anderen. Ich bitte Sie also, nach dem heutigen Abend zu vergessen, daß ich je auf diesem Podium stand – denn in einer Armee gibt es nichts Unangenehmeres, als eine Sonderperson zu sein und eine Sonderrolle zu spielen. Solche Sonderpersonen enden meistens als besonders traurige Fälle.

Und jetzt – zeigen Sie den Film!

Was ist ein Leben wert?

8. Juli 1944

Für deine Mutter, die dich unter Schmerzen in die Welt setzte, die sich vielleicht das Brot vom Munde absparte, um dich großzuziehen ...

ALLES

Für deine Frau, die mit ihrem ganzen Herzen an dir hängt, die auf dich wartet, die bangt und hofft, daß du zurückkommst ...

ALLES

Für dein Kind, das dich als Erzieher und Ernährer braucht, das zu dir als seinem Führer auf dem Weg in die Welt aufschaut ...

ALLES

Für deine Führung, die weiß, daß dieser Krieg verloren ist, und dich trotzdem gegen eine überlegene Macht immer wieder rücksichtslos einsetzt ...

NICHTS

Wer schätzt den Wert deines Lebens richtig ein?

Wenn du deiner Frau, deiner Mutter, deinem Kinde glaubst, gibt es nur einen Ausweg:
SCHLUSS MACHEN!

Flugblatt

Mein Name ist Joe Jones

September 1944

Ich bin ein amerikanischer Soldat. Ich komme aus Steuben-
ville im Staate Ohio.

Meine Kameraden und ich haben eine weite Reise gemacht,
um hierher zu kommen. Unser Volk hat uns das beste und
das wirkungsvollste Kriegsmaterial aller Armeen der Welt
zur Verfügung gestellt.

Wir glauben nicht an Wunder. Wir glauben an Flugzeuge,
Kanonen, Granaten, Panzer und Maschinen.

In wenigen Monaten haben wir die deutschen Armeen des
Westens überrannt und vernichtet. Was wir uns vorneh-
men, das führen wir durch.

Wir wollen Frieden, Ruhe und Ordnung. Und nicht nur für
25 Jahre.

Ich bin Joe Jones, ein amerikanischer Soldat. Ich verlange
persönlich nichts von den Deutschen und bin daran gewöhnt, die Rechte meiner Mitmenschen zu achten. Ich
führe Krieg als Soldat.

Ich lebe gern und achte auch das Leben anderer. Aber wer
mich angreift, der muß wissen, daß Joe Jones auch anders
kann.

Wer mein Feind sein will, der wird schnell erfahren, daß
ich auch ein harter und unerbittlicher Feind sein kann. So
hart und unerbittlich, daß meine Feinde mich nie vergessen.

Welchen Joe Jones willst Du kennenlernen?

    JOE JONES ERWARTET EINE ANTWORT!

Flugblatt

Ich bin doch nur ein kleiner Mann

10. September 1944

Ein grauer Morgen irgendwo in Nordfrankreich.

Der staubbedeckte Jeep fährt vor dem Kriegsgefangenenlager vor. Das Lager – ein Feld, umzäunt von halb entrolltem Stacheldraht – ist wiederum mit Stacheldraht unterteilt in mehrere kleinere Lager: eines für Offiziere, eines für Unteroffiziere, ein drittes für Mannschaften; im vierten Karree stehen die Zelte für die Interrogators, die Gefangenenbefrager.

Das Tor zum Lager ist denkbar einfach gebaut: zwei hölzerne Pfosten, ein Holzrahmen, quer darüber Stacheldraht genagelt. Vor dem Tor ein gelangweilter Militärpolizist, der dem Interrogator die Waffe abnimmt. Keiner betritt das Lager bewaffnet; offenbar befürchtet man, einer der Gefangenen könnte auf den Gedanken kommen, sich der Pistole des Interrogators zu bemächtigen.

Aber die Gefangenen sehen nicht aus, als hätten sie solche Streiche im Sinn. Sie haben sich ins Gras geworfen, liegen in kleinen Gruppen, unterhalten sich in gedämpften Tönen. Eine Vielfalt von Uniformen – das gewöhnliche Graugrün der Infanterie, das Blaugrau der Luftwaffe-Divisionen und Grün mit SS-Kragenspiegeln. Die gesamte Truppenaufstellung des Gegners läßt sich an den Uniformen ablesen.

Aber der Zustand der Armee ist am Schuhwerk zu erkennen. Die genagelten Schaftstiefel, die siegreich quer durch Europa marschierten, sind selten geworden; man trägt jetzt bescheidene Schnürschuhe, heruntergetreten, geflickt, mit kurzen Gamaschen, ähnlich denen der Engländer; das sieht weniger bedrohlich aus und spart Leder. Die Uniformen sind aus billigem Zeug – auch die der Offiziere. Mützen aller Stile, mit Schild und ohne. Die Embleme sind nicht mehr gestickt, nur noch gedruckt.

Und wie sie reden – wer hat die Gefangenen eigentlich in diese Gruppen aufgeteilt? Es stellt sich heraus, daß sich das ganz natürlich ergeben hat; die eine gemeinsame Sprache sprechen, haben sich zusammengefunden. Da gibt es Polen und Wallonen, Georgier und Turkmenen, Tschechen und

Elsässer, Franzosen und Italiener – und schließlich auch Deutsche.

Die Wehrmacht wurde auf den Schlachtfeldern Rußlands ausgeblutet. Um die Lücken zu füllen, warb man in den unterworfenen Ländern Europas Freiwillige an, indem man versprach, sie an den Segnungen der *Neuen Ordnung* teilhaben zu lassen. Doch es kamen nicht genug Freiwillige, und so wendete man Zwang an. Rekrutiert aus allen möglichen Völkern, wurden sie zuerst in Arbeitsbataillone gesteckt und später dann an die Front geschickt. Heute finden sich Ausländer sogar in den Elitedivisionen der SS.

Das ergibt Probleme nicht nur für die deutsche Heeresleitung. Soll zum Beispiel die amerikanische Armee Polen, die ihre Nazi-Offiziere beseitigten und dann überliefen, als gewöhnliche Kriegsgefangene behandeln? Und was tun mit dem armen Muschik aus Astrachan, der von den deutschen Truppen schon 1941 bei Bialystok gefangengenommen wurde und den man hungern ließ und mit Schlägen traktierte, bis er sich bereitfand, als Verteidiger besagter *Neuer Ordnung* in einem der deutschen Ostbataillone zu dienen?

Und diese Probleme beginnen erst. Je tiefer die amerikanischen Einheiten in Europa eindringen, desto häufiger werden sie mit den Millionen entwurzelter, heimatloser Arbeits- und Militärsklaven in Berührung kommen, die den Humus bildeten, auf dem die deutsche Oberherrschaft wuchs.

Ein deutscher Unteroffizier wurde befragt, wie er von den Mongolen in seinem Zug denke – die von den amerikanischen Soldaten zuerst für Japaner gehalten worden waren.

„Na ja", sagte er, „so schlecht sind sie gar nicht."

Es klingt, als redete er von Pferden.

„Unter welcher Bezeichnung wurden sie in der Stammliste geführt?"

„Volksdeutsche", sagt er.

Es gibt da deutsche Einheiten, bei denen der Kommandeur seine Befehle durch Übersetzer erteilt.

Die nächste Frage an den Unteroffizier: „Wie lange, glauben Sie, wird der Krieg noch dauern?"

Er zuckt die Achseln. Er weiß nicht. Er ist seit zwei Tagen in Gefangenschaft, hat sich anscheinend in sein Schicksal gefügt.

„Wer wird Ihrer Meinung nach den Krieg gewinnen?"
„Die Alliierten", sagt er gleichgültig.
„Seit wann wissen Sie das?"
„Seit ich gefangengenommen wurde."
„Also vorher sahen Sie's anders. Was hat Sie veranlaßt, Ihre ursprüngliche Meinung zu ändern?"
„Ich habe Ihre Waffen gesehen und Ihr Material."
„Und vorher glaubten Sie, Deutschland wird gewinnen?"
„Selbstverständlich."
„Wieso selbstverständlich?"
„Als deutscher Soldat mußte ich doch an den Sieg der Wehrmacht glauben. Oder?"
Der Interrogator schweigt.
„Darf ich Sie mal was fragen?" sagt der Unteroffizier.
Der Interrogator nickt.
„Warum führen Sie eigentlich Krieg gegen uns? Warum sind Sie über einen ganzen Ozean hierher gekommen? Die Amerikaner sind doch reich. Wir haben nichts von Ihnen gefordert. Außerdem gehören Sie zu unserer Rasse und unserer Kultur. Von Rechts wegen müßten Sie doch zusammen mit uns kämpfen – gegen die Bolschewisten."
„Ich dachte", sagt der Interrogator, „Sie führen Krieg gegen die Plutokratien!"
„Ja, gegen die Plutokratien und gegen den Bolschewismus. Das ist doch ein und dasselbe. Sind alles die Juden. Sehen Sie mal, was die in der Weimarer Republik gemacht haben. Die haben sämtliche Warenhäuser gehabt. Und wir hatten Millionen Arbeitslose."
Der Interrogator hört sich das an. Die Gedanken des Gefangenen sind merkwürdig zusammenhanglos, er reiht Losung an Losung, es fehlt jede Logik, es ist, als könne der Mann überhaupt nicht folgerichtig denken. Aber als Soldat besaß er doch genügend Denkfähigkeit; als er gefangengenommen wurde, befehligte er einen Zug Infanterie, verhielt sich tadellos, und im Zivilleben – er war Mechaniker, sagt er, verdiente gut – mußte er gleichfalls denken gekonnt haben.
Verlorengegangen ist seine Fähigkeit zu *abstraktem* Denken.

Völker haben ein Gewissen.
Die Deutschen haben ein schlechtes, schon seit Jahren,

aber sie hörten nicht auf die Stimme ihres Gewissens, solange sie in einer so starken und festgefügten Organisation wie der Wehrmacht integriert waren. Im Augenblick der Gefangennahme änderte sich das. Die Gefangennahme erzeugt im Soldaten nicht nur einen physischen und nervlichen, sondern auch einen psychischen Schock.

Plötzlich wird dieser Soldat nicht mehr von zahlreichen eigenen Leuten gestützt, die die gleiche Uniform tragen wie er und den gleichen Befehlen gehorchen; jetzt steht er allein und unbewaffnet ebenso zahlreichen anderen gegenüber, die eine ihm fremde Uniform tragen, eine fremde Sprache sprechen und fremde Befehle befolgen – und die ihre Überlegenheit ihm gegenüber bewiesen haben, indem sie seine Stellung überrannten und ihn selbst überwältigten.

Der Kriegsgefangene ist strikt ein Individualist. Nachdem ihm das eigene Leben auf eine ihm wunderbare Weise erhalten blieb, ist er mehr an seinem persönlichen Schicksal interessiert als an dem Kollektivschicksal seines Volkes. Er ist wenig besorgt über die Möglichkeit, daß Deutschland in mehrere kleine Vasallenstaaten aufgeteilt werden könnte, sehr besorgt dagegen, wenn er hört, daß er mitverantwortlich gemacht werden könnte für das, was während des Kriegs von Wehrmacht und SS und Polizei begangen wurde. Er widerspricht sofort: „Ich habe Grausamkeiten immer abgelehnt!" – „So etwas ist nie passiert, wo meine Einheit gestanden hat!" – „Damit hat die Wehrmacht doch nichts zu tun, das war alles die SS!"

Der Interrogator unterbricht ihn. „Aber gewußt haben Sie doch von den Sachen!"

„Gewußt – schon. Teilweise."

„Und was haben Sie dagegen unternommen?"

Der Gefangene wird erregt, gestikuliert: „Was konnte ich denn tun? Ich bin doch nur ein kleiner Mann!"

Nur ein kleiner Mann. Das ist die Standardantwort, die Standardausflucht vor jeglicher Verantwortung. Sobald der Krieg sich gegen sie wendet, sobald die Furcht vor der Vergeltung sich einstellt, der Vergeltung für all das Unglück, das sie angerichtet haben, halten sie diese Entschuldigung parat. Sie mußten ja ihre Befehle befolgen.

Es liegt eine gewisse, uns unwirklich erscheinende Logik in dieser Entschuldigung. Wenn es wahr ist, daß im totalen Krieg das ganze Volk mobilisiert ist, dann steht das ganze Volk unter militärischer Disziplin und muß Befehlen von oben gehorchen. Dann sind sie allesamt nur kleine Leute, die sich nach der Devise „Führer befiehl, wir folgen" verhalten, und alle Verantwortung fällt auf den Wahnsinnigen, der die Befehle erteilt.

Sie ahnen irgendwie, fürchten aber, es zu erkennen, daß die Welt außerhalb des Hitler-Reiches nach anderen Gesetzen lebt – nach Moralgesetzen, die von einem Menschen ein unabhängiges Urteil und sogar Widerstand fordern, wenn das, was ihm anbefohlen wird, sich gegen das primitivste sittliche Gefühl richtet.

In vielen Fällen sind sie mutige Soldaten. Aber der moralische Mut ist ihnen genommen worden, schon seit 1933. Wenn der Tag der Abrechnung kommt, werden unter ihnen nur wenige sein, die zugeben, daß sie zur Nazi-Partei gehörten, daß sie hilflose Menschen beraubt und ermordet haben, daß sie bewußte Helfer eines absolut gewissenlosen Machtapparats waren und daß sie dabei sogar Genugtuung empfanden. An dem Tag wird es nur Millionen kleine Leute geben. Und wenn man dennoch versuchte, sie verantwortlich zu machen, würde ein Aufschrei verletzter Unschuld ertönen.

Ein junger Fallschirmjägeroffizier wird ins Zelt geführt. Vierundzwanzig Jahre alt, sieht er aus wie ein jugendlicher Filmheld. Auf der Brust trägt er Orden und Ordensbänder, am Ärmel das gestickte, weiß-goldene Kreta-Band. Er hat an allen wichtigeren Unternehmen der deutschen Fallschirmjäger teilgenommen – Polen, Holland, Griechenland, Kreta, Norwegen, Rußland. Er sagt, ihn lockte das Abenteuer.

Das Abenteuer lockte ihn. Daß diese Art Reiz, den ihm seine Führung verschaffte, mit dem Töten von Menschen, dem Bombenangriff auf Rotterdam – den er miterlebte – verbunden war, das gehörte eben dazu, war Teil des Soldatenlebens. Daß der Bombenangriff auf seine Heimatstadt irgendwie mit dem Bombenangriff auf Rotterdam zusammenhängen könnte, gibt er zu; darum protestiert er auch nicht dagegen.

„Also warum haben Sie sich dann ergeben, Leutnant?"

„Nun ja", sagt er, „die Lage war hoffnungslos." Ein Schatten huscht über sein Gesicht.

„Was halten Sie vom Putsch Ihrer Generale? Von dem Attentat auf Hitler?"

„Oh, das war eine üble Sache."

„Wieso?"

„Wenn Generale sich gegen den Führer stellen, das kann man nicht billigen."

„Meinen Sie nicht, es wäre möglich, daß diese Generale, so wie Sie es in Ihrem kleinen Abschnitt taten, die Lage für hoffnungslos hielten?"

Wieder eine Pause. Dann sagt er heiser: „An wen sollen wir uns denn halten? Wir müssen doch an den Führer glauben, verstehen Sie das denn nicht?"

Natürlich müssen sie glauben. Im Innersten, fast unbewußt, spüren sie, daß der ganze Krieg nicht gerechtfertigt ist. Aber sie können das nicht zugeben – besonders die Sensibleren können es nicht. Wie denn auch? Rotterdam vernichtet, ganze Völker dezimiert, die Besten der eigenen Jugend geopfert – sie müssen an den Führer glauben, der das Kreuz der Verantwortung für sie trägt, der für sie denkt, der für sie alle mit Gott ringt. Sie müssen glauben, daß den Rückzügen in Ost und West und Süd ein Plan zugrunde liegt, des Führers Intuition.

Wenn sie aufhören würden zu glauben, müßten sie innerlich zusammenbrechen.

Was eigentlich fand hinter dem Vorhang statt, der sich 1933 über Deutschland senkte?

Erstens wurden die besten und bewußtesten Kader der deutschen Arbeiterbewegung ausgerottet.

Zweitens, und wichtiger noch, wurde die deutsche Arbeiterklasse insgesamt bestochen, und zwar in einer sehr einfachen Währung: Arbeit. Die Arbeitslosen wurden zum Teil in die Armee, zum Teil in die Rüstungsindustrie gesteckt. Die riesigen Investitionen, die notwendig waren, um eine so große Zahl von Menschen unproduktiv zu beschäftigen, sie für Zerstörung auszubilden und für nichts als Zerstörung arbeiten zu lassen, sollten durch einen siegreichen Krieg amortisiert werden.

Wären nicht die Schlacht um England und die Schlacht um

Stalingrad gewesen, das Projekt hätte Erfolg gehabt. Mehrere Jahre hindurch, zwischen 1939 und 1942, genoß die deutsche Bevölkerung bereits die Früchte des Sieges; sie lebten besser als die anderen Völker Europas, Hunderttausende gut bezahlter Verwaltungsposten entstanden, das Geld floß reichlich.

Daß seit Stalingrad ausländische Arbeiter allmählich an die Stelle ihrer deutschen Kollegen traten, die nun in den Krieg ziehen mußten, daß die Frauen in den Betrieben endlos lange Stunden zu arbeiten hatten, wurde als Notstandsmaßnahme dargestellt. Immer noch aber gaukelt man der Masse der deutschen Arbeiter und Kleinbürger die Illusion von dem Herrenvolk vor, dem die Früchte des Sieges zufallen würden, und dies Bild erscheint um so realistischer, als die Leute ja bereits einen Vorgeschmack dieser Früchte gehabt haben.

Besonders eindrucksvoll war ein korpulenter deutscher Stabshauptmann. Er war für die Besoldung und Verpflegung seines Regiments zuständig und wurde gefangengenommen, als er an die Front fuhr, um zu erkunden, wieso das Essen nicht bis in die Hauptkampflinie kam – und um dann festzustellen, daß das Gulasch nicht in der Linie eintraf, weil es keine Linie mehr gab. Dieser Stabshauptmann, der aus seiner knapp sitzenden Uniform fast herauszuplatzen schien, lehnte sich über den improvisierten Tisch bis dicht zu dem Interrogator hinüber und vertraute ihm flüsternd an: „Lassen Sie uns das lieber machen. Denn wenn wir besiegt werden, haben Sie das Problem mit den Russen. Und wenn wir nicht imstande sind, die Russen zu schlagen, dann schaffen Sie's erst recht nicht."

Besagter Hauptmann machte sich keine Sorgen um Deutschlands Zukunft nach einer Niederlage. Er versicherte dem Interrogator jovial, daß man Deutschland schon intakt lassen müsse, damit es als Barriere gegen die Russen dienen könne, und daß Amerika zweifellos in kurzer Frist gezwungen sein würde, Deutschland wieder zu bewaffnen.

„Und wären Sie denn auch bereit, solche Landsknechtsdienste zu leisten?"

„Klar", sagte der Hauptmann. „Machen Sie uns nur ein annehmbares Angebot."

Auch er, ein kleiner Mann.

Nach 1918 beeilte sich der deutsche Generalstab, die Dolchstoßlegende zu erfinden. So konnten die Generale dem Volk einreden, sie hätten eigentlich den Krieg gewonnen – wenn nur der Feind im eigenen Land nicht gewesen wäre.

Diesmal kann man's den Juden nicht in die Schuhe schieben, weil man die Juden bereits vernichtet hat. Auch eine Arbeiterbewegung besteht nicht mehr, der man die Schuld geben könnte. Und es ist noch fraglich, ob die Goebbels-Lüge, daß es die putschenden Generale waren, die die Schlachten im Osten verloren, wirklich Glauben finden wird.

Trotzdem ist die neue Entschuldigung für die kommende Niederlage bereits parat und wird auch von deutschen Soldaten benutzt. Sie ist sehr einfach und lautet *Materialüberlegenheit*.

Doch ist diese Entschuldigung eine zweischneidige Sache. Auf kurze Sicht wirkt sie sich günstig für die Alliierten aus, denn immer wieder verschafft sie dem deutschen Soldaten die innere Berechtigung aufzugeben, auch ohne die letzte Kugel gefeuert und bis zum letzten Blutstropfen gekämpft zu haben.

Aber auf lange Sicht wird es diese *Materialüberlegenheit* sein, die späterhin als das große Mittel zur Wahrung des Gesichts der Wehrmacht dienen wird. Kein deutscher Gefangener, der für das deutsche Heer nicht die bessere Moral in Anspruch genommen und der die Amerikaner nicht beinahe der Unfairneß geziehen hätte, weil sie mehr Flugzeuge und mehr Artillerie und mehr Panzer und mehr Truppen einsetzen konnten. „Ja, wenn es ein Kampf Mann gegen Mann gewesen wäre …!"

Die deutschen Soldaten vergessen dabei, daß sie ihre Siege auf die gleiche Weise gewonnen haben und daß die Polen und Franzosen, die Griechen und Norweger, die Engländer bei Dünkirchen und die Russen bis hin nach Stalingrad immer wieder geschlagen wurden, weil sie nicht die Panzer und Flugzeuge hatten, die sie denen der Wehrmacht hätten entgegenstellen können.

Aber gerade das darf man den Deutschen nicht gestatten zu vergessen. Sie müssen erkennen, daß sie geschlagen wurden, weil sie es unternahmen, eine Welt von freien Völkern herauszufordern, denen sie nichts zu bringen hatten als Unterdrückung und Sklaverei.

Kann man hoffen, daß das deutsche Volk seine Niederlage als eine geschichtliche Lehre hinnehmen wird, daß man die Deutschen umerziehen kann und daß sie vor allem es fertigbringen werden, sich selber umzuerziehen?
Es war in dem Lager auch ein Soldat aus Sachsen, ein Textilarbeiter, der den Interrogator bei seinem Gang zum Zelt ansprach mit den Worten: „Darf ich Ihnen etwas sagen?"
„Ja, natürlich."
„Ich möchte Ihnen sagen …" Und dann brach es aus ihm heraus: „Das ist doch eine Schande für die Wehrmacht, daß ein Deutscher erst ins Gefangenenlager kommen muß, um wieder frei atmen zu können und sich wie ein Mensch zu fühlen!"
Und da war ein junger Fallschirmjäger aus dem Rheinland, der nach einem längeren Verhör dem Interrogator anvertraute, daß er als geheimer Kurier für Pastor Niemöllers Bekenntniskirche gearbeitet hatte.
Es gibt unter den Deutschen viele wie die beiden – jeder Interrogator ist ihnen schon begegnet. Sie geben Anlaß zu Hoffnung. Aber diese besseren Deutschen haben bisher weder ein gemeinsames Programm noch eine gemeinsame Organisation, die stark genug wäre, um wirklich wirksam werden zu können. Zweifellos werden sie bei dem Prozeß der Umerziehung mithelfen können, der durchgeführt werden muß, wenn nicht im Herzen Europas eine frustrierte Nation bleiben soll – eine Nation, die nur allzu bereit sein würde, sich dem nächstbesten Hitler, der daherkommt, in die Arme zu werfen.

New York Times Magazine

Wir alle starben in Auschwitz

Korrespondentenberichte vom ersten KZ-Prozeß in Lüneburg

September/Oktober 1945

Alles erhebt sich, als der Gerichtshof eintritt. Generaladvokat Stirling, würdig in der traditionellen weißen Perücke britischer Gerichtsbarkeit, vereidigt Richter, Dolmetscher und Stenographen und schwört dann selbst den Eid, gerecht und fair Recht zu sprechen. Dann verliest er die Anklageschrift. Jeder Satz wird genau übersetzt. Die Angeklagte Herta Ehlers, eine Führerin der Frauen-SS in Auschwitz und Belsen, fällt in Ohnmacht. Irma Grese und die Angeklagte Elisabeth Volkenrath, eine Kollegin der Ehlers, halten sie aufrecht, und sie erholt sich rasch.

Die Angeklagten sind bleich, aber mit dieser einzigen Ausnahme gefaßt. Als sie dann vom Präsidenten des Gerichtshofs gefragt werden: „Bekennen Sie sich schuldig – ja oder nein?" antwortet jeder einzeln, klar und deutlich: „Nein!"

Die Verteidigung unternimmt bereits, bevor der Prozeß eigentlich in Gang gekommen ist, den Versuch, ihn in mehrere kleine Einzelprozesse aufzuspalten. Der Verteidiger Major Cranfield, unterstützt von Captain Philipps, erklärt, daß man die angeblichen Verbrechen von Belsen und die von Auschwitz nicht gemeinsam behandeln kann und daß die Verteidigung sich bemühen wird, für einzelne Angeklagte den Beweis zu führen, daß sie überhaupt nicht an den angeblichen Verbrechen teilgenommen haben können.

Der Antrag der Verteidigung wird nach längerer Beratung des Gerichtes abgelehnt.

Der Anklagevertreter, Oberst Backhouse, spricht.

Vor einem britischen Gericht ist es üblich, daß der Anklagevertreter in seiner Eröffnungsrede kurz ausführt, was die gesetzliche Grundlage ist, auf der seine Anklage beruht, und wie er seine Beweisführung zu gestalten gedenkt.

Er schildert die Methode der Vernichtung in Auschwitz – die Gaskammern, in denen, wie er sagt, vier Millionen Menschen umgebracht wurden. Und er sagt: „Dieser Dr. Klein war einer der Männer, die die Opfer für die Gaskammer auswählten. Ebenso Johanna Bormann. Ebenso die junge Irma Grese. Wer zu schwach, zu alt oder zu jung war, für die Nazis Sklavenarbeit zu verrichten, wanderte in die Gaskammern … Kinder, Greise, schwangere Frauen … so viele Menschen wurden vergast, daß zeitweilig die Riesenkrematorien nicht ausreichten, um die Leichen zu verbrennen."

Im Gerichtssaal könnte man eine Nadel fallen hören. Die Journalisten schreiben fieberhaft mit, Soldaten holen die Manuskripte ab, in wenigen Minuten werden die Worte des Staatsanwalts in der ganzen Welt zu hören sein.

Brigadier Hughes, der erste Zeuge, machte den Eindruck eines harten, erfahrenen Soldaten – eines Soldaten, der aber auch Arzt ist. Und so war vielleicht der erschütterndste Moment seiner Aussage ihr Ende, als der ordensgeschmückte Brigadier einfach sagte: „Ich bin dreißig Jahre lang Arzt gewesen. Ich habe alle Schrecken des Krieges gesehen. Aber was ich in Belsen sehen mußte, übertraf alles an Schrecklichkeit."

Brigadier Hughes berichtete, wie in der zweiten Woche des April deutsche Offiziere ins britische Hauptquartier gekommen waren, um einen örtlichen Waffenstillstand abzuschließen, da in Belsen eine Flecktyphusepidemie herrschte. Der Waffenstillstand kam zustande. Bedingung des Waffenstillstandes war, daß die SS-Truppen sich bis zum 12. April um 13.00 Uhr aus Belsen zurückziehen, und daß nur solches Personal im Lager zurückbleiben sollte, das zur Übergabe der Verwaltungsgeschäfte notwendig sei. Diese zurückbleibenden SS-Leute sollten unbewaffnet sein.

Brigadier Hughes traf am Nachmittag des 15. April in Belsen ein, wo bereits der britische Oberst Taylor im Begriff war, die Verwaltung des Lagers zu übernehmen. Die Zustände, erklärte Brigadier Hughes, waren unbeschreiblich. In dem Lager, das ein Zehntel dieser Zahl hätte aufnehmen können, befanden sich über 28000 Frauen und 12000 Männer – alle in verschiedenen Stadien des Verhungerns. Außerhalb und innerhalb des Lagers, vor den Baracken, in den Baracken, lagen Haufen von Leichen. Während der letzten vierzehn Tage vor dem Anmarsch der Alliierten hatte es kein Brot gegeben, während der letzten sechs Tage kein Trinkwasser.

In mehreren Abteilungen des Lagers wütete die Flecktyphusepidemie, gefördert durch die Verlausung und den Schmutz. Kot und Exkremente waren überall.

Brigadier Hughes fand ein noch offenes Massengrab, in dem Tausende von teils nackten, teils in Fetzen gehüllten Leichen lagen. Andere Massengräber waren bereits zugeschaufelt. Über 10 000 Tote lagen herum. Brigadier Hughes nahm den Kommandanten des Lagers, den Hauptangeklagten Josef Kramer, zu einer Inspektion des Massengrabes mit und berichtet: „Kramer war völlig abgebrüht. Er blieb unberührt von dem, was wir sahen." In den Baracken selbst lagen die Sterbenden und die Leichen durcheinander.

Der Zustand der Überlebenden war so, daß nach der Befreiung noch über 10 000 an den Folgen von Flecktyphus, Unterernährung und Tuberkulose starben. Am Abend des 15. April kam es zu schrecklichen Szenen. Einige Häftlinge, die jetzt nicht mehr von der SS in den Baracken eingesperrt waren, hatten zwischen zwei Lagerabteilungen einen Haufen Kartoffeln entdeckt und stürzten sich darauf.

Die SS, die das Waffenstillstandsabkommen gebrochen und ihre Gewehre behalten hatte, begann auf die Ausgehungerten zu schießen, angeblich, um die Ordnung aufrechtzuerhalten. Da Kramer sich weigerte, dem Schießen Einhalt zu gebieten, gab Brigadier Hughes schließlich den Befehl, daß jeder SS-Mann, der noch einen Schuß abgibt, an die Wand gestellt werden würde. Trotzdem dauerte das Schießen während der Nacht noch an. Erst als stärkere britische Einheiten in das Lager einrückten, konnte die SS entwaffnet werden. Brigadier Hughes erklärte, daß die Schießerei keineswegs zur Aufrechterhaltung der Ordnung im Lager notwendig war.

Die Aussage des Brigadiers Hughes, die hier im Zusammenhang wiedergegeben wurde, bestand in Wirklichkeit aus Antworten, die er auf die Fragen des Staatsanwalts Oberst Backhouse gab und die Satz für Satz übersetzt wurden. Kaum hatte der Staatsanwalt seine Fragen beendet, als der Zeuge von den zwölf Verteidigern ins Kreuzverhör genommen wurde. Die Verteidiger bemühten sich, die schwer belastenden Aussagen des Brigadiers zu entkräften.

Major Winwood, der Verteidiger von Kramer und Klein, sucht den Zeugen zu veranlassen, zuzugestehen, daß Kramer beim besten Willen nicht genügend Nahrung für die Insassen des Lagers beschaffen konnte und daß Dr. Klein nicht genug Personal zur Verfügung hatte, um die Flecktyphusepidemie zu bekämpfen und für hygienische Verhältnisse im Lager zu sorgen.

Der Zeuge erwiderte darauf, daß die britische Armee mit weniger Personal, als Kramer und Klein zur Verfügung gestanden hatte, die Epidemie innerhalb von zwei Wochen zum Erlöschen brachte und daß in Belsen selbst sowie in der nah gelegenen Panzergrenadierkaserne große Lebensmittelvorräte vorhanden waren, die zur Ernährung aller Insassen ausgereicht hätten.

Major Munro, der Verteidiger des Angeklagten Hesseler, fragte den Zeugen, ob die Verhältnisse in der Lagerabteilung 2, deren Kommandant Hesseler war, nicht besser waren als in den anderen Abteilungen von Belsen.

Brigadier Hughes gab zu, daß in Abteilung 2 die Insassen wenigstens nach Nationalitäten organisiert waren und daß sich dort auch weniger Tote befanden als in anderen Abteilungen des Lagers.

Andere Verteidiger wieder stellten Fragen, die den Zeugen veranlassen sollten, zuzugeben, daß es der SS unmöglich war, unter den durch Hunger apathisch gewordenen Insassen Ordnung zu halten. Leutnant Boye, der Verteidiger der Gertrud Fiest, fragte den Zeugen, ob er ihm sagen könne, ob die SS in Belsen während der letzten zwei Wochen vor der Befreiung des Lagers Brot gehabt habe – da er doch ausgesagt hätte, es habe in diesen zwei Wochen in Belsen kein Brot gegeben.

Brigadier Hughes erwiderte darauf, er wisse nicht, was die SS-Leute gegessen hätten, aber sie hätten alle recht wohlgenährt ausgesehen, als er nach Belsen kam …

Der nächste Zeuge betrat den Zeugenstand. Es war dies Captain Singlow, ein Angehöriger des britischen Geheimdienstes, der das Lager mit den ersten englischen Truppen erreichte. Captain Singlow äußerte sich besonders zu den in der Voruntersuchung gemachten Angaben Kramers, nach denen es der SS unmöglich gewesen sein sollte, ohne Gewaltanwendung im Lager Ordnung zu halten. Captain Singlow erklärte, daß es für die Engländer ganz einfach gewe-

sen war, mit Hilfe eines mitgeführten Lautsprecherwagens
Ruhe und Ordnung aufrechtzuerhalten. Captain Singlow
stellte fest, daß viele Lagerinsassen die Spuren schwerer
Schläge aufwiesen, die sie noch kurz vor dem Eintreffen
der Engländer empfangen hatten.

Captain Singlow schilderte das *Trinkwasser*, das den Lagerinsassen zur Verfügung stand. Es war faules, brackiges Wasser, das in Betonbehältern stand, in denen mehrere Leichen
gefunden wurden. Ebenso wie Brigadier Hughes bestätigte
Captain Singlow, daß der Lagerkommandant Kramer seelisch völlig unberührt von den grauenhaften Zuständen
war.

Auch an diesem Tage unterzog die aus britischen Offizieren und einem polnischen Offizier bestehende Verteidigung den Zeugen einem oftmals überaus scharfen Kreuzverhör, um seine Aussage zu entkräften.

Der nächste Verhandlungstag brachte die Vorführung des
Belsenfilms. Dieser war von britischen Kameraleuten in der
Zeit zwischen dem 6. und dem 26. April 1945, das heißt, in
der Periode während und kurz nach der Übernahme des Lagers durch die Engländer aufgenommen worden. Der Film
hatte eine unerhörte Wirkung besonders auf die deutschen
Zuschauer auf den Galerien, die ihr Entsetzen über die auf
der Leinwand erscheinenden halbverhungerten Menschen,
über die in den verschmutzten Baracken zusammenge-
pferchten Toten und Sterbenden nicht verhehlen konnten.
Die achtundvierzig Angeklagten, die im Film die Dokumente ihres Wirkens, die beredten Zeugnisse ihrer Tätigkeit, sehen mußten, saßen stumm. Nachdem das Licht im
Gerichtssaal wieder eingeschaltet worden war, waren sie
bleich.

Noch war die Wirkung des Films nicht abgeklungen, als der
erste Überlebende von Belsen, der britische Staatsbürger
Harold Le Druillenec, als Zeuge aufgerufen wurde. Er schilderte, wie er und andere Häftlinge, dem Zusammenbruch
nahe, fünf Tage lang vor dem Eintreffen der Alliierten Leichen zu einem Massengrab schleppen mußten. Bei dieser
Arbeit starben viele der Leichenträger selbst und wurden
dann in dieselbe Grube geworfen, zu der sie die Leichen ihrer Mitgefangenen hatten tragen helfen.

Le Druillenec bestätigte, was der Staatsanwalt in seiner Einführungsrede gesagt hatte – daß infolge des von den Nationalsozialisten herbeigeführten Hungers Häftlinge zu Menschenfressern geworden wären. Der Zeuge berichtete, er habe mit eigenen Augen gesehen, wie ein vor Hunger halb wahnsinniger Häftling in der Leichenhalle des Lagers ein Messer aus der Tasche zog, ein Stück Fleisch aus dem Bein einer verwesenden Leiche schnitt und es auf der Stelle aß.

Mitgefangene hatten Le Druillenec gesagt, daß dies keineswegs ein Ausnahmefall war. Nach Ansicht des Zeugen hatte die Lagerleitung beim Herannahen der Engländer zunächst den Versuch unternommen, die Massen der Leichen in Belsen beiseite schaffen zu lassen, hatte diesen Versuch aber aufgeben müssen, da die Arbeit einfach nicht bewältigt werden konnte.

Der nächste Zeuge war der britische Verbindungsoffizier Major Berney, der bestätigte, daß sich in der Nähe von Belsen nicht nur ausreichende Lebensmittelvorräte befanden, sondern ebenso Riesenlager von Medikamenten. Er selbst habe in einem nur drei Kilometer von Belsen entfernten Vorratslager 600 Tonnen Kartoffeln, 150 Tonnen Fleisch, 30 Tonnen Zucker, 20 Tonnen Milchpulver und größere Mengen Schokolade vorgefunden. Die Vorräte an Medikamenten, welche die Alliierten dort fanden, waren so groß, daß sie heute noch nicht aufgebraucht sind.

Nachdem Major Berney seine Aussagen beendet hatte, führte die von dem Staatsanwalt, Oberst Backhouse, aufgerufene nächste Zeugin den Gerichtshof, die Angeklagten und die deutschen Zuschauer nach Auschwitz. 14 der auf der Anklagebank Sitzenden sind ja beschuldigt, ihre Verbrechen nicht nur in Belsen, sondern auch vorher schon in Auschwitz begangen zu haben.

Die Zeugin, die polnische Ärztin Dr. Ada Bimko, beschrieb, wie sie mit ihrer Familie – ihrem Vater, ihrer Mutter, ihrem Bruder und ihrem sechsjährigen Söhnchen – nach Auschwitz verschleppt und wie ihre Angehörigen sofort am Tage der Ankunft im Lager vergast worden waren. Man konnte der Zeugin ansehen, wie schwer es ihr fiel, von diesem grausamen Schicksal zu berichten, man konnte hören, wie stellenweise ihre Stimme zu versagen drohte.

Tiefes Schweigen herrschte im Gerichtssaal, als die Zeugin

in einfachen Worten berichtete, wie am Versöhnungstag, dem höchsten Feiertag der Juden, 25 000 jüdische Insassen des Lagers Auschwitz in die Gaskammern geschickt wurden.

Die Zeugin erkannte unter den Angeklagten den Lagerarzt von Auschwitz und Belsen, Dr. Fritz Klein, sowie Irma Grese als die Personen wieder, die die Opfer für die Gaskammern persönlich ausgewählt hatten.

Über das Wochenende vertagte sich der Gerichtshof, um zusammen mit den Verteidigern das Konzentrationslager Belsen zu besichtigen. Belsen, der Tatort der Verbrechen, liegt etwa 125 Kilometer von Lüneburg entfernt.

Als die Verhandlungen in Lüneburg wieder aufgenommen wurden, unterzogen die zwölf Verteidiger der Angeklagten, die die schwere Belastung ihrer Klienten durch die Aussagen von Dr. Bimko erkannten, die Zeugin einem scharfen Kreuzverhör. Major Winwood und Major Cranfield besonders unternahmen es, die Zeugin in Widersprüche zu verwickeln. Es kam dabei zu so scharfen Auseinandersetzungen, daß der Präsident einmal drohen mußte, den Gerichtssaal räumen zu lassen. Die Zeugin, statt auf die Fragen der Verteidiger mit Ja oder Nein zu antworten, berichtete immer mehr Einzelheiten über die furchtbaren Verhältnisse in Auschwitz. Sie erklärte unter anderem, daß neben den Jüdinnen, die in ihrer Lagerabteilung vergast wurden, in einer anderen Lagerabteilung eine große Anzahl von Zigeunern in den Gaskammern umgebracht wurden. Als einer der Verteidiger sie unterbrach und sagte, daß diese Feststellung nicht den Tatsachen entspreche, erklärte Dr. Bimko entrüstet: „Ich habe zu Anfang meiner Aussagen geschworen, die Wahrheit und nichts als die Wahrheit zu sagen. Ich bin jetzt sehr erstaunt, von Ihnen einer Lüge bezichtigt zu werden."

Die Verteidigung ging dann näher auf die Methoden ein, welche die SS bei der Auslese der Gefangenen für die Gaskammern anwandte. Dr. Bimko erklärte, sie erinnere sich genau, den Angeklagten Kramer ebenso wie die Angeklagte Grese, die spätere Kommandantin der Frauenabteilung in Belsen, in Auschwitz bei dieser „Auslese" beobachtet zu haben. Kramer habe einige Todgeweihte, die in ihrer Verzweiflung zu fliehen versuchten, eigenhändig eingefangen und ihnen dabei schwere Schläge versetzt. Der Angeklagte Dr. Klein sei ebenfalls von ihr gesehen worden, wie er bei einer solchen „Auslese", bei der 4000 Opfer für die Gaskammern ausgesucht wurden, teilgenommen habe.

Die Zeugin gestand auf weitere Fragen der Verteidigung zu, daß Dr. Klein in Belsen kurz vor der Ankunft der Engländer größere Mengen von Medikamenten ausgegeben habe. Ihrer Ansicht nach habe er das getan, um vor den Alliierten nicht in allzu schlechtem Licht zu erscheinen. Ebenso seien am Tage vor dem Eintreffen der Alliierten in Belsen mehrere hundert Rotkreuzpakete verteilt worden, die sich aber schon lange im Lager befunden hatten.

Eine der sensationellsten Aussagen des Prozesses wurde von der nächsten Zeugin, Sophia Litwinska, der Witwe eines polnischen Armeeoffiziers, gemacht. Sophia Litwinska, die am Tage nach dem Kreuzverhör Dr. Bimkos aufgerufen wurde, brach auf dem Zeugenstand zusammen, nachdem sie den Angeklagten Hesseler mit den Worten: „Das ist der Mörder!" identifiziert hatte. Nach einer kurzen Pause war die Zeugin imstande, ihre Aussagen fortzusetzen.

Sie erklärte, daß Hesseler der Mann war, vor dem die weiblichen Gefangenen in Auschwitz nackt vorbeiziehen mußten, um von ihm für den Tod in den Gaskammern ausgewählt zu werden.

Ein weiterer Höhepunkt ihrer Aussage war ihre Schilderung, wie sie selbst schon in einer Gaskammer nahe am Ersticken war. Sie beschrieb ihr Erlebnis in der Gaskammer mit den folgenden Worten: „Wir wurden in einen Raum geführt, der wie ein Duschraum aussah. Es gab sogar Handtücher und Spiegel. Wir waren nackt in dem Raum. Ich hatte solch furchtbare Angst, was geschehen würde, daß ich keine Ahnung habe, wieviel Leute dort drin waren. Als das Gas auszuströmen begann, schrien und weinten die Menschen. Wie Wahnsinnige schlugen sie aufeinander ein – die Gesunden und Starken und die Schwachen und Kranken. Ich kauerte mich nieder. Tränen strömten aus meinen Augen, und ich hatte das Gefühl, daß ich ersticke. Ich hatte wahnsinnigen Hustenreiz, Kopfschmerzen, und mein Herz drohte zu versagen. Ich konnte nicht mehr sehen, was mit den andern geschah. Jeder war damit beschäftigt, was ihm selbst geschah. Ich erinnere mich dann nur noch, daß ich hörte, wie mein Name gerufen wurde. Ich hatte nicht mehr die Kraft zu antworten. Ich konnte nur meinen Arm hochheben und fühlen, wie mich jemand aus der Gaskammer herausführte."

Die Zeugin erklärte, sie nehme an, daß sie aus der Gaskammer wieder herausgeholt wurde, weil die SS irrtümlich annahm, als Gattin eines polnischen Armeeoffiziers sei sie keine Jüdin.

Auf die Frage des Staatsanwalts, ob ihr Gatte in Auschwitz gestorben sei, erklärte Sophia Litwinska: „Ja, wir alle starben in Auschwitz ..."

In der vergangenen Woche des Prozesses gegen Josef Kramer und die anderen siebenundvierzig Mitglieder der Leitung des Konzentrationslagers Belsen hatte der Anklagevertreter Oberst Backhouse die Vernehmung der vorgeführten Zeugen sowie die Verlesung schriftlicher Zeugenaussagen zum Abschluß gebracht. Damit übernahm die Verteidigung die Hauptrolle im Prozeß.

Major Winwood, der Verteidiger Kramers, sprach für seinen Klienten und erklärte, daß Kramer *nicht das Untier von Belsen, wohl aber der Sündenbock von Belsen* genannt werden sollte und daß er für Himmler und die Nationalsozialistische Partei auf der Anklagebank stehe.

Kramer betrat dann selbst den Zeugenstand, um in seiner Sache auszusagen. Er erklärte, daß er ein guter Nationalsozialist und ein Mitglied der SS gewesen sei, und daß er daher als Kommandant von Belsen und als Kommandant eines Teiles von Auschwitz nur die Befehle ausgeführt habe, die er aus Berlin erhalten habe.

Kramer sagte ferner, daß er mehrere dringende Ansuchen um Evakuierung des Lagers an seine Vorgesetzten nach Berlin gesandt habe. Auf sein viertes Schreiben sei die Antwort gekommen, daß Himmler soeben die Einlieferung weiterer 30000 Gefangener nach Belsen angeordnet habe. Sogar als die Engländer nur noch fünfzig Kilometer entfernt standen, seien neue Transporte im Lager angekommen. Kramer sagte: „Ich habe den einzelnen Baracken mehr Leute zugewiesen, als die Baracken fassen konnten, weil ich dachte, dies sei besser, als sie im Walde bleiben zu lassen."

Diese Aussage Kramers folgte im wesentlichen einer bereits vorher vom Staatsanwalt Backhouse verlesenen schriftlichen Erklärung des Hauptangeklagten, die dieser beim Abschluß der Voruntersuchung abgegeben hatte. In dieser schriftlichen Erklärung bestritt Kramer, jemals die Befehlsgewalt über die Gaskammern von Auschwitz besessen zu haben und versuchte, sich von der Verantwortung für die Vorgänge in Belsen zu befreien, indem er ausführte: „Ich habe alles, was in meiner Macht stand, getan, um Abhilfe zu schaffen." Gleichzeitig versuchte er, das Konzentrationslagersystem im allgemeinen für die Zustände in Belsen verantwortlich zu machen.

In der gleichen Erklärung gab Kramer zu, Befehl zur Vergasung einer Anzahl von Frauen erhalten zu haben. Er erklärte wörtlich:

„Die Befehle, die ich erhielt, waren im Auftrag Himmlers von Gruppenführer Glück unterzeichnet. Soweit ich mich erinnere, hieß es darin, daß ein Sonderzug aus Auschwitz eintreffen werde und daß die Angehörigen dieses Transports zu töten und ihre Leichen an Professor Hirt von der Universität Straßburg zu schicken wären. Weiter hieß es in dem Befehl, daß ich mich wegen der Art des Tötens mit Hirt in Verbindung zu setzen habe. Dies habe ich getan, und ich erhielt von Hirt einen Behälter mit Gaskristallen zusammen mit einer genauen Gebrauchsanweisung."

Zusammen mit der schriftlichen Erklärung Kramers wurden die Geständnisse anderer Angeklagter verlesen, deren Hauptargument gleichfalls war, daß sie nur *kleine Männer* gewesen und die Befehle höherer Stellen befolgt hätten.

Die Angeklagte Elisabeth Volkenrath erklärte, daß Himmler selbst das Lager in Auschwitz besucht habe und daher über die Lage genau Bescheid gewußt haben müsse. Elisabeth Volkenrath sagte: „Ich habe immer nur auf Befehl meiner Vorgesetzten gehandelt und daher niemals einen Mord begangen."

Kramer wurde andererseits von seinen Mitangeklagten belastet. In dem schriftlichen Geständnis des Lagerarztes Dr. Fritz Klein, in dem er zugab, daß er an der Auswahl der

Opfer für die Gaskammern in Auschwitz beteiligt war, erklärte dieser, er habe immer nur auf Befehl seines Vorgesetzten, das heißt, Kramers gehandelt. In Belsen habe er sich bei Kramer über die Zustände im Lager beschwert und gesagt, daß die Leichen entfernt und die Insassen mit Wasser versorgt werden müßten, da viele vor Durst umkamen. Auch habe er Kramer erklärt: „Wenn ich der englische Offizier gewesen wäre, der das Lager übernahm, ich hätte den Kommandanten und den Arzt kurzerhand an die Wand gestellt und erschossen."

Die schriftliche Erklärung Dr. Kleins schloß mit den Worten: „Ich bin mir bewußt, daß ich wie alle von der obersten Führung abwärts für den Tod Tausender verantwortlich bin."

Besonderes Aufsehen erregte die Verlesung der Erklärung der Angeklagten Helene Kopper, die zu den weiblichen SS-Wachen in Belsen gehörte. Sie beschuldigte Irma Grese, die Gehilfin Kramers, persönlich für den Tod von dreißig Opfern pro Tag verantwortlich gewesen zu sein.

Irma Grese dagegen versuchte, die Verantwortung für alles, was in Auschwitz und Belsen geschah, auf Himmler zu schieben. Allerdings, so fügte sie hinzu, denke sie, daß sie selbst wie alle ihre Vorgesetzten auch viel Schuld träfe. Die Grese gab in ihrer Erklärung weiterhin zu, daß sie Gefangene mit der Hand, mit der Reitpeitsche und mit einem Stock geschlagen habe. Sie erklärte, gewußt zu haben, daß in Auschwitz Gaskammern existierten. Sie habe aber mit diesen Vernichtungsräumen nichts zu tun gehabt.

Der Angeklagte Hößler, von dem gleichfalls eine schriftliche Erklärung vorlag, leugnete darin, daß er an der Auswahl von Todeskandidaten für die Gaskammern oder bei der ihm ebenfalls zur Last gelegten Sterilisierung von Frauen beteiligt gewesen sei. Auch Hößler versuchte, die Verantwortung für die Geschehnisse auf seine Vorgesetzten abzuwälzen.

Eine der am meisten belastenden Erklärungen wurde von seiner Mitangeklagten Hertha Ehlert abgegeben. Diese machte Kramer für die unmenschlichen Zustände voll verantwortlich und fügte hinzu: „Als ich mich bei ihm über die steigende Anzahl der Todesopfer im Lager beschwerte, sagte er mir: ‚Laß sie sterben, was geht dich das an?'"

Bevor es zu den Verlesungen der Erklärungen der Angeklagten kam, ließ Staatsanwalt Backhouse eine Anzahl schriftlicher Aussagen von Zeugen verlesen, denen es unmöglich war, am Prozeß selbst teilzunehmen. In der Aussage der Zeugin Rosenthal heißt es:

„Als ich in Auschwitz war, sah ich ungefähr dreihundert Menschen vor einem Massengrab stehen, in dem ein großes Feuer angezündet war. Hinter den Leuten stand Kramer mit einem Maschinengewehr und mehreren Bluthunden. Kramer brauchte nur auf einen der vor ihm stehenden Menschen zu zeigen, und schon stürzten die Hunde sich auf ihn, so daß der Unglückliche entweder von ihnen zerfleischt oder ins Feuer getrieben wurde. Diejenigen, die dann noch übrigblieben, wurden von Kramer mit seinem Maschinengewehr getötet."

Während der Verlesung der Geständnisse der Angeklagten, die diese in der Voruntersuchung abgelegt hatten, waren die Wachen in der Nähe der Anklagebank verstärkt worden. Offensichtlich befürchtete das Gericht, daß der eine oder andere Angeklagte, wenn er hörte, wie er von einem Mitangeklagten belastet wurde, gegen diesen vielleicht handgreiflich werden würde. Es kam aber zu keinerlei Zwischenfällen. Die Grese, die bisher dem Prozeß mit hocherhobenem Haupte gefolgt war, suchte zum erstenmal ihr Gesicht zu verbergen, als die Aussage der Angeklagten Helene Kopper gegen sie verlesen wurde.

Bei dem Kreuzverhör des Angeklagten Kramer, das stattfand, nachdem die Verteidigung ihn auf den Zeugenstand gerufen hatte, wurde Kramer unter anderem auch gefragt, wieso er in seinem Geständnis die Existenz der Gaskammern zugegeben habe, während er in einer ersten Erklärung, die er kurz nach dem Eindringen britischer Truppen in Belsen abgegeben hatte, dies geleugnet habe. Kramer erklärte dazu, daß er sich anfänglich noch durch seinen Eid gebunden gefühlt habe, während er die Existenz der Gaskammern zugegeben habe, nachdem er erfuhr, daß Hitler und Himmler tot sind.

Der 27. Tag des Belsen-Prozesses brachte das Kreuzverhör der Irma Grese, der weiblichen Hauptangeklagten, durch den Anklagevertreter Oberst Backhouse.

Irma Grese, die am Tag zuvor ihrem Verteidiger ruhig Rede und Antwort gestanden und geweint hatte, als ihre Schwester über sie aussagte, veränderte ihren Gesichtsausdruck und ihr ganzes Benehmen in dem Augenblick, in dem sie Oberst Backhouse seinem Kreuzverhör unterzog. Ihr Gesicht zog sich in Falten, sie schlug mit den Fäusten auf das Pult, gestikulierte heftig, schüttelte den Kopf und schrie so laut, daß das Mikrophon ihre Stimme verzerrte. Jedesmal, wenn sie auf die Übersetzung einer Frage wartete, steckte sie den Finger in den Mund. Ununterbrochen trank sie Wasser, das ihr der Dolmetscher reichte.

Als der Staatsanwalt sie über ihre Kindheit ausfragte, lehnte sie sich zurück, lachte und zuckte mit den Achseln: „Als kleines Kind konnte ich doch keine Häftlinge schlagen."

Das Krankenhaus in Hohenlychen, wo sie mit sechzehn Jahren arbeitete, wurde später von der SS übernommen. Vor ihrer KZ-Zeit sei sie in einem Buttergeschäft angestellt gewesen.

„War es nicht eine schnelle Karriere für eine 20jährige, vom Buttergeschäft zur Herrin über 30000 Gefangene?" fragte sie Oberst Backhouse.

„Was hat das mit dem Buttergeschäft zu tun?" entgegnete Irma Grese.

„Kamen Sie sich nicht sehr stolz vor, als Sie in Auschwitz mit einem Revolver um die Hüften, mit schweren Stiefeln und mit einer Peitsche herumliefen?"

„Möchte fragen", antwortete die Grese, „ob mich der Staatsanwalt gesehen hat mit großen Stiefeln und stolzerhobenen Hauptes?"

Der Anklagevertreter erinnerte sie an das Zeugnis mehrerer früherer Häftlinge, daß sie KZ-Insassen aus der Umzäunung schickte, damit die Posten auf sie schossen. Sie könne sich nicht erinnern, erklärte Irma Grese. „Sie können sich denken, was Sie wollen, es ist alles gelogen." Als ihr vorgeworfen wurde, sie habe einen Hund gehabt und ihn auf die Häftlinge gehetzt, sagte sie: „Ich muß ja wissen, ob ich einen Hund gehabt habe oder nicht. Sie sind über mich ganz falsch informiert."

Es wurde der Angeklagten dann vorgehalten, daß viele Zeuginnen ausgesagt hätten, sie habe Gefangene geschlagen.

Sie gab das zu, bestritt aber, es gewohnheitsmäßig getan zu haben.

Staatsanwalt: „Die Zeugen sagen, es sei Ihre Lieblingsbeschäftigung gewesen, zu schlagen."

Angeklagte: „Es ist eine Lieblingsbeschäftigung der Zeugen, zu lügen."

Staatsanwalt: „Wer kam in Auschwitz auf die Idee, sich in der Weberei Peitschen machen zu lassen?" Angeklagte: „Ich." Staatsanwalt: „Haben die Zeugen recht, daß Sie mit dieser Peitsche die Gefangenen wie Pferde behandelt haben?" Angeklagte: „Ja." Staatsanwalt: „Haben Sie diese Peitsche später gegen den Befehl getragen und gebraucht?" Angeklagte: „Ja." Staatsanwalt: „Haben die anderen Aufseherinnen auch nach dem Befehl noch die Peitsche gebraucht?" Angeklagte: „Nein." Staatsanwalt: „Dann war es also Ihr böser Charakter, der Sie das allein tun ließ?" Angeklagte: „Hat nichts mit bösem Charakter zu tun. Ich habe die anderen Aufseherinnen nicht schlagen sehen." Staatsanwalt: „Da sind Sie also mit geschlossenen Augen durch das Lager gegangen?" Angeklagte: „Mit sehr offenen Augen."

Ohne Zögern gab die Grese zu, daß sie bei der „Auswahl" für die Gaskammern die Listen geführt und Frauen, die entfliehen wollten, eingefangen habe. Sie habe allerdings nie selbst die „Auswahl" getroffen. Das hätten nur Ärzte getan. Wenn sie gemerkt habe, daß sich Leute versteckt hatten, um der „Auswahl" für die Vergasung zu entgehen, so habe sie diese „selbstverständlich" aus ihren Verstecken herausgeholt.

Vor Ende des Prozesses wurde der Autor von Lüneburg nach München zurückbeordert.

Für die von der US-Armee herausgegebene deutsche Presse in der amerikanischen Besatzungszone.

H-Bombe oder Friedenspolitik?

Rede in der Carnegie Hall, New York

13. Februar 1950

Auf die Frage „H-Bombe oder Friedenspolitik?" kann es nur eine Antwort geben: Friedenspolitik. Alle sind sie ja auch gegen den Krieg, ebenso wie sie gegen die Sünde sind. Sogar die Männer, die das grüne Signal für die Herstellung der Wasserstoffbombe gegeben haben, wie auch die, die an der Bombe arbeiten, behaupten, diese Bombe wäre ein Mittel zur Erhaltung des Friedens.

Die Frage ist daher etwas komplizierter; sie muß nämlich lauten: Friede mit oder ohne die H-Bombe und ihr Brüderchen, die Uranium-Plutonium-Bombe.

Es gibt da zwei Gründe, die mich veranlassen, zu glauben, daß diese Atombomben uns nicht helfen werden, den Frieden zu erhalten. Der eine ergibt sich aus der Geschichte, der andere ist militärischer Natur.

Schon in der grauen Vorzeit, als der erste Neandertaler sich entschloß, eine größere und bessere Keule, als sein Nachbar besaß, zu schnitzen, bis hin zur jüngsten Vergangenheit, als Hitler seine Stuka-Bomber konstruieren ließ, waren weder Waffen noch Kriegsmaschinen je ein Mittel zur Verhinderung von Kriegen; im Gegenteil, sie waren immer wieder eine Verlockung zum Kriegführen. Und wenn einige unserer Kongreßabgeordneten, unserer Kolumnisten in Presse und Funk und unserer Leitartikler jetzt von Präventivkrieg sprechen und wie man, Sie wissen schon wem, endlich ein Ultimatum stellen müsse, so beweist das nur, daß die Haltungen aus der Neandertal-Zeit heute noch genauso vorhanden sind wie früher.

Auch militärisch gesehen kann weder die H- noch die A-Bombe noch irgendeine andere Superwaffe den Frieden sichern. Die Theorie, die hinter der Taktik der Anwendung solcher Terrorwaffen steckt, ist so alt und so abgenutzt wie die Drohreden kleiner Jungen, die da ausrufen: „Mein Vater ist aber stärker als deiner!" In die Sprache der Militärs und Diplomaten übersetzt, heißt das, daß die sichere Niederlage des Gegners ihn davon abhalten solle, dich anzugreifen.

Ob diese Theorie zutrifft, hängt davon ab, was der Gegner von seinen eigenen Chancen hält. Im Falle der Atomwaffen liegt die Schwierigkeit jedoch darin, daß sie die Niederlage des Gegners keineswegs garantieren – eher das Gegenteil. Ich möchte hier feststellen, daß eine Regierung, welche als erste Atomwaffen anwendet, oder ein Volk, welches seiner Regierung dies gestattet, damit ihr eigenes Todesurteil unterzeichnen.

Und bitte, kommen Sie mir jetzt nicht mit Hiroshima! Es steht heute fest, daß Japan bereits geschlagen war, bevor die Atombombe über Hiroshima abgeworfen wurde. Die Bombe lieferte dem Kaiser Hirohito und seinen Generälen nur die Möglichkeit, den Kampf aufzugeben, ohne zugleich ihr Gesicht zu verlieren.

Ich habe Deutschland gesehen, wo die amerikanische Luftwaffe konventionelle Bomben in solcher Zahl über zivilen Zielen abwarf, daß ihre Wirkung der von einer oder zwei Uranium-Bomben gleichkam. Ich besuchte die Stadt Kassel Monate, nachdem ihr Zentrum völlig zerstört war; aus den Trümmern drang immer noch der Gestank von 30 000 Leichen hervor. Weder dieses noch irgendein anderes Bombardement hielt die Deutschen davon ab, ihren Krieg fortzusetzen. Und die Untersuchungen der amerikanischen Armee über die Auswirkungen ihrer strategischen Bombardements haben nachweislich ergeben, daß derartige Angriffe auf zivile Ziele – an Zerstörungskraft etwa gleichwertig der einer Uranium-Bombe – die Fähigkeit der Deutschen, den Krieg weiterzuführen, nicht wesentlich beeinflußt haben. Die Deutschen gaben sich geschlagen, nachdem ihre Armeen im Felde geschlagen worden waren; es existiert keine andere Methode, einen Gegner kampfunfähig zu machen, und es wird auch keine andere Methode als diese geben. Uranium- und Wasserstoff-Bomben vermögen eine Anzahl von Städten und Industrieanlagen des Gegners zu vernichten – sie werden zusätzlich auch Millionen von Frauen und Kindern und Greisen umbringen –, aber immer noch muß man dann gegen den Soldaten antreten, der mit seinem Gewehr irgendwo in einem Schützenloch sitzt. Er ist es, auf den es ankommt.

Nehmen wir einmal an, die Russen täten wirklich, was wir so sehr zu fürchten scheinen – nämlich unsere Städte mit

Atombomben angreifen. Würden sie damit Amerika, das amerikanische Volk, unterworfen haben? Natürlich nicht. Denn erst nach der Atombombenphase des Krieges würde der wirkliche Krieg beginnen – die Rote Armee würde an unseren Ufern zu landen und diese Vereinigten Staaten zu besetzen haben. Glauben Sie wirklich, das amerikanische Volk würde das über sich ergehen lassen, ohne sich zur Wehr zu setzen? Erinnern Sie sich nicht, wie wir auf Pearl Harbor reagierten? Wir würden den Feind in unserm eigenen Lande, auf unserm eigenen Boden vernichten – vielleicht nicht sofort und auf einmal – aber solange irgendwo noch ein Küchenmesser vorhanden ist, würde es schießlich im Rücken eines Besatzungssoldaten stecken. Das wenigstens traue ich dem amerikanischen Volke zu.

Natürlich müssen wir erwarten, daß die Russen, die Chinesen, die Polen, die Tschechen, oder welche Völker auch immer, ebenso reagieren werden wie wir. Einen Atomkrieg zu beginnen ist leicht, aber es ist sehr schwer, ihn zu beenden. Die Erfahrungen der Japaner und die Tschiang Kai-sheks in China, ebenso wie die der Deutschen in Rußland und in anderen besetzten Ländern, beweisen doch wohl, daß es am Ende der Aggressor ist, der den Krieg verliert, und daß das armselige Küchenmesser, strategisch zwischen die Rippen des Feindes placiert, entscheidender ist als all der Schrecken, den unsere ach so fortgeschrittene Wissenschaft hervorzubringen vermag.

Ich unterschätze die H-Bombe nicht, ebensowenig wie die A-Bombe. Die Wirkung einer Waffe, die hundert dicht bebaute und dicht bevölkerte Quadratmeilen dem Erdboden gleichmacht, kann auch der beste Schriftsteller nicht mit Worten erfassen. Die Wirkung einer derartigen Bombe wäre wahrhaft fürchterlich – aber sie wäre nicht die Wirkung, die von denen gewünscht wird, die den Abwurf der Bombe anordneten. Die Bombe würde, überall auf der Welt, bei den Überlebenden einen solchen Haß hervorrufen gegen die H- und A-Bombardiers und gegen jene, die ihnen den Befehl gaben, daß diese sich völlig isoliert sehen würden und daß keine noch so reichliche Gabe von Schokolade oder Kaugummi irgendein Kind auf ihre Seite zu ziehen imstande wäre. An dem Tag, da eine Regierung die H- oder A-Bombe abwerfen ließe, hätte diese Regierung den Krieg verloren.

Ich möchte nicht, daß wir in diese Situation geraten. Amerika ist nicht nur das Land der Atomkrieger; es ist auch meines. Wir würden uns in einer sehr üblen Lage befinden, unsere Führer und Staatsmänner und Wissenschaftler, wir alle. Sehen Sie, der zweite Weltkrieg hat ein ganz besonderes Resultat gezeitigt, das uns zu denken geben sollte: die Nürnberger Prozesse. Bei diesen Prozessen wurde das Prinzip der Verantwortlichkeit des einzelnen wie auch des ganzen Volkes für die Anstiftung und für die Art der Führung eines Krieges festgeschrieben.

Die Schatten der Nazi-Größen am Galgen sind eine deutliche Warnung, und es ist unbestreitbar, daß ein Volk, das seinen Herrschern gestattete, einen Atomkrieg zu beginnen, am Ende dieses Kriegs ein Schicksal erleiden würde, verglichen mit welchem die Teilung und Verstümmelung Deutschlands und der Verlust vieler seiner Industrieanlagen ein Kinderspiel wären.

Nun meine ich allerdings, daß so manche unserer Generäle und manche unserer Wissenschaftler und unserer Staatsmänner all das längst wissen. Und ich habe das Gefühl, daß ein gut Teil des amerikanischen Volkes das sieht. Warum denn sonst die ewigen Rechtfertigungen, die dauernden Presseberichte über die seelischen Konflikte an hoher und höchster Stelle? Warum sonst die lachhafte Erklärung des Professors Urey, er hoffe, die Wasserstoff-Bombe werde so groß und schwer sein, daß sie sich nicht an ihr Ziel transportieren lasse? Wenn er das hofft, warum baut er sie dann erst?

Die Gefahr bei den H- und A-Bomben stammt nicht so sehr von denen, die noch ein Stückchen Vernunft in ihrem Schädel haben, sondern von jenen anderen – und sie sind zahlreich und sitzen in einflußreichen Stellungen –, die an ihre eigenen Propaganda-Stories von der großen Verschwörung gegen Amerika und gegen Amerikas Wirtschaftssystem und an die Reklame von ihrer eigenen atomaren Überlegenheit zu glauben begonnen haben. Man findet solche Männer, und leider auch Frauen, nicht nur in Washington, sondern überall in den USA. Ihr Denken ist entstellt durch die komischen und zugleich tragisch-törichten Märchen von der Macht des Superman; und sie glauben an die Möglichkeit eines Krieges, der um Mitternacht mit dem Abwurf von

Wasserstoff- und Uranium-Bomben auf sorgfältig ausge-
wählte Ziele beginnt – sämtlich bereits in den Reden von
Kongreßabgeordneten und in den Spalten der amerikanischen Presse aufgezählt – und der zur Frühstückszeit schon
gewonnen ist, so daß wir im Bus auf dem Weg zur Arbeit
darüber lesen können.

Das Entmutigende an diesem Zustand ist, daß eine Handvoll solch geistig unreifer, von Größenwahn besessener
Menschen es in ihrer Macht hat, auf den Knopf zu drücken
und den Holocaust in Gang zu setzen. Genau das ist der
Punkt.

Ich sehe nur einen Weg zur Verhinderung einer globalen
Katastrophe. Eine Kampagne der Wachsamkeit muß organisiert und unternommen und durchgeführt werden – eine
Kampagne, zu der jeder Amerikaner gesunden Verstandes
sein Teil beitragen sollte: eine Kampagne, die sich an das
Volk ebenso wie an die Regierung richtet und die die Nation darüber aufklärt, daß Uranium- und Wasserstoff-Bomben, auch wenn sie irgendwo weit weg explodieren, sehr
bald auch hier in Amerika alles vernichten werden.

Vielleicht könnte auch Mr. Acheson, unser Secretary of
State, sobald er seinen Hochmut gezügelt hat, mit
Mr. Wyschinsky, dem sowjetischen Außenminister, in der
Angelegenheit endlich ins Gespräch kommen.

Warum ich bin, wo ich bin

März 1964

Der nachstehende Aufsatz ist für die Zeitschrift Atlantic Monthly *in Boston (USA) geschrieben worden. Interessant ist die Vorgeschichte. Im Dezember 1963 veröffentlichte* Atlantic Monthly *die Übersetzung der Nachschrift einer in West-Berlin durchgeführten Diskussion über Schriftsteller. Teilnehmer waren Professor Höllerer, Günter Grass, Walter Hasenclever. Da war unter anderem zu lesen – aus der Feder Walter Hasenclevers –, Stefan Heym sei in die DDR gekommen, um wieder „deutsch schreiben zu können", hätte sich aber dann entschlossen, „aus Protest" weiter englisch zu schreiben.*

Stefan Heym machte in einem Brief an die Redaktion des Atlantic Monthly *den Vorschlag, wenn man schon über Literatur in diesem Teil Deutschlands diskutiere, solle man jemanden heranziehen, der wenigstens mit den Tatsachen vertraut ist. Als Antwort auf diesen Brief lud* Atlantic Monthly *Stefan Heym ein, in einem Artikel zu begründen, warum er aus Amerika fortgegangen sei und sich in der DDR niedergelassen habe, mit deutlicher Ironie, „why it is conducive to writing to live in the GDR?" Hier die Antwort.*

Anfangs der fünfziger Jahre verließ ich die USA. Senator McCarthy stand auf dem Höhepunkt seiner Macht, der Koreakrieg verzerrte das politische und literarische Urteil der Menschen, Schriftsteller wurden unter dem Vorwand der Mißachtung des Kongresses eingesperrt, die schwarze Liste wurde in der Film-, Radio- und Verlagsindustrie tagtäglich angewandt. Meine Stellung als Eingebürgerter machte mich für politische Verfolgung besonders verwundbar; meinem Exodus war der von Thomas Mann, Charles Chaplin und Bertolt Brecht vorangegangen.

Ich hätte mir vielleicht mit Kompromissen helfen können. Niemand zwang mich, Bücher zu schreiben, die immer irgendwie die neuralgischen Punkte der herrschenden Ordnung berührten. Die *Kreuzfahrer (Der bittere Lorbeer)* betonten zwar den demokratischen Charakter des Zweiten Weltkrieges, enthüllten aber auch die großkapitalistisch-faschistische Schlagseite des amerikanischen Machtapparates und deuteten bereits auf das kommende Bündnis mit eben jenen Kräften hin, die das deutsche KZ-Regime geschaffen hatten; *Die Augen der Vernunft* stellten die historische Berechtigung der kommunistischen Machtübernahme in der Nachkriegs-Tschechoslowakei fest; *Goldsborough (Die Liebe der Miss Kennedy)* demonstrierte die Verschwörung von Unternehmern, Regierung und korrupten Gewerkschaftsbeamten gegen die Bergarbeiter von Pennsylvania während des Streiks von 1949/50.

Doch das waren die Konflikte, die mich interessierten. Der Zusammenstoß der Klassen, wie immer er sich auch zeigte, war das dramatische Element, das meiner Überzeugung nach der große Roman braucht. Ebenso wichtig, wie in die Tiefe der Psyche einer Gestalt zu tauchen, ist die Enthüllung des sozialen Gefüges, das den Hintergrund der Gestalt bildet, denn dieser Hintergrund bestimmt und formt seinerseits die Psyche. Ich mußte also das soziale Gefüge darstellen; und wenn ich dabei ehrlich verfuhr, dann war ich wieder beim Klassenkampf, der für Verleger und Kritiker Gift war – zumindest in den Vereinigten Staaten der fünfziger Jahre.

In meiner Arbeit konnte ich, in meiner politischen Haltung wollte ich keine Kompromisse machen. Gefängnis und die Möglichkeit der Deportation, die logische Folge eines Zusammenstoßes mit Mister Roy Cohen vom McCarthy-Ausschuß, waren dem Schreiben und Veröffentlichen von Büchern nicht förderlich. Mein Einkommen hing ab vom Verkauf meiner Bücher. Würden sie nicht mehr verkauft, hätte ich mich als Hilfsarbeiter verdingen müssen, was jedes Schreiben ausgeschlossen hätte.

Also ging ich fort.

Ich bin in jenem Teil Deutschlands geboren, der heute die DDR bildet. Und obwohl ich kein organisierter Kommunist war und auch heute keiner Partei angehöre, lagen meine politischen Sympathien eher dort als in Westdeutschland. Als amerikanischer Offizier und Redakteur einiger der frühesten Zeitungen in der amerikanischen Besatzungszone war ich Zeuge der Anfänge des westdeutschen Regimes gewesen und wußte, was hinter der Fassade steckte.

Als ich mich in der DDR niederließ, war ich mir bewußt, daß ich nicht in ein Land gekommen war, wo Milch und

Honig flossen. Damals waren überall Ruinen; Lebensmittel waren rationiert; ein zweifaches Preisgefüge verlieh dem Wirtschaftsleben anomale Züge; vor allem war das Denken der Menschen – wie in Westdeutschland – verkümmert durch zwölf Jahre Nazismus und den Zusammenbruch des Traums vom deutschen „Übermenschen".

Aber eines, was die amerikanische Armee nicht einmal versucht hatte, war in Ostdeutschland von den Sowjettruppen und von deutschen Sozialisten und Kommunisten, die in einzelne Verwaltungsstellen gekommen waren, erreicht worden: die Macht war den für den Nazismus und für den Krieg Verantwortlichen entrissen worden. Der Großgrundbesitz war enteignet und unter die Kleinbauern und Landarbeiter aufgeteilt; die Banken, die Bergwerke, die Großbetriebe gehörten den Kapitalisten nicht länger.

Das war neu. Das war noch nie dagewesen in Deutschland, wo die Arbeiter 1918 und 1923 ihre Chance, die Macht zu erobern, vertan hatten. Für den Schriftsteller war dies eine hochinteressante Situation, unberührtes Neuland, reines Gold, wenn man es nur zu schürfen verstand.

Der Schriftsteller selbst befand sich in einer neuen Lage. Er war dabei, zu einer gesellschaftlichen Kraft zu werden, sein Wort ein Faktor im öffentlichen Leben, sein Werk *eine Waffe im Kampf.*

Damit will ich nicht sagen, daß der Schriftsteller im Westen nicht ernst genommen wird. Daß ein Kongreßausschuß in den USA sich die Mühe machte, ein rundes Dutzend Schriftsteller hinter Gitter zu setzen, beweist dies. Aber im Westen gilt Literatur allgemein als Unterhaltung; man erwartet vom Schriftsteller nicht, daß er dazu beiträgt, das Denken der Menschen zu formen und zu verändern; der Akzent bei seiner Funktion liegt anders in Ost und West.

Ich habe immer Kontakt mit den Menschen gesucht. Ich habe in Amerika Vorträge gehalten ebenso wie in Ostdeutschland. Meiner Meinung nach ist das Intelligenzniveau des Publikums gleich hoch; aber die Einstellung der Leute ist anders. Hier in der DDR zeigten die Fragen, die man mir stellte, daß die Menschen die Lehren eines Buches irgendwie auf ihr eigenes Leben anzuwenden suchen; die Fragen gingen über das Literarische hinaus; sie kamen von einem Publikum, das erst kürzlich begonnen hatte, Bücher zu erwerben – es waren Fragen von suchenden Menschen.

So etwas regt den Schriftsteller an. Aber es erlegt ihm auch eine Verantwortung auf, die er im Westen nicht unbedingt auf sich nehmen muß.

Sartre sagte kürzlich in Prag, der Schriftsteller von heute habe drei Pflichten. Er müsse die Partei der Revolution ergreifen, der sozialen oder der nationalen Revolution, je nachdem, welche auf der Tagesordnung stehe. Er müsse Disziplin üben und er müsse kritisieren. Die beiden letzten Pflichten stünden wohl zueinander im Widerspruch; die Lösung dieses Widerspruches, sagte Sartre, sei die tägliche Aufgabe des Schriftstellers.

Das gilt ganz besonders für den Schriftsteller in einem sozialistischen Land.

Als ich mich in der DDR niederließ, mußte ich entscheiden, ob ich weiterhin englisch schreiben sollte. Ich bin ein zweisprachiger Mensch, wie es Joseph Conrad war und wie es eine Anzahl von Schriftstellern aus früheren Kolonien sind, die in ihrer Muttersprache ebenso gut wie englisch oder französisch schreiben.

Ich beschloß, bei Englisch zu bleiben – doch nicht aus heimlichem Protest gegen die Regierung der DDR und ihre Kulturpolitik, wie im *Atlantic Monthly* unlängst behauptet wurde. Sähe ich mich veranlaßt zu protestieren, dann wüßte ich wirksamere Formen, meine Meinung zu sagen, als den Boykott einer Sprache. Ich schreibe englisch, weil die strengen Syntaxregeln des Englischen klares Denken erfordern. Das Deutsche begünstigt Wirrköpfigkeit, wie schon Mark Twain bemerkte. Wenn ich Deutsch in journalistischen Arbeiten verwende, die für den Tag geschrieben sind, helfen mir die englischen Sätze, die sich irgendwo in meinem Kopfe bilden, die umständlichen Formulierungen des Deutschen zu vermeiden.

Meine sowjetischen Verleger haben mich gedrängt, zu erklären, ob ich mich als deutscher oder als amerikanischer Autor betrachte. Die Frage ist für sie von einiger Bedeutung, weil ihre Papierzuteilung für meine Bücher davon abhängt, ob sie auf ihre *deutsche* oder ihre *amerikanische* Quote entfällt. Was mich betrifft, so sorge ich mich nicht um das Problem. Ich glaube, meine literarischen Wurzeln liegen mehr in der amerikanischen und englischen Literatur als in der deutschen. Hemingway, Twain, Dickens waren eher meine Lehrer als Thomas Mann und Fontane.

Ein Schriftsteller, der sowohl in der kapitalistischen als auch in der sozialistischen Welt zu Hause ist, hat einen offenkundigen Vorteil gegenüber einem Autor, der nur eine der beiden Welten kennt. Im Kapitalismus findet man sich leichter zurecht, es sind die gleichen Spuren seit Jahrhunderten. Der Sozialismus ist neu, unerprobt; auch fünfundvierzig Jahre sind historisch gesehen keine lange Zeit.

Man kann in den Sozialismus durch die Revolution gelangen, an der Seite der Menschen, die sie machen, und während sie gemacht wird; oder man kann mit der Bahn dort eintreffen, so wie ich. Auf jeden Fall setzt man seinen Fuß auf unbekannten Boden, und das kann – wenn man dafür etwas übrig hat – recht aufregend sein.

Aus der Theorie und aus Büchern, aus Berichten und früheren kurzen Besuchen im Osten hatte ich mir vor meiner Ankunft zumindest ein provisorisches Bild zu machen versucht. Sein wichtigster Zug war der Gedanke, daß nach der Beseitigung der Macht der Bourgeoisie durch die Revolution der klassische Konflikt der Klassen, der das Grundthema meiner Bücher war, nicht länger anwendbar sei. Natürlich bestünden da Überreste, oft recht erhebliche Überreste, der alten Klassen und der alten Konflikte; aber sie wären eben doch Überreste, so glaubte ich, und im großen und ganzen wäre die neue Gesellschaft über den Berg und bewegte sich ziemlich geradlinig auf Zustände hin, in denen die einzigen Konflikte, mit denen der Schriftsteller sich beschäftigen könnte, solche wären wie boy-meets-girl oder two-boys-meet-two-girls, oder umgekehrt.

Ich brauchte nicht lang zu der Entdeckung, daß dies ein Irrtum war. An meinem dritten Tag in Ost-Berlin traf ich einen Mann, den ich seit Jahren als festen Kommunisten kannte, als Gründungsmitglied der KPD – und er erzählte mir, man habe ihn aus der Partei ausgeschlossen. Ich versuchte, irgend etwas von administrativem Irrtum zu sagen; er gab mir darauf nicht einmal Antwort.

Dann kam der 17. Juni 1953 in Berlin: Arbeiter streikten gegen die Arbeiterregierung, Arbeiterpanzer rollten durch Arbeiterstraßen. Ich stürzte mich in Zeitungsarbeit, schrieb allwöchentlich eine Spalte für das größte Berliner Blatt, hielt mich eng an die Menschen, empfing Hunderte Briefe, besuchte Betriebe, lebte anonym in Flüchtlingsbaracken, war in Berührung mit Leuten aller Schichten vom Staatschef bis zu Werft- und Bauarbeitern, Studenten, Bauern, Geistlichen.

Und ich begann zu sehen, daß es Konflikte gab – *neue* Konflikte –, über die bei den Klassikern des Marxismus nichts steht: außer vielleicht ein paar Andeutungen bei Lenin und seltsamerweise auch beim frühen Stalin; Andeutungen, mehr nicht. Diese Konflikte gründeten sich nicht mehr auf den alten Antagonismus Bourgeoisie – Arbeiterklasse; obwohl man in einem geteilten Land wie Deutschland – zwei Drittel kapitalistisch, ein Drittel sozialistisch – Zusammenstöße auf der Grundlage der alten Klassengegensätze nicht ausschließen kann. Die Hauptsache war jedoch, daß in dem sozialistischen Drittel die Erde sich von Grund auf bewegt hatte, das Unterste war zuoberst gekehrt worden, aber die neuen Gebirge waren noch keineswegs zur Ruhe gekommen.

Die Enthüllungen des 20. Parteitages der KPdSU warfen ein grelles Licht in einige der Abgründe; doch selbst Chruschtschows Rede stellte eher neue Fragen, als daß sie Antworten gab.

Diese neuen Konflikte zu beobachten und an ihnen teilzunehmen, die neuen Fragen zu definieren und Antworten darauf zu suchen – und all dies in Erzählungsform, in menschlichen Charakteren auszudrücken, ist, glaube ich, eine erregende Aufgabe für jeden Schriftsteller, der etwas wert sein will. Er wird es möglicherweise nicht leicht haben; seine Ergebnisse können zu den offiziellen Anforderungen in Widerspruch geraten, er mag sogar auf einen neuralgischen Punkt stoßen – doch das ändert nichts an der Pflicht des Schriftstellers, noch macht es seine Aufgabe weniger faszinierend.

Ich weiß, daß bis jetzt relativ wenig davon sich in Romanen, Dramen und Gedichten widerspiegelt; und dieses Wenige auch erst in den letzten paar Jahren. Ich glaube nicht, daß daran die – stalinsche und nachstalinsche – Zensur allein schuld ist. Während die Menschen schon jahrelang von den unerforschten Konflikten erschüttert wurden, sind deren Umrisse, Bestandteile und Wurzeln erst kürzlich in den Brennpunkt der Beobachtung gerückt, und wir wissen immer noch recht wenig darüber.

Wie ist das mit der Disziplin, der Parteidisziplin und der Disziplin im allgemeinen? Wie ist es mit der Demokratie im Sozialismus? Wie verhält es sich mit der Struktur der Macht, was für Kontrollen und Gegengewichte müssen gefunden werden? Wie steht es mit der Freiheit? Wie mit der Kunst, ihrer Rolle, ihrer Funktion im Sozialismus? So viele Fragen, so viele Gärungsstoffe, die das Herz des Schriftstellers schneller schlagen lassen.

Und sagt mir nicht, ihr hättet die ethischen Fragen, um die es bei dem Problem der Freiheit, der Demokratie und der Macht geht, im Westen durchaus gelöst. Selbst wo ihr glaubt, dem wäre so – all diese Fragen werden auf der neuen Ebene des sozialistischen Lebens unter anderen, höheren Aspekten neuerlich aufgerollt. Auch sind diese Fragen und Konflikte keine theoretische, auf ideologische Kommissionen des Parteiapparats oder seine Kulturausschüsse beschränkte Angelegenheit. Es sind praktische Fragen, alle betreffend. Bei Menschen, die nicht mehr unter der Herrschaft des Kapitals leben und deren Denken nicht mehr von den Kapitalinteressen geformt wird, gehören Kunst und Philosophie zum täglichen Leben; die richtige oder falsche Interpretation einer wissenschaftlichen Theorie kann über Erfolg oder Mißerfolg des Fluges in den Weltraum entscheiden; Gedanke und Wort des Menschen werden unmittelbar zur Triebkraft.

Ich bin mir im klaren, daß ich als Schriftsteller in einem sozialistischen Land mich auf ein gewaltiges geistiges Abenteuer eingelassen habe. Die stalinsche Gußform – eine Kopf, eine Weisheit, eine Lösung – ist zerbrochen, auch wenn ein paar Westentaschen-Stalins versuchen, einige der Scherben zusammenzuhalten.

Wir sind dem Neuen auf der Spur; wir haben es schon gepackt und werden nicht wieder loslassen. Das ist ein unerhörtes Erlebnis. Ein Tag an der Schreibmaschine kann die ersten Umrisse einer neuen Entdeckung bedeuten, einen Schritt vorwärts in unbekanntes Territorium. Natürlich muß der Schriftsteller – wie in jeder Gesellschaftsordnung – den Mut zur Überzeugung haben, die Aufrichtigkeit, um die Wahrheit zu schreiben, so wie er sie erkennt, die Geduld, um sich durchzukämpfen gegen kleine und manchmal gar nicht so kleine Hindernisse.

Ich möchte mit keinem Schriftsteller im Westen tauschen. Was ich hier sehe und mitmache, ist zutiefst erregend.

Versuch eines Bildnisses

2. November 1966

In einer trüben Winternacht, Anfang der fünfziger Jahre am Berliner Ostbahnhof, begegnete ich Erich Wendt zum erstenmal. Die Stadt erschien trostlos, düster, immer noch ein Ruinenfeld. Mir war beklommen zumute.

Plötzlich sagte er: „Das alles werden wir verändern." Dabei hob er den Kopf, und der Schein einer einsamen Laterne ließ unter dem Schild der Mütze, die er gerne trug, sein scharfes Profil erkennen wie eine fleischgewordene Kampfansage.

So ist durch den Zufall der ersten Begegnung mit einem Menschen dieser Republik auf dem Boden dieser Republik Erich Wendt für mich zu einer Art Symbol dieser Republik geworden – und des Besten in der Partei, der er seit seiner Jugend angehörte und ohne die weder er noch die Republik denkbar sind.

Er war kein Mensch, der sich leicht erschloß; er sprach ungern von sich selbst, und es hat Jahre gedauert, bevor er auch von den Schwierigkeiten in seinem Leben erzählte. Überhaupt nicht sprach er von seinen Verdiensten – um die Sache, für die er kämpfte; um die Literatur; um die Menschen. Ein einziges Mal habe ich bemerkt, daß das Gefühl seine Selbstkontrolle überrannte: das war nach dem erfolgreichen Abschluß der ersten Passierscheinverhandlungen, die er für die DDR führte. Da, am Fernsehschirm, brach es aus ihm heraus – die große Freude, die er spürte, daß er andern Glück bringen konnte; und mit einem Schlag sprachen die Menschen überall von Erich Wendt, als sprächen sie von einem nahen Freund; das Charisma, ausgestrahlt von seinem Herzen, seiner Güte, war auf die Massen übergesprungen.

Dabei mußte und konnte er oft genug hart sein. Er besaß die Fähigkeit und die Erfahrung, Heuchelei zu durchschauen, und es gibt Leute, die ihn fürchteten, weil sie vor seiner absoluten Ehrlichkeit entblößt dastanden. Und dann, wenn er zornig wurde, konnte er beißend werden, und sein Biß war böse; aber er war nie wissentlich ungerecht.

Den Maßstab der Strenge, den er für andere hatte, legte er auch an sich selbst an. Er verlangte Wahrheit.

Die Wahrheit, so sagte er mir einmal, habe ihm das Leben gerettet. Das war in den schrecklichen dreißiger Jahren: auch Erich Wendt, damals in Moskau, gehörte zu den Verhafteten der Stalin-Zeit. Er wurde verhört und immer wieder verhört; sollte gestehen, Teil eines gegen Kommunistische Partei und Regierung gerichteten Agentenrings zu sein, sollte Namen nennen. Wenn er gestehe, wurde ihm gesagt, werde alles für ihn leichter werden.

„Ich habe nicht gestanden", berichtete er mir leise, eindringlich, „weil ich die Partei nicht belügen durfte, nie, unter keinen Umständen."

Und da er kein falsches Geständnis ablegte, und da er zählebig war, öffnete sich nach langer Einzelhaft die Zellentür. Es folgten Jahre in Sibirien; er fällte Holz, litt, hungerte. Übrigens hat er mir das alles erst nach dem Zwanzigsten Parteitag erzählt. Ich fragte ihn: „Warum nicht früher? Zu einer Zeit, wo mir die Kenntnis dieser Dinge Irrtümer ersparen konnte?" Er dachte nach. Dann sagte er: „Was hätte es genützt?" Und es war deutlich, daß es ihm schon wieder leid tat, von sich gesprochen zu haben.

Am Abend des 17. Juni 1953, nach Stunden des Wirrwarrs noch selbst verwirrt, rief ich ihn an.

„Was jetzt?" fragte ich.

Er sagte: „Schreib."

So schrieb ich denn, zu den Fragen dieses Tages und zu Fragen des Tages überhaupt. Es entstand die Sonntags-Kolumne *Offen gesagt* in der *Berliner Zeitung*. Dabei war es nicht immer leicht, die richtige Antwort zu finden und vor allem so zu den Menschen zu sprechen, daß sie zuhörten, mitgingen, mitdachten. In Momenten des Zweifels und der Unruhe ging ich zu Erich Wendt, und unter dem Einfluß seiner ruhigen Augen, seiner Stimme, seiner Gedanken wurde das Unklare klarer.

Ich bin sicher nicht der einzige Schriftsteller, dem er riet, dem er half. Aber ich verdanke ihm besonders viel. Einen meiner Romane – *Die Augen der Vernunft* – hat er in der Deutschen Demokratischen Republik durchgesetzt, obwohl das Buch damals, 1955, in keinem anderen sozialistischen

Lande erscheinen durfte. Bei einem anderen Roman stammen entscheidende Teile der Handlungslinie von seinen Berichten und Ratschlägen, und vieles Wesentliche von ihm steckt in einer der Hauptfiguren. Er hat das auch gewußt, aber es hat ihn eher gequält als gefreut. Er hatte ein großes, sehr kompliziertes Herz.

Er war Arbeiter, Setzer von Beruf. Ohne Universitätsstudium, sich selbst schulend, verschaffte er sich eine Bildung, die auf manchem Gebiet tiefer reichte als die von Akademikern. Auch hier nahm er vorweg, was in unserem Teil Deutschlands zu einer Massenerscheinung wird; nur haben die Heutigen, denen alle Schulen offen sind, es leichter als er es hatte.
Um sein Verhältnis zum Wort zu erkennen, mußte man nur einmal gesehen haben, wie er ein Buch in die Hände nahm – wie ein Lebewesen.
Da er Menschen kannte, erzählen konnte und von der Struktur des literarischen Werks mehr verstand als so mancher Schriftsteller von Beruf, fragte ich ihn einmal: „Warum schreibst du nicht?"
Das könne er nicht, sagte er; davor scheue er zurück. Ich denke, gerade weil er die große Literatur so liebte, fürchtete er, Mittelmäßiges zu leisten, und beschränkte sich auf die Mittlertätigkeit: Verleger, Redakteur, Herausgeber, Berater, Beschützer. Vielleicht ist aber doch ein wirklicher Schriftsteller an ihm verlorengegangen.

Er las, sprach, schrieb perfekt Russisch. Daß wir heute eine gültige deutsche Lenin-Ausgabe haben, verdanken wir neben Otto Braun vor allem seiner Anleitung und Arbeit. Übersetzungsprobleme interessierten ihn ungemein, und da ich selbst mich mit zwei Sprachen herumschlage, hatten wir Stoff für stundenlange Dispute, bei denen immer wieder sein Respekt vor dem Urtext, seine absolute Integrität dem Autor gegenüber zum Ausdruck kamen.
Englisch las er nur, er konnte es nicht sprechen; er hatte es im Gefängnis gelernt, ganz allein, vom Buchstaben her, nicht von der Phonetik. Er lauschte ganz sonderbar, wenn meine Frau und ich Englisch miteinander sprachen: so, als ob er einen sehr veränderten alten Bekannten an der

Stimme wiederzuerkennen suche. Er las und liebte die englische und amerikanische Literatur; er schwärmte für Thackeray und Dickens; und wenn wir heute mit *Seven Seas Books* einen in der ganzen Welt anerkannten englischsprachigen Verlag in der DDR besitzen, so ist das auch und gerade der literarischen Erkenntnis und politischen Weitsicht Erich Wendts zuzuschreiben.

Er wohnte sehr bescheiden, selbst dann noch, als er, seiner Funktion entsprechend, auf anderes Quartier Anspruch gehabt hätte; in einer Mietwohnung in Johannisthal, und später in Friedrichshagen, am Wasser, an der Müggelspree. Die Wohnung hatte einen kleinen Balkon, auf dem er sonntags manchmal saß, Kaffee trank, und die heimkehrenden Segelboote und Dampfer betrachtete; auch schwamm er gern, quer über die Müggelspree und zurück. Ein Auto besaß er nie, aber eine kleine Sammlung schöner Grammophonplatten, für die er zuwenig Zeit hatte – es gab kaum einen Abend, für den er sich nicht Arbeit aus dem Amt mit nach Hause brachte; er las bis tief in die Nacht: Dokumente, Manuskripte, Presse, Bücher; ich habe mich oft geschämt, ihn auch noch mit persönlichem Kram zu belasten, aber für Menschen schaffte er sich immer Zeit.

Vielleicht wäre auch das nicht gegangen ohne seine Frau – sein *Lotteken*, wie er sie manchmal lächelnd nannte. Sie räumte ihm viel aus dem Wege. Es war eine stille, gute Ehe, eine Ehe zweier Kommunisten, die ihre Bewährungsprobe schon bestand, bevor sie eigentlich begann – in jenen bösen dreißiger Jahren. Und er war stolz auf diese Frau, die spät in ihrem Leben anfing, dem, was sie sah, künstlerischen Ausdruck zu geben, in Öl zu malen, tastend zuerst, dann schon kühner – verschämt stolz, möchte ich sagen.

Es sind, meines Wissens, von Erich Wendt keine großen Reden erhalten, aber viele Taten, die weiter wirken unter den Menschen – lautlose Taten, herzliche Taten, entscheidende Taten. Es gibt Bücher, in denen ein Stück ist von ihm; es gibt Menschen, die ohne ihn anders gewachsen wären, weniger gerade, weniger tief. Unter den Männern, die die Republik formten, ist er einer.

Er lebt.

Memorandum

21. Juni 1953

Sehr verehrter Herr Sokolow!

Auf Ihren Wunsch versuche ich, die Gedanken und Eindrücke, die ich Ihnen gestern bei unserer Unterredung mitzuteilen trachtete, schriftlich zu fixieren. Wie auch bei unserer Unterhaltung möchte ich vorausschicken, daß ich mir keine Autorität irgendeiner Art anmaße. Meine Beobachtungen und Schlußfolgerungen mögen irrig sein. Aber ich glaube, daß ich als Schriftsteller und Journalist einigermaßen daran gewöhnt bin, Umstände mit offenen Augen zu sehen und den Menschen mit offenen Ohren zuzuhören.

Ich werde versuchen, für meine allgemeinen Beobachtungen die notwendigen konkreten Beispiele anzuführen. Ich glaube, diese Beispiele werden in den meisten Fällen ganz typisch sein, auch wenn sie unwichtig erscheinen. Das größte Beispiel – die Ereignisse des 17. Juni selbst – hat wie ein Erdbeben eine Spalte in dem Boden aufgerissen, auf dem wir hier in Deutschland, und besonders in der DDR, stehen. Plötzlich hat es sich gezeigt, daß es nicht allzu viele Menschen sind, auf deren Standhaftigkeit, Initiative und klares Denken man hierzulande rechnen kann.

Ich weiß durch einen ADN-Reporter, daß der Kommandeur des ersten Sowjettanks, der in Richtung Brandenburger Tor vorging, oben auf dem Tank stand und mit erhobenen, verschränkten Händen die Bevölkerung begrüßen wollte, von der er selbstverständlich annahm, daß sie in ihrer überwiegenden Mehrzahl auf seiten der Arbeitermacht stünde und daher das Eingreifen der Roten Armee billigen und unterstützen würde. Er wurde ausgepfiffen und niedergeschrien.

Man darf sich auch nicht durch die Tatsache, daß in entscheidenden Betrieben wie bei der Eisenbahn und im Kraftwerk Klingenberg nicht gestreikt wurde, dazu verführen lassen zu glauben, daß die Arbeiter dieser Betriebe nun *für* Sozialismus, *für* die Sowjetunion sind. Eine gewisse Anzahl – ja; aber das Gros, glaube ich, verhielt sich neutral, abwartend, und handelte aus der Tradition heraus, daß gewisse öffentliche Dienste zu funktionieren haben. Ich glaube, daß das Kraftwerk und die Eisenbahn auch weiter funktioniert hätten, wenn die Amerikaner einmarschiert wären.

Ich sprach mit einer Arbeiterin im Rheuma-Institut in Berlin-Lichtenberg, die mir erklärte: „Wir haben selbstverständlich nicht gestreikt – wir sind doch ein Gesundheitsbetrieb!"

Ich brauche Ihnen nicht die Maßnahmen aufzuzählen, die, eine nach der anderen, zu einer solchen Anhäufung von Massenunzufriedenheit führten, daß die Agenten aus dem Westen für ihre Aktivitäten fruchtbaren Boden fanden. Gewisse Reaktionen der Bevölkerung waren jedoch vorauszusehen.

Die Erhöhung der Marmeladenpreise, z. B., bedeutete, daß jeder Bürger der DDR jeden Morgen beim Frühstück an eine unpopuläre Maßnahme erinnert und dadurch verärgert wurde, denn Marmelade ist es, was er sich aufs Brot streicht. Dabei waren die durch Erhöhung der Marmeladenpreise eingebrachten Summen lächerlich gering, wie mir vom Staatssekretär im Finanzministerium versichert wurde.

Daß man den Geschäftsleuten und Handwerkern und Kleinunternehmern die Lebensmittelkarten gerade zu einer Zeit entzog, wo in der HO keinerlei Fette zu kaufen waren, bedeutete, daß man bei dem Rest der Bevölkerung Sympathien gerade für jene Schichten erzeugte, die das kapitalistische Element im Lande vertraten. Die Stimmung war dann: „Die armen Geschäftsleute – jetzt läßt man sie verhungern!" Dazu kam, daß die Maßnahme ohne jede Differenzierung durchgeführt wurde und, soviel ich weiß, auch ohne rechtzeitige Erteilung von Durchführungsbestimmungen. Geschäftsleute und Handwerker, die es sich leisten konnten, in der HO zu kaufen, wurden genauso behandelt wie solche, die das Geld dazu unter keinen Umständen aufbringen konnten. Und das in einem Lande, wo die Arbeiterklasse von kleinbürgerlichen Elementen durchsetzt ist, wo so gut wie jeder Arbeiter Verwandte und Bekannte unter Handwerkern und Kleingewerbetreibenden besitzt!

Worüber man aber besonders sprechen muß, ist die Art, in der solche Maßnahmen der Bevölkerung bekanntgegeben wurden. Der Entzug der Lebensmittelkarten wie auch die kürzlich erfolgte Zurücknahme des Entzugs wurden begründet mit den Worten: *Zur Verbesserung des Lebensstandards*. Man kann nicht zwei einander widersprechende Maßnahmen, die innerhalb weniger Monate erfolgen, in derselben Art und Weise begründen. Die gleiche sprunghafte Widersprüchlichkeit zeigte sich in den Maßnahmen der Kirche und der „Jungen Gemeinde" gegenüber.

Dadurch mußte zwangsläufig bei der Bevölkerung der Eindruck entstehen, daß die Regierung nicht weiß, was sie tut; und dieser Eindruck wurde durch das berühmte Kommuniqué noch bestärkt. Das öffentliche demonstrative Eingeständnis von Fehlern durch eine Regierung, die breite Teile der Bevölkerung gegen sich hat und die nur in einem Teil eines Landes herrscht, ist eine sehr fragwürdige Taktik. Wenn, wie es bereits geschehen ist, man jetzt der Bevölkerung Vorwürfe macht, daß sie dieses Eingeständnis als Schwäche auslegte, so ist das falsch. Man hätte vorhersehen müssen, daß die Bevölkerung es als Schwäche auslegen würde.

Denn wir haben es mit Deutschen zu tun. Wir brauchen nicht über die Geschichte des deutschen Volkes unter dem Kaiserreich und unter Hitler zu sprechen; das ist bekannt. Man muß aber darüber sprechen, daß man die bekannten Tatsachen der Geschichte und ihre Auswirkungen auf das Wesen breiter deutscher Schichten nicht genügend beachtet hat.

Regierung und Partei haben bereits festgestellt, daß zuviel administriert und zuwenig überzeugt wurde. Das wirkte sich auch in Ton und Führung der Propaganda und Publizistik aus. Das gröbste Beispiel dieser Auswirkungen sind die zahllosen klischeeartigen Resolutionen und Erklärungen, in denen jede, aber auch jede Maßnahme gebilligt wurde, und die dann auch in der Presse gedruckt wurden. Aber ebensowenig wie diese Resolutionen von denen, die darüber abstimmten, ernst genommen wurden, ebensowenig wurden sie von der Bevölkerung geglaubt. Das, zusammen mit der zu Formeln erstarrten, beinahe unmenschlichen Sprache in Presse und Rundfunk, führte zu einem allgemeinen Absinken des Vertrauens.

Ich habe Ihnen geschildert, wie selbst am 17. Juni im

Schriftstellerverband eine Resolution vorgeschlagen wurde, die voll der alten Phrasen war. Gegen fünfzehn Uhr, als ein neues Redaktionskomitee die Resolution noch umänderte, wurde der Generalsekretär ungeduldig und erklärte, die Resolution sei bereits vom ZK gebilligt, d. h. bevor darüber von den Schriftstellern abgestimmt worden war. Welche Bedeutung haben Resolutionen, die von oben her bestellt werden?

Über die Wahrheit, über Dinge, die dem Herzen der Menschen nahe liegen, wurde wenig geschrieben und wenig gedruckt. Man kann aber Mißstände und Mängel nicht verschweigen, denn sie sind im Volke bekannt, und wenn *wir* nicht zuerst darüber schreiben und berichten und sie zu erklären versuchen, erhalten die Leute durch den RIAS, dem sie so gut wie alle zuhören, eine falsche Interpretation.

In seiner Rede vom 16. Juni hat Grotewohl das Fehlen der vier Milliarden Mark durch falsche Maßnahmen auf der mittleren Ebene des Regierungsapparats erklärt. Aber wie kam es, daß von der unteren und mittleren Ebene keine Berichte nach oben gingen, oder erst viel zu spät gingen? Die Wahrheit scheint zu sein, daß nach oben berichtet wurde, was oben angenehm war, und daß man oben durch so viele Schichten von der Bevölkerung unten getrennt war, daß die berechtigten Beschwerden nicht durchdrangen.

Der Fahrer Ihres Kollegen Suldin berichtete mir über eine Konversation mit dem Fahrer eines SIM-Wagens, der von einem Mitglied des ZK benutzt wird. Der SIM-Fahrer sagte: „Ja, wenn der Kerl doch mal mit der S-Bahn oder U-Bahn oder Straßenbahn fahren würde, da wäre es besser um uns bestellt, denn da würde er zu hören kriegen, was die Leute denken!" Suldins Fahrer antwortete dem SIM-Fahrer: „Und warum sagst *du's* ihm denn nicht?" Darauf der SIM-Fahrer: „Was – und meine Stellung verlieren?"

Wichtig ist hier nicht so sehr das Verhältnis zwischen einem ZK-Mitglied und seinem Fahrer, als die Einstellung so vieler Arbeiter, daß es keinen Zweck hat, sich zu beschweren und die Wahrheit zu sagen – denn dann wird man bestraft.

Die Organe, durch die der Arbeiter und die Bevölkerung überhaupt sich ausdrücken sollten – vor allem die Presse und die Gewerkschaften –, waren ihm verstopft. Es ist doch merkwürdig, daß die Arbeiter der Stalinallee sich *nicht* an ihre Gewerkschaften mit ihren Beschwerden wandten. Was sollten sie denn tun, um sich Gehör zu verschaffen? Sie wurden ja direkt in eine Situation hineingetrieben, in der sie streiken und demonstrieren mußten!

Die Angestellten einer Zweigstelle der Berliner Sparkasse berichteten mir, daß sie keine Bezahlung für Überstunden erhalten, obwohl man in ihrer Zweigstelle mehrere Kollegen abgebaut hatte, wodurch Überstunden absolut notwendig wurden. Ich fragte sie, warum sie sich nicht durch ihre Gewerkschaft mit dem Problem auseinandersetzten. Darauf erhielt ich die Antwort: „Wollen Sie sich über uns lustig machen?" Ich sagte: „Aber ihr wählt doch eure Gewerkschaftsvertreter!" Sie antworteten: „Aber wir kennen die Leute doch gar nicht! Man legt uns eine Liste vor. Das ist alles. Bis vor einem Jahr hatten wir noch eine Betriebsarbeitsgemeinschaft, da ging es noch; aber jetzt gibt's auch das nicht mehr. Mit wem sollen wir denn über unsere Sorgen sprechen?"

Es war dann selbstverständlich, daß schon bei den letzten Gewerkschaftswahlen Schwierigkeiten auftraten, und daß sich Arbeiter weigerten, als Kandidaten aufzutreten. Feriendienst und Theaterbillettvermittlung sind Nebenaufgaben der Gewerkschaft; die Interessenvertretung der Arbeiter ist die Hauptaufgabe; aber das erfordert Mut, Mut nach oben hin und Mut auch den Arbeitern gegenüber. Mir scheint, daß die Gewerkschaftsarbeit, auch für Schriftsteller und Kulturarbeiter, gründlich geändert werden muß.

All das hätte unter gewöhnlichen Umständen und in einem normalen Lande auch zu schweren Folgen geführt; in einem gespaltenen Lande, unter dem Druck der Amerikaner, mußte es katastrophal wirken.

Die Grundtatsache in Deutschland ist, daß die deutschen Arbeiter *keine* Revolution gemacht haben, und daß sie 1945, in ihrer Mehrzahl, zwar den Krieg satt hatten, aber deshalb noch keine neue Gesellschaftsordnung wollten. Die deutschen Kapitalisten unter Hitler waren klug genug gewesen, die deutsche Arbeiterklasse zu einem Teil an ihrer Beute teilnehmen zu lassen; ebenso wie die amerikanischen Arbeiter in den entscheidenden Industrien an der Weltausbeutung durch den amerikanischen Imperialismus beteiligt sind. Das erklärt die Tatsache, die mir von Frau Volkskammer-Abgeordneten Lewitt-Küter berichtet wurde, daß am 17. Juni auf einem Transparent an einem Betrieb die Losung auftauchte: „Wir wollen unsere Ausbeuter wieder!" Das erklärt die Tatsache, mir berichtet durch die Frau des Schriftstellers Petersen, daß ein Arbeiter beim Vorbeifahren der sowjetischen Tanks sagte: „Das sind die Burschen, die der Hitler vergessen hat zu vergasen." Das erklärt die Tatsache, mir berichtet durch den Schriftsteller Peter Kast, der am 17. Juni aus der DDR nach Berlin reiste und mir sagte: „Es war eine Reise durch Feindesland." Vielleicht sind diese letzten Beispiele nicht typisch; aber sie zeigen eine Tendenz an.

So wie Radio, Presse, Gewerkschaften und offensichtlich auch Teile der Partei bis zum 17. Juni dieser Bevölkerung gegenüber versagten, so versagten sie auch am 17. Juni.
Ich kam unter Schwierigkeiten gegen ein Uhr nachmittags in den Schriftstellerverband. Dort waren ca. zwanzig Angestellte und zwanzig Schriftsteller versammelt, bereit zu kämpfen, bereit, etwas zu tun. Es kamen, so viel mir bekannt ist, keine Anweisungen zum Handeln.
Das Radio spielte Operettenmusik, und die ersten Kommentare kamen erst gegen Abend. Ich muß Ihnen über die Arbeit der westlichen Sender während dieses entscheidenden Tages nicht berichten. Wo aber war unser Lautsprechersystem? Wo waren die Lautsprecherwagen der Regierung und Partei? Wo waren die Extraausgaben der Zeitungen?
In der Redaktion der *Neuen Berliner Illustrierten* forderte einer der Redakteure, sofort Fotoreporter auszusenden. Es wurde ihm abgelehnt mit der Begründung: „Wir werden doch solche Sachen nicht noch bei uns drucken!" Am nächsten Tag schickte man ihn nach West-Berlin, um die entsprechenden Bilder bei United Press einzukaufen.
In der Kulturredaktion des *Neuen Deutschland* wurde einem jungen Schriftsteller, der sich erbot, Artikel über die Vorgänge zu schreiben, von dem zuständigen Redakteur Girnus erklärt: „Darüber brauchen Schriftsteller überhaupt nicht zu schreiben; das ist Angelegenheit des politischen Kommentars."

Beim Rundfunk wurden fähige Schriftsteller, die sich erboten, in dieser Ausnahmezeit freiwillig mitzuhelfen, das Programm zu gestalten, mit den Worten abgewiesen: „Wir sehen keinen Grund, unser Programm zu ändern."

Es ist klar, daß der unmittelbare Anlaß zum 17. Juni auf die Agentenarbeit der Westmächte zurückzuführen ist. Sonst wäre ja nicht zu gleicher Zeit an so vielen Stellen in dieser organisierten Form losgeschlagen worden. Die Ursache aber ist nicht der Anlaß – und die Ursache zu den Ereignissen liegt in der DDR. Denn wenn die Agenten keinen Boden vorgefunden hätten, der sich für ihre Arbeit eignete, so wären sie sofort isoliert worden oder hätten gar nicht erst losgeschlagen.

Ich möchte Sie, verehrter Herr Sokolow, und durch Sie die verantwortlichen sowjetischen Stellen bitten – ich bitte Sie um Ihrer eigenen Landsleute und um des Weltfriedens willen –, sich in diesem Punkt keine Illusionen zu machen. Ein paar Erleichterungen auf sozialem Gebiet ändern die Grundlage nicht, *wenn nicht auf allen Gebieten des Lebens in der DDR eine neue Haltung den Menschen gegenüber geschaffen wird.* Das bezieht sich auf Gewerkschaften wie auf Parteiapparat, und was die Schriftsteller betrifft, auf das Gebiet der Kultur, der Presse, des Radios. Man muß den Arbeitern und allen Bevölkerungsteilen eine Presse geben, der sie wieder Vertrauen schenken. Man muß in einer Sprache zu ihnen sprechen, die sie verstehen und die die ihre ist. Man muß die Dinge drucken, die die Leute interessieren, und zwar deshalb interessieren, weil es *ihre* Dinge, *ihre* Probleme sind. Man muß die Wahrheit schreiben und drucken. Man muß aufhören zu beschönigen. Man muß lernen, wie man die Menschen überzeugt. Man überzeugt sie einmal durch Taten – und das ist im Augenblick das allerwichtigste –, aber auch dadurch, daß man die Taten richtig und *verständlich* interpretiert und darstellt.

Für den Augenblick schlage ich Ihnen für Ihre Zeitung eine Serie von Reportagen und literarischen Artikeln vor, in denen die Sorgen und die Kritik der Arbeiter und der Bevölkerung zum Ausdruck kommen – wenn möglich, schon unter Hinzusetzung von Maßnahmen, die getroffen wurden, um Abhilfe zu schaffen, wenn nicht möglich, auch ohne das.

Ich schlage vor, daß diese Reportagen und Artikel von den fähigsten und ehrlichsten und am klarsten sehenden Schriftstellern geschrieben werden, Schriftstellern, die imstande sind, den richtigen Ton zu finden, und deren Schreibweise frei ist von großen Phrasen und Klischees, die so viel Schuld tragen an den Ereignissen des 17. Juni.

Viele Arbeiter haben während des Streiks und der Demonstrationen gesagt: WIR WOLLEN GEHÖRT WERDEN. Man hatte sie nicht oder nicht rechtzeitig gehört. Jetzt kommt es darauf an, daß sie den Eindruck gewinnen: Jawohl, man hört uns! Jetzt kommt es darauf an, ein Ventil zu öffnen, um den aufgestauten Haß, die aufgestaute Mißstimmung, abblasen zu lassen. Jetzt kommt es darauf an, wieder Vertrauen zu schaffen – Vertrauen der Arbeitermassen und der Bevölkerung zu Regierung und Partei. Wenn Ihre Zeitung vorangeht, bin ich überzeugt, daß die andern folgen werden.

Oberst Sokolow war Chefredakteur der „Täglichen Rundschau".

Beobachtungen zum Pressewesen in der DDR

Juli 1953

Es ist leichter, eine Wahrheit zu popularisieren, die den Sieg in sich trägt, als eine zerschlissene Lüge zu vertreten, die Tag für Tag im Weltgeschehen ihre kurzen Beinchen deutlicher zeigt. Das ist eine Tatsache, durch Erfahrungen erhärtet.

Also kann es nicht zu schwer sein, in der Deutschen Demokratischen Republik Zeitungen zu machen, die imstande sind, die Bevölkerung aufzuklären, ihr zu helfen und sie zu führen. Die Presse in der Deutschen Demokratischen Republik vertritt die besten Prinzipien in der Welt: Frieden, Fortschritt, Demokratie, Sozialismus. Auf seiten dieser Presse steht die historische Entwicklung, steht alles, was gut und schön und edel und wahr ist, während die kapitalistische Presse und Propaganda sich krampfhaft um die Wahrheit herumwinden müssen.

Warum also ist die Presse in der Deutschen Demokratischen Republik so ungenügend?

Am 17. Juni versagten die Zeitungen in einer Art, daß es wohl notwendig sein wird, Pressewesen und Pressepolitik einer gründlichen Prüfung und Revision zu unterziehen.

Wo war die schnelle Reaktion der Presse auf die Ereignisse? Wo waren die Extraausgaben? Wo blieben die Nachrichten, und wo war die Führung, die das Publikum mit Recht von seiner Presse erwarten kann?

Was am 17. Juni vor sich ging, war doch wohl schon seit den frühen Morgenstunden in den Redaktionen bekannt! Es wäre durchaus möglich gewesen, gegen elf Uhr die ersten Extraausgaben auf der Straße zu haben, die den Arbeitern klargemacht haben könnten, worum es sich an diesem Tage handelte und was vom Westen her gespielt wurde. Eine solche Presse, solche Extraausgaben im entscheidenden Moment, hätten einen entscheidenden Einfluß auf die Dinge nehmen können. Sie hätten dazu beigetragen, die Spreu vom Weizen, die Provokateure von den Arbeitern zu trennen. Vieles Unangenehme, was geschah, wäre nicht geschehen. Und vor allem hätte die Bevölkerung den Eindruck gewonnen, daß sie in schweren, verwirrenden Stunden nicht allein, nicht ohne die Stimme der Aufklärung und der Vernunft und der Wahrheit dastand.

Statt dessen geschah – nichts. Waren die Redakteure nicht auf ihrem Posten? Waren die Drucker nicht an ihren Maschinen? Redakteure und Drucker waren da. Aber die selbstverständlichste, erste Pflicht des Journalisten, Nachrichten und Weisung zu geben, wurde versäumt. Man wartete. Worauf? Auf Anweisungen? … Wenn der Feind angreift, kann der Soldat in der ersten Linie nicht warten, bis der General hinten den Befehl zum Feuern gibt. Wenn ein Saboteur auftaucht, kann der Arbeiter an der Drehbank nicht warten, bis der Betriebsleiter ihn auffordert, dem Saboteur eins mit dem Schraubenschlüssel über den Schädel zu ziehen.

Das aber war die Situation am 17. Juni.

Eine Zeitung ist eben kein Finanzamt; und ein Journalist sollte mehr sein als ein Beamter, der Vorgekautes wiederkäut. Was er gelernt hat, muß er selbständig anwenden können. Dafür ist er da. Diese Verantwortung kann er nicht nach oben hin abschieben. Verantwortungsscheue Funktionäre gehören nicht in die Presse.

Eine Zeitung ist vor allem ein Organ zur Übermittlung von Nachrichten an das Publikum. Die Leute kaufen sich die Zeitung in erster Linie, um zu erfahren, was los ist. Das gilt auch für Parteizeitungen. Parteizeitungen werden von Parteianhängern und Sympathisierenden gekauft, die erfahren wollen, was in der Welt *und* in der Partei los ist und was die Partei zu fordern und zu tun gedenkt. Sind die Nachrichten, die die Zeitung bringt, den Tatsachen entsprechend und so geschrieben, daß die Leute sie verstehen, dann gewinnen die Leser Vertrauen zu ihrer Zeitung und sind bereit, der Politik, die die Zeitung vertritt, zu folgen.

Die bürgerliche, kapitalistische Presse weiß das ganz genau. Sie bemüht sich daher, eine Fülle von kleinen, unwichtigen Wahrheiten zu drucken, damit ihre Leser ihr die *große Lüge* glauben. In der Presse der Deutschen Demokratischen Republik dagegen werden häufig die kleinen, unwichtigen, vom Leser aber nachprüfbaren Wahrheiten übersehen oder entstellt, besonders wenn diese Wahrheiten nicht ganz angenehm sind. Der Erfolg ist, daß der Leser auch die *große, unbestreitbare Wahrheit* bezweifelt. Wer einmal schönfärbt, dem glaubt man nur schwer.

Diese Schönfärberei in der Presse hat nach dem 17. Juni keineswegs aufgehört. Wenn aus einer Stadt in der Deutschen Demokratischen Republik berichtet wird, daß dort 150 000 Menschen an einer Vertrauenskundgebung für die Regierung teilnahmen – während jeder, der dort war, weiß, daß es weniger als 150 000 waren –, so ist damit niemandem gedient. Wen will man eigentlich mit solchen Berichten zum Narren halten? Die Einwohner der Stadt? Die Einwohner anderer Städte? Das Zentralkomitee der SED? Die Regierung?

Wenn berichtet wird, daß die *gesamte* Bevölkerung der Deutschen Demokratischen Republik das Fünfzehn-Millionen-Dollar-Angebot der USA-Regierung *mit Empörung* ablehnt, so ist damit gleichfalls niemandem gedient. Alle die, die zu dumm sind, um die Zwecke der amerikanischen Regierung zu durchschauen, sind doch gescheit genug, um sich auszurechnen, daß die Sache mit der *gesamten Bevölkerung* nicht stimmt – denn sie sind auch ein Teil der Bevölkerung und denken anders. Man hätte nur zu schreiben brauchen: *breite Teile der Bevölkerung* oder *der überwältigende Teil der Bevölkerung,* und man wäre der Wahrheit näher gekommen und hätte die Dummen nachdenklich gestimmt.

Bei diesen zwei Beispielen handelt es sich um ausgesprochen politische Nachrichten. Aber auch bei sozusagen unpolitischen Nachrichten läßt sich die Tendenz der Schönfärberei feststellen. Wenn man erst aus einem Ministerratskommuniqué erfahren muß, daß ein Unglück in einem Kalibergwerk geschah, so ist das falsch. Ein Unglück ist geschehen. Unglücksfälle können sich in jeder Gesellschaftsordnung ereignen. Laßt uns um Gottes willen darüber berichten; um so mehr Genugtuung wird es dem Leser später bereiten, daß die Regierung den Opfern des Unglücks hilft.

In Fällen, wo die Wahrheit Hunderten und Tausenden von Menschen sowieso bekannt ist, kann und soll man die Tatsachen nicht vertuschen. Besonders kann man das nicht in einem Lande tun, wo der Feind mit dem größten Vergnügen alle für uns unangenehmen Wahrheiten ausposaunt.

Drucken wir die Tatsachen nicht oder nicht rechtzeitig, so zwingen wir die Bevölkerung direkt, sich Zeitungen aus dem Westen zu verschaffen und den westlichen Radiosendern zuzuhören. Und dann erfährt die Bevölkerung besagte Tatsachen entstellt, übertrieben, falsch; und wir haben keine Gelegenheit mehr zum Richtigstellen. Und das Vertrauen zu unserer Presse sinkt weiter.

Der kleine Junge, der die Augen schloß und nun glaubte, man sähe ihn nicht, hat unrecht. Man sieht ihn doch.

Die Zeitung ist ferner ein Organ der Meinungsbildung. Voraussetzung dafür, daß die Zeitung diese Funktion erfüllen kann, ist das Vertrauen der Leserschaft, das sich die Zeitung durch ihre Nachrichtengebung erringt.

Die Zeitung beeinflußt die Leser einmal durch die Art, wie sie ihre Nachrichten abfaßt; dann durch die Überschriften; dann durch die Kommentare; und endlich durch ihre Leitartikel.

Die Leitartikel stehen am Ende dieser Aufzählung: Man soll sich nämlich keine zu großen Illusionen über den direkten Einfluß von Leitartikeln auf die Leser machen – besonders wenn diese Leitartikel, wie so oft, zu lang und voller Wiederholungen sind. Erst dann, wenn der Leser selbst spürt, daß der Leitartikel ihm neue politische Erkenntnisse vermittelt (was allerdings Leitartikel dieser Art voraussetzt), wird der Leitartikel bei der Meinungsbildung eine größere Rolle spielen. Die Leitartikel in der „Prawda" zum Beispiel tun das, und üben auch einen dementsprechenden Einfluß aus.

Die bürgerliche Presse hat die Kunst, meinungsbildende, tendenziöse, aber scheinbar objektive Nachrichten abzufassen, sehr weit entwickelt. Natürlich muß auch die Presse in der Deutschen Demokratischen Republik die Nachrichten so abfassen, daß die Meinung der Leser gelenkt wird; aber man lenkt nicht dadurch, daß man dick aufträgt, heftig mit dem Zaunpfahl winkt, offensichtliche Kommentare in die Nachricht hineinschreibt und den Leser, der auch selber gerne etwas denken möchte, durch zu auffällige Schlußfolgerungen verstimmt. Wenn man schon nicht imstande ist, eine Nachricht so zu schreiben, daß sich die richtige Schlußfolgerung ohne viel zusätzliche Worte aus der Nachricht ergibt, dann soll man ein Sternchen unter die Nachricht setzen und den Mut haben, den eigenen Kommentar als *Kommentar* zu drucken.

Überschriften dienen dazu, den Leser zum Lesen des unter der Überschrift stehenden Textes zu veranlassen. Die Überschrift kann, wenn sie geschickt abgefaßt ist, dem Leser eine Denkrichtung geben, in der er den Text der Nachricht oder des Artikels betrachten soll. Aber nur, wenn sie geschickt abgefaßt ist! Sonst wäre es besser angebracht, eine neutrale, nüchterne Überschrift zu geben. Vor allem aber ist die Überschrift keine Losung. Losungen regen nicht zum Lesen an, weil sie, wenn sie gut sind, bereits alles sagen – und wenn sie schlecht sind, gehören sie nicht in die Zeitung.

Keineswegs meinungsbildend jedoch ist eine Art Nachricht, die sich in der letzten Zeit in der Presse der Deutschen Demokratischen Republik eingebürgert hat. Diese Art Nachrichten lautet ungefähr so:

ADN. – Die Witwe Pietsch in Hinterkötzschenbroda erklärt, daß sie über die letzten Beschlüsse der Regierung überglücklich ist.

Unterstellen wir, daß der Hinterkötzschenbrodaer Korrespondent des ADN ein ehrlicher Mann ist und die Witwe Pietsch tatsächlich gefragt hat, was sie von dem betreffenden Regierungsbeschluß hält. Und unterstellen wir auch, daß die Witwe Pietsch politisch genügend Bescheid weiß, um den Regierungsbeschluß in all seinen komplizierten Auswirkungen beurteilen zu können. Dann bleibt immer noch die Tatsache, daß in der ganzen großen Deutschen Demokratischen Republik vielleicht zwei Dutzend Menschen die Witwe Pietsch kennen und ein Interesse für ihre Meinung haben. Jedem anderen Bürger der Deutschen Demokratischen Republik ist die Witwe Pietsch keineswegs maßgeblich, und ihre Meinung über Regierungsbeschlüsse ist ihm höchst schnuppe, auch wenn diese Meinung auf die Frontseite der Zeitung proklamiert wird.

Es handelt sich hier um eine falsche Anwendung des Begriffes *typisch*. Der ADN-Reporter, und mit ihm wahrscheinlich der Redakteur der Zeitung, glaubt und hofft, daß die Witwe Pietsch aus Hinterkötzschenbroda für die öffentliche Meinung in der Deutschen Demokratischen Republik typisch ist. Aber ist sie das? Das müßte man doch erst mal beweisen. Und solange der Beweis nicht gleichzeitig mit der Nachricht über die Witwe erbracht wird, solange man nicht erklären kann, daß die Witwe Pietsch für einen beträchtlichen Prozentsatz aller Witwen im Lande spricht, soll man nicht so tun als ob – und vor allem soll man sich nicht selber darüber täuschen wollen, daß die Witwe Pietsch durch ihre höchst anerkennenswerte Äußerung die öffentliche Meinung beeinflussen kann.

Die amerikanische Werbung geht von dem Grundsatz aus, daß man dem Menschen gewisse Begriffe einhämmern müsse, bis er ganz automatisch reagiert. *Drink Coca Cola!* steht an jeder Straßenecke, in der Erwartung, daß die Bevölkerung schließlich nur noch Coca-Cola trinken wird.

Man kann mit dieser Methode vielleicht automatische Reflexe erzielen, wie Pawlow es bei seinen Hunden erreicht hat, aber zum Denken regt man die Menschen damit nicht an. Und schließlich wollen wir doch denkende Menschen in der Deutschen Demokratischen Republik. Warum nimmt man die schlechteste aller amerikanischen Reklamemethoden in unserer Presse auf? Warum benutzt man immer und immer wieder dieselben abgestandenen Phrasen? Beifall ist immer *brausend*, Demokraten sind immer *aufrecht*, Adenauer ist immer *heuchlerisch* und zu seiner Verfügung steht die *Adenauerclique* usw., usf. Auch dort, wo derartige Bezeichnungen dem Tatbestand genau entsprechen, verlieren sie ihre Wirkung, weil sie schablonenhaft geworden sind. Dabei hat die deutsche Sprache einen völlig ausreichenden Wortschatz.

Es geht aber nicht nur um diesen Stil, der den Leser abstößt. Es geht um die Denkfaulheit. Ein Journalist, der, sagen wir, einen Versammlungsbericht schreibt und dem Wort *Beifall* automatisch das Wort *brausend* beifügt – dieser Journalist hat sich den Beifall überhaupt nicht bewußt angehört. Vielleicht war der Beifall gar nicht brausend; und es wären daraus gewisse Schlüsse für seinen Versammlungsbericht zu ziehen. Aber nein, er denkt gar nicht darüber nach, was er schreibt – aus den schematischen Worten entsteht der schematische und daher unwahre Bericht. Die Leser aber, die in der betreffenden Versammlung waren und sehr wohl wissen, ob der Beifall brausend war oder nicht, merken die Unwahrheit – und wieder verlieren sie das Vertrauen zu ihrer Presse. Ganz abgesehen davon, daß der Journalist, sollte der Beifall schon einmal brausend sein, gar kein Wort mehr zur Verfügung hat, um diese Tatsache auszudrücken.

Hier wurde ein sehr harmloses Beispiel gewählt. Bei ernsthafteren Fragen aber wirken sich die schematischen Wortkombinationen katastrophal aus. Auch wenn wirklich etwas Neues ausgesagt wird, liest es sich bei Benutzung der üblichen Schablonen wie eine Wiederholung von längst Gesagtem, und der Leser legt es ungelesen zur Seite.

Nur ein Journalist, der selber und selbstverständlich denkt, wird das Denken seiner Leser beeinflussen können.

Eine Zeitung ist schließlich ein Organ zur Unterhaltung und Belehrung ihrer Leser. Der Leser verlangt das Recht, daß seine Zeitung bunt ist und den verschiedenen Interessen des Lebens entspricht.

Dazu gehört ein reichhaltiger Lokalteil, mit Nachrichten allgemeiner Natur, persönlichen Nachrichten, Glossen. Das Interesse, das der Mensch für die Angelegenheiten seines lieben Nächsten hat, besteht auch in einer neuen Gesellschaftsordnung; man muß damit rechnen, und man muß es benutzen, um dem Leser Vertrauen zu seiner Zeitung zu geben.

Dazu gehört ein reichhaltiges Feuilleton – nicht voller Diskussionen über Formalismus – sondern voll wahrhaft unterhaltender Beiträge, die durchaus nicht unpolitisch zu sein brauchen. Das *unpolitische* Feuilleton hat es ja auch nie gegeben. Das Feuilleton wie auch der Nachrichtenteil sollen den Leser, für ihn fast unmerklich, beeinflussen – nicht etwa, weil der Leser an der Nase herumgeführt werden soll (wie es die kapitalistische Presse tut), sondern weil der Leser sich nicht gegängelt fühlen möchte.

Dem Lokalteil und dem Feuilleton könnte man, da das Papier leider knapp ist, die langen Reden örtlicher Größen opfern; es sei denn, daß diese Reden neues Gedankengut enthalten.

Im Frankreich Napoleons gab es eine Zeitung mit dem Namen *Moniteur*. Sie war das Amtsorgan des Kaisers. Was darin stand, war Befehl. Nur Beamte und Offiziere lasen den *Moniteur*, denn das gehörte zu ihren Pflichten. In der Deutschen Demokratischen Republik gibt es keinen *Moniteur*. Es kann und soll ihn auch nicht geben. Aber es gibt Zeitungen, die in einem Teil ihrer Spalten offiziös sind. Wenn im *Neuen Deutschland* ein Kommuniqué des Politbüros der SED erscheint, so bedeutet das eine politische Tatsache, die gewisse Folgen nach sich zieht. Wenn aber zum Beispiel in demselben Blatt eine Buchkritik erscheint, so ist das eben eine Buchkritik im *Neuen Deutschland,* nicht aber ein Beschluß des Zentralkomitees der SED über das betreffende Buch.

Das wird mitunter von Leuten vergessen, die zu bequem oder zu unfähig sind, um sich eine eigene Meinung zu bilden und selbständig zu entscheiden. Sitzen solche Leute nun an Stellen, wo sie ihrerseits wieder meinungsbildend wirken, so ergibt sich eine Vereinheitlichung und Erstarrung der Meinung auch in Fragen, die weiter diskutiert werden sollten.

Natürlich weiß man in den Redaktionen der *offiziösen* Blätter über diese traurigen Auswirkungen ihres offiziösen Charakters Bescheid; und die Folge ist, daß man angesichts der noch ziemlich weit verbreiteten rückgratlosen Nachbeterei vorsichtiger schreibt, als man möchte, und die Zeitung langweiliger macht, als es nötig wäre, wenn man nicht auf die Nachbeter Rücksicht zu nehmen hätte.

Vielleicht können die *offiziösen* Blätter ein für allemal klarmachen, in welchen Artikeln sie als *offiziös* aufgefaßt zu werden wünschen – und auf welchen ihrer Seiten sie wie andere normale Zeitungen sind. Damit wäre uns allen, auch ihnen selber, geholfen.

Im Kopf sauber

Aber Herr Tillich!

Ich tipple gemütlich in der Mai-Demonstration und freue mich über das Kaisergeburtstagswetter, das uns der alte Bolschewik, der Petrus, serviert hat. Auf einmal bumst's. Ich blicke instinktiv nach oben. Flugblätter!

Sie trudeln langsam aus dem Blauen herab – eigentlich ganz hübsch, wie Blütenblätter, die im Frühling fallen. Und auf einmal verändert sich für mich die Landschaft. Ich sehe wieder die stinkenden Hecken der Normandie, sehe die aufgedunsenen Kadaver von Mensch und Vieh, sehe die winzigen Figuren, die irgendwo hasten, nach Deckung suchend – und auch damals der gleiche blaue Himmel voller flatternder Flugblätter.

Die Flugblätter von damals waren von zwei amerikanischen Sergeanten geschrieben worden – einer hieß Burger und der andere Stefan Heym. Diese beiden Idealisten in amerikanischer Uniform mühten sich den deutschen Landsern klarzumachen, was für eine Dummheit, was für ein Verbrechen es war, sich für die höheren Profite von Krupp und Thyssen und IG-Farben totschlagen zu lassen. Ich glaube, die beiden zusammen haben einigen zehntausend deutschen Soldaten das Leben gerettet, indem sie ihnen den Anstoß gaben, die Knarre zur rechten Zeit hinzuschmeißen.

Aus diesem Grunde interessierten mich die Flugblätter, die fast zehn Jahre später, am 1. Mai 1954, vom Berliner Himmel fielen. Der Fachmann in mir meldete sich – und man möchte ja schließlich wissen, was die Ex-Kameraden von der US-psychologischen Kriegsführung jetzt so schreiben und schreiben lassen. Ich hob eines der Flugblätter auf und las es – las es langsam und gründlich, etwa wie ein Dreher das Werkstück eines anderen Drehers betrachtet und prüft.

Unterzeichnet war das Flugblatt von einem gewissen Tillich – aber es ist ja gleich, wer so etwas unterzeichnet; es kommt alles aus derselben, mir vertrauten Quelle. Vier Seiten waren es, von Rand zu Rand mit kleinsten Buchstaben eng bedruckt. Und stinklangweilig – ein richtiger ellenlanger Riemen, wie man ihn leider noch so manchmal als Leitartikel in unserer Presse findet. Das soll einer lesen?

Ich war enttäuscht. Ich hatte mehr von drüben erwartet, westliche Qualität, sozusagen. Es war aber Dilettantismus, und man konnte sehen, daß der Kerl, der das geschrieben hatte, in sein eigenes Geschwafel verliebt war und nicht aufhören konnte.

Und dann der Inhalt! Über das einmütige und feste Auftreten der drei Westmächte, über den SED-Parteitag und den kalten Krieg, über die FDJ und die Schwierigkeiten Frankreichs, über die bürgerlichen Parteien und die Facharbeiter und die Verwaltungsbeamten, über Bischof Dibelius und über die Intelligenz – bloß über die Jungen Pioniere war nichts drin, dafür war kein Platz mehr gewesen, scheint's. Schade.

Das Ding schloß mit folgendem Wortschwall: *Wir wünschen keinen Molotow-Coctail und darum keinen sowjetischen* Friedens-Vertrag, *sondern diesseits und jenseits des Eisernen Vorhangs Europäische Friedensgemeinschaft!* Das ist, bei Gott, eine schöne Losung – nach dem Prinzip: je länger, desto atemloser. Die langen Losungen sind auch bei uns eine Krankheit; doch daß ausgerechnet der Tillich davon angesteckt wurde, ist eine Wirkung, die unsere Losungsverfasser sicher nicht erwartet haben.

Was steht aber in der Losung, wenn man die Marmelade abkratzt? Da steht: *Wir wünschen ... die Europäische Verteidigungsgemeinschaft!* Und wer ist *Wir*? Offensichtlich die Amerikaner. Propagandafachlich ist das ein grober Fehler von dem Tillich – so offen darf man doch nicht zugeben, wer der Boß ist. Die Leser des Flugblattes merken so was gleich und werden verschnupft.

Und was ist das – ein *Coctail*? Vielleicht ist ein Cocktail mit ck gemeint? Das ist einfach schlampige Arbeit von dem Tillich, denn er dürfte doch genug mit den heutigen psychologischen Kriegführern auf amerikanischer Seite gesoffen haben, um die Getränkekarte zu kennen.

Jetzt kommt der Clou des Flugblatts – das Datum. Wer auch immer das Flugblatt schrieb, bildete sich ein, eine Kreuzung von Napoleon, Eisenhower und Schicklgruber zu sein. Und alles, was solche Leute schreiben, ist natürlich ein historisches Dokument und muß datiert werden.

Das Datum ist: Berlin, im März 1954.

Im März gedruckt und im Mai abgeworfen? Aber die Amerikaner zahlen doch jeden Ultimo! Was ist denn dann mit dem Aprilgeld geschehen? Hat's denn nicht mal für ein neues Flugblatt gereicht? Wenn ich Mr. C. D. Jackson wäre – das ist der Mann, der neben seinen amerikanischen Geschäften auch die psychologische Kriegführung macht –, würde ich mir bessere Leute kaufen für die vielen, allerdings schon etwas inflationsgeschwollenen Dollar.

Nur ist es so, daß man wirklich gute Leute nicht kaufen kann. Um wirkungsvolle, dauerhafte Propaganda zu machen, muß man Wahrheit und Recht vertreten. Wahrheit und Recht sind aber seit 1945 nicht mehr auf seiten der amerikanischen psychologischen Kriegführung. Und auch die Menschen, die ehrlich und aufrichtig für die Demokratie sprechen konnten, sind nicht mehr bei den Amerikanern. Der Ex-Sergeant Burger lebt jetzt in Prag, und der Ex-Sergeant Heym hat diese Zeilen geschrieben.

Berliner Zeitung

Aber, aber, Herr Tillich!

20. Juni 1954

Vielleicht werden sich einige Leser dieser Spalte an meinen Artikel vom 8. Mai erinnern. Der Artikel behandelte die Flugblätter, mit denen ein gewisser Herr Tillich von der *Kampfgruppe gegen Unmenschlichkeit* unsern 1. Mai verschönte. Um kurz zusammenzufassen: Ich schrieb, daß das Tillich-sche Flugblatt stinklangweilig, politisch dumm und inhaltlich veraltet sei, und daß die Amerikaner sich für ihr Geld doch einen besseren Mann aussuchen sollten.

Die Sache muß westlich des Bahnhofs Friedrichstraße gewirkt haben. Ich erhielt folgenden liebenswürdigen Brief:

Einschreiben

Nikolassee, den 28. 5. 54
Ernst-Ring-Str. 2

Herrn Stefan Heym
per Adr. Berliner Zeitung
Berlin W 8, Jägerstr. 10–12

Sehr geehrter Herr Heym!

Durch Zufall kommt mir Ihr Artikel *Offen gesagt* vom 8. Mai 1954 noch einmal in die Hand, und ich möchte die Gelegenheit doch nicht vorübergehen lassen, Ihnen zu sagen, welchen Spaß er uns gemacht hat. *Uns* – das sind meine Freunde und Mitarbeiter in der KgU, die nun einmal trotz all Euren Geredes nicht amerikanischer, sondern deutscher Staatsangehörigkeit sind. Aber Scherz beiseite – ich finde es doch betrüblich, daß Stefan Heym, dessen Gedichte in der *Menschendämmerung* ich vor langen Jahren mit Ergriffenheit gelesen habe, auf der anderen Seite steht. Passen Sie da wirklich hin? Statt uns ernsthaft zu unterhalten, dedizieren wir uns Scherzartikel – schade!

Mit freundlicher Begrüßung
Ernst Tillich

Nicht nur das Flugblattschreiben, auch das Briefschreiben will gelernt sein. Ernst Tillich kann weder das eine noch das andere. Das führt dazu, daß er an mehreren Stellen seines Briefes, ohne es zu wollen, die Wahrheit durchblicken läßt.

Man nehme nur die beiden zunächst harmlos klingenden Wörtchen *noch einmal* im ersten Satz. Merkwürdig! Also hatte Tillich meinen Artikel schon längst vor dem 28. Mai, dem Datum seines Briefes, gelesen – hatte es aber nicht für nötig befunden, sich über den Spaß, den er daran hatte, schriftlich auszulassen. Erst später geschah etwas, das Tillich veranlaßte, meinen Artikel *noch einmal* aufzugreifen. Was geschah, ist klar. In den drei Wochen zwischen dem Erscheinen meines Artikels und der Abfassung des Tillichschen Schreibens fand eine Beratung mit den Amerikanern statt. Dabei wurde Tillich der Kopf gewaschen wegen seines miserablen Flugblattes, und ferner wurde ihm eine Anweisung, Heym betreffend, gegeben. Die Anweisung lautete: *Versuchen Sie's auf die nette Tour!* Daher die dem Dichter Heym gezollten Komplimente; daher das so wunderbar menschliche Bedauern darüber, daß ich auf der anderen Seite stehe; und daher jenes goldene Brückchen, das Tillich mir baut: Passen Sie da wirklich hin? Unterhalten wir uns doch ernsthaft!

Fehlt nur noch, daß er mir auch gleich mitteilt, wieviel die Ford Foundation (Ford-Stiftung) mir zahlen würde, falls ich gewillt wäre, für die amerikanische psychologische Kriegführung zu arbeiten.

Aber es wurmt den Ernst Tillich ja doch, daß er mir so zahm und höflich schreiben muß. Und da geht ihm mitten im Brief das SS-Temperament durch und er fällt aus dem zivilen *Sie* in den trauten Unteroffizierston: *Trotz all Euren Geredes,* brüllt er, sind die Herrschaften von der KgU keine Amerikaner, sondern deutsche Staatsbürger.

Wen rührt so was nicht? Die Henker von Oradour, die Mordbrenner von Lidice, die Folterknechte von Mauthausen – was waren sie, wenn nicht deutsche Staatsbürger? Seit wann ist der Reisepaß ein moralisches Führungszeugnis? Seit wann beschränken sich die Amerikaner darauf, nur amerikanische Staatsbürger für ihre Wasserstoffbombenpolitik zu verwenden? Amerikanische Agenten tragen Reisepässe und Ausweise, die in allen Farben schillern und mit allen möglichen Wappen und Inschriften verziert sind – und gerade die Absolventen von Oradour und Lidice und Mauthausen sind, wie Ernst Tillich sehr wohl weiß, das beste Material für Mr. Allan Dulles und die Ford Foundation.

Da wollen wir uns schon lieber mit der Literatur beschäftigen. Zeugt es doch wirklich von tiefst empfundener Menschlichkeit, daß Ernst Tillich vor langen Jahren so von den Gedichten Heyms in der *Menschendämmerung* ergriffen wurde. Himmler, wie wir wissen, liebte die Blumen, Göring liebte die Tiere, und Tillich liebt Verse – noch dazu Verse von Heym.

Nur daß Verse von Stefan Heym nie in einem Buch mit dem Titel *Menschendämmerung* gedruckt wurden. Es gibt auch kein solches Buch. Aber es gibt eine Anthologie von Gedichten mit dem Titel *Menschheitsdämmerung*, die im Jahre 1920 im Verlag Rowohlt erschienen ist – zu einer Zeit, als ich genau sieben Jahre alt war. Der Heym, dessen Gedichte in der *Menschheitsdämmerung* erschienen, heißt Georg Heym, und auf Seite 293 des Buches befindet sich folgende biographische Notiz über ihn:

Georg Heym, aus einer alten Beamten- und Pastorenfamilie stammend, ist am 30. Oktober 1887 in Hirschberg (Schlesien) geboren. Dreizehnjährig kam er nach Berlin. Als er das Gymnasium absolviert hatte, widmete er sich in Würzburg, später in Berlin dem juristischen Studium. Beim Eislaufen auf der Havel brach er ein und ertrank mit seinem Freunde, dem Lyriker cand. phil. Ernst Balcke, am 16. Januar 1912, nachmittags, bei Schwanenwerder, sein Grab ist auf dem Friedhof der Luisengemeinde in Charlottenburg.

Nun hatte ich aber in meinem Artikel vom 8. Mai sehr klar und deutlich festgestellt, daß ich als Sergeant der Armee der Vereinigten Staaten am Zweiten Weltkrieg teilnahm; ich konnte also nicht im Jahre 1912 ertrunken sein. Der Schluß liegt nahe, daß der poesieliebende Ernst Tillich weder Georg noch Stefan Heym je gelesen hat. Er hat sich nicht einmal die Mühe gemacht, bei seinen amerikanischen Brotgebern in dem amerikanischen Nachschlagewerk *Who's Who* nachzublättern, wo meine Lebensgeschichte und die Titel meiner Bücher zu finden sind.

Wofür, muß man fragen, bezahlen die Amerikaner so einen Mann eigentlich? Ernst Tillich wünscht, sich ernsthaft mit mir zu unterhalten. Ich bin bereit, mich mit ihm in den Redaktionsräumen der *Berliner Zeitung* zu treffen.

Berliner Zeitung

John Heartfield

In Moskau erkundigte sich ein sehr bekannter sowjetischer Schriftsteller bei mir: „Sagen Sie, wissen Sie vielleicht, was aus John Heartfield geworden ist?"

Diese Frage, die sich wie die Anfangszeile eines Detektivschmökers liest, war durchaus berechtigt. Ist es doch beinahe, als wäre einer spurlos verschwunden – spurlos verschwunden bei uns, in der Deutschen Demokratischen Republik!

Wer ist John Heartfield?

Daß man überhaupt so etwas fragen und darauf erklären muß, was und wer John Heartfield ist – das allein ist schon traurig genug. Aber vielleicht gibt es noch, besonders unter den Arbeitern, einige Menschen, die ihn nicht vergessen haben.

In den Jahren der Weimarer Republik und auch nach 1933 in Prag hatten die deutschen Arbeiter ihre eigene illustrierte Zeitung – die *AIZ*, die *Arbeiter-Illustrierte*. In dieser Zeitung erschienen, gewöhnlich auf der letzten Seite, merkwürdige Bilder: Fotografien, auf denen Dinge zu sehen waren, die es in Wirklichkeit gar nicht gab, und die doch so echt und treffend richtig waren, daß jeder sagen mußte: Ja, das ist wahr.

Ich erinnere mich besonders an eines dieser Bilder. Es war eine Fotografie von Hitler. Der Kopf war, wie er immer war – mit dem Bärtchen und dem bösartig blödelnden Ausdruck der Augen. Nun war aber der Oberkörper Hitlers nackt, und nicht nur nackt, sondern durchsichtig – eine Röntgenaufnahme. Das wäre noch nichts Außerordentliches. Auch den Hitler hat man sicher des öfteren geröntgt. Aber die Röntgenaugen des Künstlers sahen schärfer als die Röntgenkamera. Sie sahen das Rückgrat, und das Rückgrat bestand aus – Goldstücken!

Und da wußte plötzlich jeder Arbeiter, der sich jenes Kunstwerk Heartfields betrachtete, warum und wieso und weshalb. Und die Bilder Heartfields, diese Kombinationen aus Fotografie und Phantasie, diese *Fotomontagen*, wie er sie nannte, übersetzten sich in Argumente, die in den Betrieben benutzt wurden und die zur scharfen Waffe wurden im Kampf gegen den Faschismus – vor 1933 und nachher. Die unmittelbare Verbindung der Heartfieldschen Kunst zum Klassenkampf war gerade das Große und Wichtige an ihr – denn was nützt uns eine Kunst, die keine Beziehung zum Leben hat?

Wer ist John Heartfield?
Trotz seines englisch klingenden Namens ist er Deutscher. Seit 1918 steht er aktiv in der Arbeiterbewegung. Ein kleiner, hagerer, temperamentvoller Mann mit hellen Augen, der gerne lacht – und dem nur ein Talent fehlt: das Talent, die Ellenbogen zu benutzen und sich in den Vordergrund zu schieben. Im Grunde ein Mensch, wie es unter den Arbeitern viele gibt – bescheiden seine Pflicht erfüllend, und gerade deshalb wird er übersehen.
Die Nazis übersahen ihn jedoch nicht. 1933 kamen sie, um ihn zu verhaften. Es gelang ihm auf höchst abenteuerliche Weise, nach Prag und später nach England zu entkommen. In England entwarf er Buchumschläge für fortschrittliche Verlage und züchtete Kaninchen, damit er etwas Fleisch zu essen hatte. Nur daß er die Kaninchen nicht selber schlachten konnte; er gewann das Viehzeug zu lieb.
Jetzt lebt er wieder in Deutschland, in der Deutschen Demokratischen Republik. Er ist nicht gesund. Das heiße Herz, das seit seiner Jugend immer nur für die eine Sache schlug, die Sache der Arbeiterklasse, hat einen Riß bekommen.

In Prag wurde John Heartfield einmal verhaftet. Die Polizei durchsuchte seine Wohnung und fand Hunderte seiner Fotomontagen. Der tschechische Polizeikommissar ließ sich die Sachen erklären und fragte dann: „Aber um Gottes willen, Herr Heartfield, da können Sie mich doch zusammen mit einer wildfremden Frau auf ein Bild bringen?"
„Ja", sagte Heartfield.
Die Polizei ließ ihn frei.
John Heartfield ist im Ausland wohlbekannt. In der Sowjetunion und in Amerika sind seine Werke mit Riesenerfolg ausgestellt worden. Nur nicht in der Deutschen Demokratischen Republik – warum eigentlich?

Gibt es etwa Leute, die meinen, Heartfields Fotomontagen seien *Formalismus*, weil Rückgrate aus Goldstücken nicht existieren? Ist das der Grund dafür, daß er nicht ermutigt wird, seine Fotomontagen fortzusetzen? ... Meiner Meinung nach sind Rückgrate aus Goldstücken etwas sehr Reelles und Realistisches. Woraus denn setzt sich die Wirbelsäule etwa des Herrn Adenauer zusammen? Und ich könnte Dutzende von Männern nennen, deren Rückgrat aus noch ganz anderem Dreck besteht ...

Ich glaube, daß John Heartfield, seinem Werk und der Größe seiner Kunst entsprechend, in die Akademie gehört. Ich glaube, man sollte auch erwägen, ihm einen Lehrstuhl zu geben, damit er in den letzten Jahren seines Lebens seine Kunst an jüngere Menschen weitergeben kann, und damit die Fotomontage nicht ausstirbt mit ihm, ihrem Erfinder und größten Vertreter.

Und schließlich glaube ich, es wäre gut und angebracht, wenn jene Körperschaften, die mit der Vergebung des Nationalpreises zu tun haben, John Heartfield ernsthaft dafür in Betracht zögen.

Nationalpreise werden in der Regel für ein Buch, ein Theaterstück, einen Film verliehen. Aber hier liegt ein ganzes Lebenswerk vor. Hier ist ein Künstler, der zeit seines Lebens bewiesen hat, was er kann und wo er steht.

Es muß doch noch Arbeiter in Deutschland geben, für die Heartfields Kunst und Heartfields Werk Bedeutung hatten. Mögen sie sich fünf Minuten Zeit nehmen und noch ein Briefchen schreiben an die Akademie, Berlin, Robert-Koch-Platz – um zu beweisen, daß das Volk, das deutsche Volk, seine Künstler und Wortführer nicht vergißt.

Berliner Zeitung

Bürgerliche Hosen

10. Juli 1955

Ich bin der Besitzer von ein paar Nietenhosen.

Trotzdem, um das gleich klarzustellen, glaube ich nicht zur Klasse jener West- (und Ost-)berliner Rabauken zu gehören, die die nächtlichen Straßen unsicher machen und gelegentlich kleinere Aufträge für Herrn Tillich oder Herrn Gehlen erledigen.

Ich besitze diese Hosen nun seit acht Jahren. Gekauft habe ich sie mir in einem kleinen Geschäft an der sehr proletarischen Dritten Avenue in New York zu einer Zeit, da der Name *Nietenhosen* noch gar nicht erfunden war und solche Hosen *Jeans* (ausgesprochen: Dschihns) hießen. *Jeans* ist amerikanischer Slang für Hosen, und zwar Hosen aus Baumwollzwillich. Meine Jeans sind also einfach Zwillichhosen mit starken Nähten und mit Nieten an den Taschen; sie sind Arbeitshosen, die mir ungefähr dieselben Dienste leisten wie mein Monteuranzug. Welcher Mann trägt nicht gerne Hosen, an denen er sich die Hände abwischen kann, ohne in Konflikt mit seiner Ehefrau zu geraten?

In diesem Zusammenhang mag es interessieren, daß Nietenhosen oder Jeans in Amerika meist von Arbeitern und Klein- und Mittelfarmern getragen werden, vor allem aber von den Negern der Südstaaten. Das kommt daher, daß solche Zwillichhosen dauerhaft und etwas billiger als andere Hosen in dem teuren Amerika sind. Manchmal frage ich mich, was die leicht hakenkreuzlerisch angehauchten Westbuben in ihren Nietenhosen wohl sagen würden, wenn sie wüßten, daß sie sich wie Neger und Proleten anziehen.

Was mich betrifft, so schätze ich die amerikanischen Neger und die amerikanischen Arbeiter sehr. Beide haben in schweren Zusammenstößen mit der Bourgeoisie bewiesen – die Arbeiter erst dieser Tage wieder –, daß sie kämpfen können, auch wenn ihnen die politische Bedeutung ihres Kampfes nicht immer klar ist. Die Hosen, die aus finanziellen Gründen zu so etwas wie einer Nationaltracht des amerikanischen Proletariats wurden, sind auch gut genug für mich.

Ich schreibe über Hosen nicht der Hosen wegen, sondern weil sie eine politische Bedeutung haben. Die Nietenhosen sind heute, was vor kurzem die Nickihemden, Ringelsöckchen und dreiviertellangen Damenhosen waren. Jetzt gibt es Nickihemden, Ringelsöckchen und dreiviertellange Damenhosen in der HO zu kaufen, und da haben sie ihren Charakter als politisches Abzeichen plötzlich verloren. Mit den Nietenhosen wird es genauso gehen, sobald die zuständigen HO-Einkäufer und unsere Textilplaner sich zu der Erkenntnis durchringen, daß diese Hosen brauchbar, praktisch, hübsch und auch ganz billig herzustellen sind.

Aber muß es denn so sein, daß gewisse, durchaus vernünftige und praktische Dinge bei uns gar nicht oder erst sehr spät hergestellt werden, nur weil die Idee dazu dafür zuerst im Westen, das heißt im Territorium der Kapitalisten auftauchte? Muß es denn sein, daß solche Dinge dadurch die Bedeutung von Symbolen gewinnen und daß man den Rabauken das Monopol auf Nietenhosen überläßt, die jeder anständige deutsche Arbeiter gut brauchen könnte? Sind wir Schildbürger? Oder sind wir denkende Menschen, die das Gute und Brauchbare von überallher nehmen und es zum Wohle der Werktätigen verwerten?

Stalin schrieb vor nicht allzu langer Zeit: *Es gab bei uns einmal „Marxisten", die behaupteten, die in unserem Lande nach der Oktoberumwälzung verbliebenen Eisenbahnen seien bürgerliche Eisenbahnen, es stehe uns Marxisten nicht an, sie zu benutzen, man müsse sie abtragen und neue, „proletarische" Bahnen bauen. Sie erhielten dafür den Spitznamen „Troglodyten" ...* Wo Stalin recht hatte, hatte er recht, auch wenn er nicht immer recht hatte. (Anm. des Autors)

Diese Troglodyten, auf deutsch Höhlenmenschen, drangen mit ihren merkwürdigen Ansichten in der Sowjetunion nicht durch. In der Sowjetunion behielt man die *bürgerlichen* Eisenbahnen ruhig bei und baute dazu mehr und bessere Eisenbahnen, als die russischen Kapitalisten sie je hatten. Laßt uns hier, im ersten deutschen Arbeiter- und Bauernstaat, mehr und bessere Hosen herstellen und den Arbeitern und Bauern geben, als die deutschen Kapitalisten es je fertigbrachten – sogar Nietenhosen, wenn die unsern Arbeitern und Bauern gefallen.

Und das bezieht sich nicht nur auf Hosen.

Bei den Reaktionären hierzulande ist die Anbetung alles Westlichen zu einem ziemlich blöden Götzendienst geworden; sie verbeugen sich täglich zwölf- bis fünfzehnmal gen Westen und murmeln dabei: „Eisenhower ist groß! Eisenhower ist unendlich! Und Adenauer ist sein Prophet, und im Westen ist ja alles besser!" und versuchen dadurch, sich über die Tatsache hinwegzutäuschen, daß ihre Zeit vorbei ist.

Dieser recht öffentlich betriebene Götzendienst hat nun einige anständige und fortschrittliche Menschen bei uns dazu verführt, neben den Götzen auch noch vieles gute Porzellan zerschlagen zu wollen. Psychologisch ist der Wunsch erklärlich; aber wir brauchen das Porzellan und möchten es erhalten.

Außerdem wurde das Porzellan ja gar nicht von den Kapitalisten gemacht, sondern von den Arbeitern, die für die Kapitalisten arbeiten mußten. Wissenschaftler in kapitalistischen Laboratorien haben Dinge geschaffen, die uns nützen können und die wir uns aneignen müssen. Dichter in kapitalistischen Ländern haben Verse geschrieben, die schön sind und die wir genießen können. Und Modezeichner und Schneider in kapitalistischen Salons haben Kleider hergestellt, die mitunter sehr praktisch und reizvoll sind, und die wir uns gar nicht genieren sollen nachzumachen.

Die Kapitalisten ihrerseits genieren sich keineswegs, bei uns abzugucken, wenn es ihnen in den Kram paßt.

Wie viele Millionen sind nicht schon aus kapitalistischer Tasche gezahlt worden, um unsere technischen Neuheiten zu ergattern, unsere Wissenschaftler nach dem Westen zu lotsen, unsere schöpferischen Ideen zu stehlen!

Auf so manchem Gebiet sind wir, die sozialistische Welt, denen im Westen schon voraus – aber nicht überall, und auf dem Gebiet der Mode kaum. Aber noch fünf oder zehn Jahre Frieden und wir werden die Kapitalisten auch da, wo wir jetzt noch nachhinken, überflügelt haben.

Solange das jedoch nicht der Fall ist, sollten wir keine Angst haben, das, was uns gut und nützlich erscheint, zu übernehmen. Wir übernehmen es, nutzen es und machen es dann besser als die Kapitalisten – denn wir haben die bessere, vernünftigere Gesellschaftsordnung.

Berliner Zeitung

Ein Vorschlag

Jeder halbwegs erfahrene Arbeiter weiß, daß man im Klassenkampf in eine schiefe Lage gerät, wenn man sich vom Gegner das Gesetz des Handelns vorschreiben läßt. Da hauen sie drüben auf die Propagandapauke, daß es nur so kracht. Unsere Pflicht aber ist es, trotz des Lärms kühl abzuwägen, was zu tun ist, um die Arbeiterklasse – und damit die Sache der Demokratie, der Einheit Deutschlands und des Friedens – auch und gerade heute voranzubringen.

Natürlich gibt es auf unserer Seite bei gutwilligen, aber kleinherzigen Leuten Stimmungen und Stimmen, die sagen: Nur um Gottes willen stillehalten! Nur um Gottes willen nichts anrühren und nichts ändern, bis wieder einigermaßen Ruhe ist! ... Ach, ich habe den Verdacht, daß das die gleichen Leute sind, die auch in ruhigen Zeiten auf der Stelle treten.

Man kann auch durch Nichtstun dem Feind in die Hände arbeiten!

Wird nicht von drüben so stark gedrückt, gerade damit wir kopfscheu werden? Ist es nicht gerade der Klassenfeind, der wünscht, daß wir nicht ändern, was geändert werden, und nicht verbessern, was verbessert werden muß?

Ich halte es daher für ein hoffnungsvolles Zeichen, daß man bei uns just in diesen Tagen die Frage eines erweiterten Einflusses der Betriebsarbeiter auf die Leitung ihrer Betriebe aufgeworfen hat. Das bedeutet: *Wir* kommen aus der Defensive heraus; *wir* schreiten vorwärts, *wir* bestimmen das Tempo und die Richtung der Entwicklung.

Ob wir nun in den Betrieben noch ein besonderes Organ, die Arbeiterkomitees, brauchen werden, oder ob wir nicht statt dessen versuchen sollten, die Gewerkschaften durch die große neue Aufgabe aus der bei ihnen leider noch allzu verbreiteten Ferienplatz-Vermittlerexistenz aufzuscheuchen – darüber kann man diskutieren. Die Hauptsache ist, daß endlich jedem, aber auch jedem Arbeiter aus seiner eigenen täglichen Erfahrung klar wird: Jawohl, das ist *mein*

Betrieb und nicht ein Laden, der von irgendwelchen anonymen Leuten geschaukelt wird.

Denn ein Arbeiter, der einen Betrieb als seinen eigenen betrachtet und der mitzuverfügen hat über das Ergebnis seiner Arbeit – ein solcher Arbeiter wird nicht nur mit mehr Lust und Liebe arbeiten, er wird seinen Betrieb auch verteidigen bis zum letzten Atemzug.

Aus dem Elektroapparatewerk in Treptow wurde mir berichtet, daß es dort in den kritischen Tagen Ende Oktober, Anfang November, Arbeiter gab, die sich nach Hause zu gehen weigerten und nächtelang blieben, um das Werk, auch mit der Waffe in der Hand, zu schützen.

Hut ab vor diesen Männern!

Was für den Arbeiter gilt in bezug auf seinen Betrieb, gilt für den Staatsbürger überhaupt in bezug auf seinen Staat. Damit komme ich auf eine weitere ernste Frage: Haben wir alles getan, um den Menschen das jahrhundertealte Gefühl zu nehmen, daß der Staat irgendeine Macht hoch oben ist, unrührbar, fern und oft sogar furchterregend? Es nützt uns nicht viel, immer wieder zu proklamieren, daß unser Staat ein Staat der Arbeiter und Bauern ist – solange der Arbeiter und der Bauer und jeder Bürger nicht tagtäglich spüren, daß sie in diesem Staat ihre Rechte haben, an denen niemand rütteln kann.

Zu diesen Rechten gehören das Recht auf Arbeit und Erholung, auf Bildung je nach Begabung und Möglichkeiten, auf Schutz in Krankheit und Not – kurz, alle jene Rechte, die kein kapitalistischer Staat je garantiert. Dazu gehört aber auch das Recht auf Schutz gegen Willkür von seiten amtlicher Stellen.

Ich glaube, daß wir allzu lange allzu idealistisch gedacht haben. Wir haben uns vorgestellt, daß unsere Behörden, einfach deshalb, weil sie Behörden eines Arbeiter- und Bauernstaats sind, kein Unrecht mehr tun könnten. Ein Arbeiter, dachten wir, ist doch ein anständiger Mensch – und wird er jetzt Amtsvorsitzender, so wird er auch weiterhin anständig handeln.

Aber er kann sich doch irren! – um so mehr, als er es sehr schwer hat als ehemaliger Arbeiter. Und ist es nicht oft genug vorgekommen, daß ein früher recht brauchbarer und anständiger Mensch sich zu seinen Ungunsten veränderte, sobald er sich vom Polster des Amtssessels getragen fühlte?

Und daraus ergeben sich das Unrecht, die falschen Entscheidungen, die mechanisch ausgelegten Verordnungen, die kleine und die große Willkür, der Ärger, die Verbitterung.

Und die Beschwerden – manchmal begründete, manchmal unbegründete ... Ich weiß, daß beim Präsidenten und beim Ministerpräsidenten und beim Volkskammerpräsidenten und bei der Staatsanwaltschaft und bei allen möglichen Stellen viele, viele Beschwerden eintreffen. Dann werden sie bearbeitet.

In Tausenden von Fällen wird Abhilfe geschafft und durchgegriffen; aber andere Tausende werden unbefriedigend erledigt oder kommen überhaupt nicht zur Kenntnis der Menschen, die eingreifen und helfen könnten.

Ein Teufelskreis! Wie können wir ihn durchbrechen?

Merkwürdigerweise ist das Mittel zur Abhilfe seit Jahren bekannt. Man kann es gedruckt finden in Artikel 138 der Verfassung der Deutschen Demokratischen Republik.

Dem Schutz der Bürger gegen rechtswidrige Maßnahmen der Verwaltung dienen die Kontrolle durch die Volksvertretungen und die Verwaltungsgerichtsbarkeit.

Aufbau und Zuständigkeit der Verwaltungsgerichte werden durch Gesetz geregelt ...

Ein Verwaltungsgericht ist ein Gericht, vor dem ich eine Verwaltungsstelle verklagen kann.

Solche Gerichte müßte es geben; es gibt sie aber nicht. Statt dessen hat sich die Praxis herausgebildet, daß der Staatsanwalt sich um Rechtsverletzungen seitens der Verwaltungsstellen kümmert. Das ist aber kein Ersatz für ein Verwaltungsgericht. Der Staatsanwalt arbeitet hinter verschlossenen Türen – das Gericht im Lichte der Öffentlichkeit. Der Bürger selbst kann heute nicht mitsprechen, nur seine stumme Klage liegt dem Staatsanwalt vor. Und es fehlen die beiden Laienrichter, die Vertreter des Volkes; es fehlt der Zusammenprall der lebendigen Aussagen vor Gericht, aus denen sich Recht und Unrecht einer Sache oft erst ergeben.

Und außerdem ist es mehr als wahrscheinlich, daß sich so manches in der Verwaltungspraxis ändern würde, wenn der Staatsbürger sagen könnte: „Gut, werte Kollegen, wir sprechen uns vor Gericht wieder!"

Geben wir dem Bürger, der glaubt, daß ihm von einer Behörde unrecht getan wurde, seinen Tag vor Gericht! Es kann uns nichts schaden – es kann uns nur nützen! Wir erfahren auf diese Weise sehr schnell, wo etwas in der Verwaltung stinkt.
Wir stützen und schützen Recht und Gesetzlichkeit. Und wir stärken den Arbeiter-und-Bauern-Staat, indem wir das Vertrauen seiner Bürger zu ihrem Staat stärken.
Wie die Arbeitsgerichte des sozialistischen Staates in anders nicht lösbaren Konflikten zwischen Arbeitern und Betriebsleitungen entscheiden, so müssen die Verwaltungsgerichte dieses Staates entscheiden in Konflikten zwischen Bürgern und Behörden.
Ich appelliere an die Fraktionen der Parteien unserer Volkskammer, schnellstens ein Gesetz einzubringen zu der längst fälligen Durchführung des Artikels 138 unserer Verfassung.

Berliner Zeitung

Nur ein Wort

20. Januar 1956

Ein einzelnes Wort mag unwichtig sein.

Aber ein Wort, das immer wiederkehrt und merkwürdig oft in der gleichen Gedankenverbindung auftaucht, verdient es, daß man sich darum kümmert.

Es handelt sich um das Wort *Noch*.

Noch ist sonst ein nützliches und unter Umständen sogar heroisches Wort. Als in der schneidenden Kälte des vorigen Winters in einem unsrer Braunkohlenwerke ein Bagger ausfiel und repariert werden mußte, und als die Arbeiter, denen die Reparatur oblag, schon viele Stunden und mit klammen Fingern im eisigen Wind geschafft hatten, und als man sie fragte, wie es denn um sie stünde und ob sie nicht doch aufhören wollten, antwortete einer von ihnen: „Wir bleiben noch."

So ein Wort ist das – unscheinbar, aber vielsagend, bescheiden, aber bedeutungsvoll.

Wie konnte es also geschehen, daß dieses bescheidene *Noch* bei uns zum Kennzeichen aller Phrasendrescher wurde, daß es, bis zum Überdruß gehäuft, zu völliger Bedeutungslosigkeit herabsank?

„Wir haben", sagte der erste Redner, „die Frage der Wildsaubekämpfung noch konsequenter als bisher aufzurollen."

„Wir werden", sagte der zweite Redner, „in diesem Jahr bei der Ausnutzung örtlicher Reserven noch größere Erfolge zeitigen."

„Unsere Schülerinnen", sagte der dritte Redner, „haben sich verpflichtet, bei der Auswertung der Lehren des großen Mitschurin noch hervorragendere Leistungen zu erarbeiten."

„Und aus alldem, Kollegen und Kolleginnen", sagte der vierte Redner, der in seinen Ausführungen nur ganz kurz auf die ersten drei Referate einging, „ersehen wir, daß unser Leben ständig noch schöner und noch voller wird."

Und so weiter und so fort.

Ich möchte erzählen, wie das *Noch* so auf den Hund kam. Die Sache ereignete sich auf folgende Weise:

Irgendwann einmal sprach ein großer und führender Genosse. Im Verlaufe seiner längeren Ausführungen entschlüpfte ihm auch ein kleines, absolut harmloses *Noch*.

Da aber dieser große und führende Genosse nicht irgendwo, sondern in Deutschland sprach, komplizierte sich die Lage sofort. In Deutschland gibt es nämlich seit den Zeiten des Feudalismus einen relativ hohen Prozentsatz geistig und seelisch verbuckelter Leute, die glauben, sie werden leichter vorankommen, wenn sie genauso sprechen und sich räuspern und spucken wie der Große spricht und sich räuspert und spuckt. Unter Wilhelm wurde markant und zackig geredet, unter Hitler wurde das Gurgeln zur Aussprache der besseren Kreise entwickelt, und heute – heute wird das Westdeutsche mit Amerikanisch gemixt, und wir im Osten haben unser *Noch*.

Das ist aber, wenn man sich's richtig überlegt und den *Noch*-Benutzern aufs Maul schaut, gar kein so gewöhnliches *Noch*.

Auf der Arbeiterkonferenz, die im Dezember des letzten Jahres in Berlin stattfand, berichtete ein Arbeiter aus Meißen über seinen Betrieb. „Dort wird", sagte er, „zum Teil gearbeitet wie im Jahre 1800."

Die Aussage wirkte – man hörte die mehr als tausend Menschen im Saal bestürzt und empört Atem holen, und man sah die Minister auf der Tribüne sofort Notizen machen.

Hätte jedoch der Kollege aus Meißen die Noch-Sprache so gut beherrscht wie die Betriebsfunktionäre, die doch wohl seit Jahren regelmäßig ihre Berichte an ihre übergeordneten Stellen geschickt haben, so hätte er ungefähr gesagt: „Es erweist sich als notwendig, die Modernisierung in unserm Betrieb noch weiter voranzutreiben ..." Und niemand hätte auch nur den Bruchteil einer Sekunde lang aufgehorcht.

Das *Noch*, wie es bei uns gefördert und zu besonderer Blüte gebracht wurde, ist das *Noch* der Schönfärber. Wir haben diese Schönfärber während der letzten Jahre in nicht immer angenehmen Auseinandersetzungen aus einer befestigten Position nach der anderen vertrieben – aber sie haben sich revanchiert, indem sie das Wörtchen *Noch* dem normalen Sprachgebrauch entnahmen und es zu einer Igelstellung ausbauten.

Da sitzt so einer. Er weiß, es stinkt in seinem Laden. Und es kommen die Genossen und fragen ihn: „Na, wie steht's?" Wird er, kann er sagen: „Danke, schlecht!"?

Er kann es nicht und er wird es nicht, denn er hat doch vor drei Monaten berichtet, wie famos alles in seinem Laden ist, obwohl schon damals die Fäulnis in den Ecken saß. Und da man den Genossen, besonders den vorgesetzten, zeigen muß, wie schön sich alles entwickelt, hat er dann vor zwei Monaten berichtet, daß die Dinge nicht nur famos, sondern sogar besser als famos laufen. Vor einem Monat, um weiteren Fortschritt zu beweisen, schrieb er, es ginge *noch* besser. Heute, so referiert er folgerichtig, geht es *noch noch* besser, und im nächsten Monat wird er gezwungen sein zu sagen, daß es *noch noch noch* besser geht ... Es wäre zu bedenken, ob man nicht für solche Leute besondere Steigerungsformen der deutschen Eigenschaftswörter erfinden sollte.

Oder doch lieber nicht. Lieber laßt uns das Schönfärber-*Noch* außer Kurs setzen, weil es die Sprache verschandelt und die Wahrheit entstellt und die Republik schädigt.

Und weil es die Zeitungsredakteure verdummt.

Was, so fragt man sich, geht wohl im Kopf eines Redakteurs vor, der sich die Überschrift *BÜNDNIS DDR – CHINA NOCH FESTER* aus den Fingern saugt und ganz oben auf der Frontseite einer unserer großen Tageszeitungen drucken läßt?

Es gibt nur eine Antwort: Der Mann hat offensichtlich schon so viel schöngefärbt, daß er das Schönfärben selbst da nicht lassen kann, wo er gar nicht schönzufärben braucht.

Denn das Bündnis der Deutschen Demokratischen Republik mit China ist Gott sei Dank fest, und wir werden dafür sorgen, daß es fest bleibt und daß unsere Bindungen mit den anderen Ländern des Sozialismus, vor allem mit der Sowjetunion, gleichfalls fest bleiben.

Und gerade bei diesen Bemühungen stört uns das Schönfärber-*Noch* und das ganze geschwollene Gerede. Wir haben eine große und einfache Wahrheit, die wir einfach sagen können und die die Menschen uns glauben werden, wenn sie spüren, daß der ganze Mann mit dem ganzen Herzen dahintersteht. Phrasen aber glaubt man uns nicht, da sie dem Papier entspringen und nicht dem Herzen.

Berliner Zeitung

Fragmente

31. Dezember 1962

Die Partei hat immer recht ...
Die Partei sagt ...

Zunächst einmal wäre zu untersuchen, wer in diesem Falle die Partei ist und ob der Sprecher wirklich berechtigt ist, in ihrem Namen zu sprechen. Die Partei, so wie sie heute konstituiert ist und hier, besteht aus vielen einzelnen – Menschen verschiedenster Anlagen und Interessen, mit den verschiedensten Lebensgeschichten und Anschauungen über dies und jenes, geeint nur durch ihre organisatorische Zugehörigkeit zu der Partei; dabei liegen auch dieser Zugehörigkeit wieder die verschiedensten, durchaus nicht immer edlen Motive zugrunde. Zusammengehalten wird das Ganze durch gewisse gemeinsame Thesen und Kampfziele, durch einen mehr oder minder starken Druck von außen – statt Einheit von Volk und Partei läßt sich häufig Gegensätzlichkeit, Widerstand, ja Verachtung feststellen – und durch einen zahlenmäßig nicht unbeträchtlichen Funktionärsapparat, dessen Mitarbeiter ein direktes wirtschaftliches Interesse an der Partei haben.
Dieses Konglomerat von Menschen also sagt ...
Sind die Menschen befragt worden, bevor man in ihrem Namen sagt? ... Nein. Wird ein Einspruch, wenn er sich gegen das Gesagte erhebt, gebührend registriert? ... In den Kaderakten. Wer also spricht hier in wessen Namen? ... Eine Gruppe innerhalb der Partei, eine verhältnismäßig kleine, doch unverhältnismäßig mächtige Gruppe, die sich den Anschein der Billigung und Unterstützung seitens der anderen gibt, indem sie behauptet: Die Partei sagt ... Mehr noch – die durch das gleichgültige oder demütige oder resignierende Schweigen der anderen selber dazu verführt wird, zu glauben, daß ihre Aussage die Aussage der Partei ist.
Implicite liegt in der Proklamation *Die Partei sagt ...* auch: *Die Partei hat recht ...* – würde man andernfalls etwas so Großes wie die Partei bemüht haben? Und indem man erklärt: Die Partei hat recht, nämlich weil es die Partei sagt, denn würde sie es sagen, wenn es nicht recht wäre? ... for-

dert man Blankoakzeptierung des Behaupteten, fordert man Glauben. (Ich entsinne mich keiner Gelegenheit, bei der die Zeitung geschrieben oder der Sprecher verlangt hätte: Die Partei sagt – prüft selbst, ob es stimmt!)

Die Menschen, schon aus Bequemlichkeit, neigen zum Glauben, vorausgesetzt, daß ihnen das zu Glaubende mit genügender Lautstärke und Autorität vorgesetzt wird. Der Glaube der Menschen wird auch Widersprüche zur Wirklichkeit überdauern – der Glaube an die Jungfräulichkeit der hl. Maria ist ein Beispiel. Der Glaube an diese Jungfräulichkeit unterscheidet sich vom Glauben an die Unfehlbarkeit der Partei (lies: jener verhältnismäßig kleinen, doch unverhältnismäßig mächtigen Gruppe innerhalb ihrer) dadurch, daß die Jungfrau Maria nicht in den Produktionsprozeß eingreift. Hingen etwa das tägliche Stück Brot und das Stück Speck darauf von der Unbeflecktheit Mariä Empfängnis ab, so wäre es mit dem Glauben daran rasch genug hin.

Der entscheidende Stoß wurde dem Glauben an die Unfehlbarkeit der Partei auf dem XX. und dann wieder auf dem XXII. Kongreß der Kommunistischen Partei der Sowjetunion versetzt. Die Zerstörung der Gloriole Stalins – notwendig, um die Folgen seiner Regierungsmethoden, vor allem auf dem Gebiet der Wirtschaft und der Wissenschaft, zu beseitigen und die Sowjetmacht überhaupt als gehenden Konzern zu erhalten – bedeutete gleichzeitig die Zerstörung des Unfehlbarkeitsmythos der Partei. Die Partei hatte, durch den Mund Stalins, gesagt ... wie viele Unwahrheiten? Wie viele plumpe Vertuschungen von dummen Fehlern und großen Verbrechen? Wie viele bewußt oder unbewußt falsche Thesen? Wieviel dilettantischen Unsinn? Wieviel Scharlatanerien und falsches Selbstlob?

Spätestens vom Datum der beiden Kongresse an müßte also jeder, der im Namen der Partei zu sprechen wünscht, streng darauf achten, daß seine Worte nicht im Widerspruch zu dem Wirklichen oder zumindest dem Wahrscheinlichen, dem menschlichen Denken Annehmbaren, stehen. Spätestens vom Datum der beiden Kongresse an vergleichen die Menschen, prüfen sie, in den Fabriken und Geschäften, auf den Feldern und Märkten, ob das, was *die Partei sagt,* auch mit den Tatsachen übereinstimmt; und jede

Feststellung eines Widerspruches, einer Verschiebung zugunsten der These untergräbt den Kredit nicht nur der verhältnismäßig kleinen, aber unverhältnismäßig mächtigen Gruppe innerhalb der Partei, sondern der gesamten Partei, der Arbeiterbewegung und ihres Gedankenguts, des Sozialismus überhaupt.

Die Gefahr der Décadence ... Abstraktionismus ... Formalismus ... Grau in Grau ...

Woher das periodisch immer wieder auftauchende Interesse hoher und höchster Politiker der Arbeiterparteien an Fragen der künstlerischen Form, das bis zur Begutachtung und Verdammung einer einzelnen Vase, eines einzelnen Bildes, eines einzelnen Musikstücks geht? Woher die geradezu hysterisch anmutende, kampagnehafte Serie von Stimmen und Meinungen – beginnend mit der Volkskorrespondentin Gretchen Schmidt, bis hinauf zu Mitgliedern des höchsten Rats? Ist der Sozialismus, ist die Gedankenwelt von Marx und Engels tatsächlich bedroht durch ein paar Kleckse auf der Leinwand, ein Stück verbogenes Metall, die sinnlose Aneinanderreihung von Worten? Könnte man sich nicht leisten, es darauf ankommen zu lassen und ruhig zuzusehen, wieviel abstrakte Bilder, Gedichte, Suiten sich absetzen lassen in einer Gesellschaft, in der es nur eine beschränkte Anzahl von Snobs geben kann, welche nur eine bestimmte, nicht große Summe Geldes zum Ankauf solcher Werke zur Verfügung haben?

Dennoch stammt der viele Rauch von einem wirklichen, für das Establishment nicht ungefährlichem Feuer.

Das Feuer bedroht einmal die Unzahl von durchschnittlich und unterdurchschnittlich begabten Leuten, die jahrelang genau die von oben her gewünschte und benötigte Gebrauchskunst gemacht und auf diese Weise ein bequemes und leichtes Leben geführt haben. Diese haben ein festes Interesse an den aus dem Gutbürgerlichen übernommenen Formen und Methoden; hier ist für sie moralische, politische und wirtschaftliche Sicherheit; man braucht nur die Gesichter ein wenig zu glätten und die Kleider zu übermalen, und man hat statt des Bildnisses des Bestarbeiters X. das Porträt des Kommerzienrats Y. Das künstlerische Experiment, ob richtig oder falsch, nützlich oder nicht, bringt Unruhe unter diese Liebhaber der Ruhe und des Gleichgewichts; sie befürchten, daß ihr Werk, dessen Minderwertigkeit ihnen wohl bewußt ist, in Frage gestellt werden könnte, und daß jemand den Betrug, von dem sie so angenehm leben, durchschauen möchte. Und da ihr Talent klein, ihre Furcht dagegen groß ist, wehren sie sich sofort mit dem einzigen ihnen zur Verfügung stehenden Mittel: der politischen Denunziation.

Aber auch den politischen Führern erscheint das Experiment mit der Form und die Verhöhnung des Althergebrachten, ihnen Vertrauten, von ihnen Empfohlenen bedrohlich. Daß sie, die Besitzer der Konzertsäle und Orchester, die Kontrolleure der Verleger, die Hauptkunden auf dem Markt der bildenden Kunst, das Experiment leicht genug erwürgen können und erwürgen, erscheint ihnen nicht genug. Zum Scheiterhaufen muß das Sündenbekenntnis und der Bannfluch kommen. Nicht etwa, weil sie Narren genug wären zu glauben, daß ein Stück mehr oder weniger dekorativ bemalter Leinwand, das von Musikinstrumenten hervorgebrachte Gejammer eines Chors von Katzen, oder die Aneinanderreihung von Wörtern auf obskure Art die Klassiker Marx und Engels widerlegen oder die Fakten des Klassenkampfs aus der Welt schaffen könnten. Die abstrakte, formalistische Kunst ist ja gerade stolz darauf, daß sie nichts zu sagen hat – also auch nichts gegen Marx und Engels. Und dennoch ist da eine Botschaft. Sie liegt nicht in dem, was solche Bilder, Wortfolgen, Tonsequenzen aussagen; sie ergibt sich ausschließlich aus der Tatsache der Existenz solcher Dinge im Herrschaftsbereich dieser Politiker. Die Schmiererei auf der Leinwand wird als Demonstration verstanden und ist vielleicht sogar eine; das Gekratze auf den Violinen ist die Vertonung eines einzigen Wortes, *Nein*: Das sinnlose Durcheinander von Worten ergibt für die Ohren der Politiker einen furchtbaren Sinn: Wir weigern uns, die von euch vorgeschriebenen Formen zu akzeptieren.

Dieselben Formen und Experimente, die von den Faschisten als Kultur*bolschewismus* verdammt wurden, werden von der zweiten und dritten Generation der bolschewistischen Führer gleichfalls verdammt – und aus eben dem gleichen Grunde: weil sie den Totalitätsanspruch der politischen Führung negieren, weil sie die Erhebung einer Geschmacksrichtung zur Staatsdoktrin ablehnen, und weil aus der Disharmonie das Gelächter dröhnt. Hier liegt die Herausforderung; hier liegt das Feuer, das den ganzen Rauch verursacht.

Schaut man jedoch genauer hin, so schwelt unter diesem Feuer noch ein anderes, größeres, dessen Herd bis in die Tiefen der Existenz der ganzen Herrschaft des Apparats reicht. Ist vielleicht die Diskussion um Fragen der Form nur ein Pseudonym, eine Maske, hinter der sich etwas anderes und doch damit Zusammenhängendes verbirgt? Schlägt man nicht den Knecht und meint den Herrn? Exerziert man etwa die Plattwalzung der Formalisten vor, um ganz anderen, viel bedrohlicheren Leuten zu zeigen, was ihnen geschehen würde, wenn …? Geht es möglicherweise gar nicht um Form, sondern um Inhalt?

Der Verdacht liegt nur allzu nahe.

Die Massen werden ja nicht durch abstrakte Kunst und abstruse Formen beeinflußt; dafür ist die Anstrengung zu groß, die erforderlich ist, um aus solchen Sachen einen Sinn abzulesen oder eine Emotion zu gewinnen. Die Massen werden beeinflußt durch ihnen verständliche Kunst, mit einem ihnen verständlichen, ihrem Lebensinhalt und ihren Erfahrungen entsprechenden Inhalt. Und um diesen Inhalt geht es.

Die Negierung des Rechts der politischen Führung, die statthaften künstlerischen Formen zu bestimmen, ist gleichzeitig die Ablehnung ihres Anspruchs, den Inhalt festzulegen, zu entscheiden, was wahr und was unwahr ist. Wird der Totalitätsanspruch an einem Punkt, dem der Form, durchbrochen, so ist er, eben weil er ein totaler Anspruch ist, ganz und gar durchbrochen. Was aber soll dann geschehen, wenn der Inhalt, den die Künstler gestalten, sich unterscheidet von dem Inhalt, den die politischen Führer aus ihnen sicher sehr wichtigen Gründen gestaltet zu sehen wünschen? Wenn die Wahrheit, die die Künstler sehen, sich unterscheidet von der Wahrheit, welche die Politiker propagiert haben müssen? Wenn das Leben anders aussieht als die Doktrin, nach der die Politiker sich zur Zeit ausrichten?

Da hört der Spaß auf …

Bedeutung und Perspektive

Rede vor dem slowakischen Schriftstellerkongreß, August 1964

Die Krise, in der sich die sozialistische Literatur befindet, läßt sich nur im Zusammenhang mit dem Auseinanderbrechen jenes monolithischen Gebäudes verstehen, welches der Sozialismus in der Stalin-Zeit war. Ob im einzelnen gut oder plump geschrieben, war diese Literatur in ihren Grundauffassungen gleichfalls monolithisch; ihre Helden waren heldisch und positiv; ihre Aussagen einfach und eindimensional; ihre Lösungen klar und erbaulich; Zweifel waren in der Mitte des Buches gestattet, mußten aber spätestens im letzten Kapitel zerstreut sein.

Ich bin überzeugt, daß eine solche Literatur eine gewisse mobilisierende Wirkung hatte, solange sie irgendwie die Realität widerspiegelte. Aber im Herzen des Künstlers kann sich die Flamme nur nähren, solange er irgendwo eine Flamme leuchten sieht. Moralischer Verfall jedoch, bürokratische Trägheit und die von der Macht nur allzu oft ausgehende seelische Korruption können selbst bei dem willfährigsten Autor keine begeisternden Worte erzeugen.

Die Zerschmetterung des Weltbildes, das mit dem Namen Stalin umschrieben ist, erschütterte auch die ästhetischen und literarischen Lehrsätze, die Teil des allgemeinen Dogmas gewesen waren. Ob es nun die Kulturbehörden in den einzelnen sozialistischen Ländern eingestehen oder nicht, ihre Schriftsteller und Künstler haben die Theorie des sogenannten sozialistischen Realismus neu überprüft – wobei man hinzufügen muß, daß es eine abgerundete Theorie der Art eigentlich nie gab, sondern höchstens ein Flickwerk aus Engels' und Lenins gelegentlichen Äußerungen über Kunst und diesbezügliche Gedanken seitens zeitgenössischer Funktionäre.

Bei dieser notwendigen Überprüfung geschah es, daß in einigen sozialistischen Ländern einige Leute das Kind mit dem Bade ausschütteten; in anderen verhinderte die Zensur, die offizielle oder auch die selbst auferlegte, daß die Schriftsteller überhaupt etwas auszuschütten wagten.

Doch ist der Prozeß keineswegs beendet. Ich vermute, wir werden am Ende feststellen, daß überleben wird, was die besten und ehrlichsten sozialistischen Künstler und Autoren seit jeher gefordert haben: die Welt und die Menschen in ihrer Entwicklung darzustellen, so wahrhaft wie möglich, und dabei zu versuchen, die innere Bedeutung der Vorgänge und ihre Perspektive herauszuschälen.

Diese Aufgabe ließ sich noch nie nach Formeln lösen; heute ist das erst recht ausgeschlossen. Die bequemen Formeln zerbrachen zugleich mit dem bequemen Mythos.

Die Spaltung im sozialistischen Lager, die jetzt offen zutage liegt, zwingt jeden Künstler, jeden Schriftsteller, zu tun, was er seit je hätte tun sollen: in seinem eigenen Herzen und in seinem eigenen Volk nach den Antworten in der eigenen Sache zu forschen.

Die unser aller Sache ist. Immer noch obliegt uns die Pflicht, ihr zu dienen. Und wir werden ihr am besten dienen, wenn wir bei allen Schwierigkeiten und Zweifeln die Hauptlinien der Entwicklung des Lebens und der menschlichen Geschichte nicht aus dem Auge verlieren und in unserer Arbeit diese Hauptlinien immer wieder nachzuzeichnen suchen.

Stalin verläßt den Raum

Rede, gehalten auf dem „Internationalen Colloquium der Schriftsteller sozialistischer Länder" im Dezember 1964

Auf einer internationalen Schriftstellerkonferenz erzählte mir Ilja Ehrenburg eine Geschichte, die mich seither verfolgt hat.

Im Jahre 1956 geschah es, daß man dem Regisseur jener Filme, die Stalin so glorifizierten, einige Fragen stellte. Der Mann verteidigte sich, indem er die Szenarien vorlegte, nach denen er gearbeitet hatte. Dort fand man dann eine Zeile wie etwa: Stalin verläßt den Raum. Aber die Zeile war ergänzt worden – in Stalins eigener Handschrift – und lautete nun: *Der große* Stalin verläßt den Raum.

Ich glaube, die Geschichte wirkt so stark, weil sie die Schrecken einer ganzen Epoche auf Proportionen reduziert, die sich begreifen lassen – und weil sie eine Anzahl Fragen aufwirft. Nicht so sehr medizinischer Natur: Sicher werden Psychiater der Zukunft die Krankheitssymptome sorgfältig studieren und zu einer schlüssigen Diagnose des Patienten Stalin gelangen. Wichtiger ist die Frage der revolutionären Ethik: Wie Tausende von Kommunisten, bewährte Kämpfer, sich allmählich einem Zustand unterwerfen konnten, den sie als übel und im Gegensatz zu ihren Idealen stehend erkannt haben mußten. Aber die Frage, die uns unmittelbar betrifft, ist politischer und philosophischer Natur: Da der größere Teil, dreißig Jahre, des Experiments Sozialismus unter der Ägide Stalins durchgeführt wurde, und da national und international der Machtapparat Stalins völlig autokratisch, pyramidenartig aufgebaut war – wieviel stammt dann, nicht nur bei einem Filmszenario, sondern bei der Praxis des Sozialismus, von dessen ursprünglichen Autoren und wieviel von Stalin? Und hierbei wieder, wieviel von Stalin, dem nüchternen Marxisten, der zu Recht entschied, daß der Aufbau des Sozialismus in einem Lande möglich war, und wieviel von Stalin, dem Paranoiker?

Viele sind der Meinung, daß eine Untersuchung des Problems unumgänglich ist – so notwendig wie etwa die Untersuchung, die der Chirurg anstellt, um den Bereich des kranken Gewebes zu erkennen, bevor er das Skalpell ansetzt und die Wucherungen von den gesunden Teilen des Körpers trennt. Denn der Körper des Sozialismus ist an Haupt und lebenswichtigen Gliedern gesund.

Der Beweis für seine Gesundheit und Regenerationsfähigkeit ist von den Menschen erbracht worden. Hätten nicht Millionen von ihnen – Arbeiter an ihrer Maschine, Bauern hinter ihrem Pflug, Wissenschaftler in ihrem Laboratorium, Schrifsteller an ihrem Schreibtisch, Soldaten auf ihrem Posten – Tag um Tag und unter den schwierigsten Umständen mehr als ihre revolutionäre Pflicht getan, so stünde der Sozialismus heute nicht festgegründet auf einem Drittel der Erde. Aber wieviel mehr hätten diese Menschen durch ihre Mühen und Opfer erreichen können, um wieviel weiter hätte die Geschichte vorwärts geschritten sein können, wenn ihr Fortschritt nicht gehemmt worden wäre von dem, was mit großer Zurückhaltung als *Entstellung der Leninschen Normen* bezeichnet wird?

Es ist um dieser Menschen willen, daß man den Schmutz, der unter den Teppich gekehrt wurde, ausfegen, den Teppich selbst reinigen und den Raum desinfizieren muß, den Stalin verlassen hat.

Die letzten Jahre haben in der sozialistischen Industrie, Technik und Naturwissenschaft beträchtliche Veränderungen zum Guten gebracht. Aber außerhalb der Brot-und-Butter-Kategorie? … In Philosophie, Kunst, Literatur?

Vielerorts liegt eine große geistige Unruhe verdeckt unter einer merkwürdig glatten, profillosen Oberfläche; öffentlich getane Äußerungen haben oft einen doppelten und dreifachen Boden; und der Dunst der Heuchelei breitet sich aus – privat redet einer so, aber ganz anders spricht er in seinem Betrieb, seinem Büro oder seiner Gewerkschaft, oder in den Artikeln und Büchern, die er schreibt.

Dieser Zustand ist gefährlich, denn er führt zu Stagnation und Niedergang.

Es gibt nur einen Weg, um das zu vermeiden: die Sache ans Tageslicht zu bringen, zu diskutieren, abzuwägen und zu korrigieren. Sie weiterhin zu verschweigen, so zu tun, als gälten die alten Regeln ausnahmslos noch, oder schlimmer, vorzutäuschen, man habe seine Ideen den neuen Tatsachen angepaßt, während man sich in Wirklichkeit an die alten Dogmen klammert, steigert nur den überall spürbaren Zynismus. Es untergräbt das Vertrauen der Menschen, besonders der jungen. Es macht es unmöglich, die Initiative und Begeisterung zu erzeugen, ohne die sich der Sozialismus nicht erbauen läßt.

Der Schlüssel, scheint es, ist also: furchtlose Diskussion. Diskussion ohne Tabus, Bezweifeln auch des scheinbar Selbstverständlichen, Infragestellen auch des scheinbar längst Feststehenden. Behandlung vor allem des zentralen Problems, das den großen Konflikten im Bereich des Sozialismus zugrunde liegt, des Widerspruchs zwischen der revolutionären Demokratie einerseits, die dauernden Zweifel am Edikt, dauerndes Infragestellen der Doktrin erfordert, und der revolutionären Disziplin andrerseits, welche Unterordnung verlangt und bedingungsloses Befolgen von Direktiven.
Doch sollte die Diskussion sich nicht auf dieses Thema beschränken. Sie sollte Fragen einschließen, wie etwa die Einordnung der Kernphysik, der Kybernetik, der Biochemie und ihrer Resultate in den Rahmen der modernen Dialektik, oder die Befreiung der Ästhetik der Kunst und Literatur von den sterilen Schablonen, in welche man sie in der Stalin-Zeit einzwängte.
Das Leben konfrontiert uns mit diesen Problemen, und niemand kann sich ihnen entziehen. Kein Schriftsteller kann einer Stellungnahme entgehen. Eine Kunst ohne Engagement gibt es nicht, im Kapitalismus nicht, und erst recht nicht im Sozialismus. Im Sozialismus bedeutet schon das Schweigen eines Autors oder sein Vermeiden eines Themas, daß er Stellung bezieht.

Wie tief das Sehnen nach Debatte und Diskussion in der sozialistischen Welt geht, kann man an der Tatsache ermessen, daß dort, wo der Rotstift des Zensors eine echte Diskussion verhindert, unechte Diskussionen mit viel Lärm und wie auf Kommando durchgeführt werden – Kontroversen ohne Kontroverse, über Fragen von minimaler Bedeutung; öffentliche Debatten über Bücher, in denen so welterschütternde Ereignisse behandelt werden wie das törichte Vorgehen eines Dorfbürgermeisters, der seinen Bauern eine falsche Art von Kuhställen aufzwingen will, oder die außereheliche Vaterschaft eines kleinen Parteisekretärs, der den Skandal vertuschen möchte.

Häufig wird diese Methode der „Diskussion" – oder das Vermeiden von Diskussion – mit der alten Losung aus der Kriegszeit *Feind hört mit!* verteidigt!

Es ist wahr, daß der Westen bei jeder Art von Debatte mithören wird. Es ist ebenso wahr, daß gewisse Gruppierungen im Westen sich bemühen werden, aus den in der Debatte zutage tretenden Tatsachen und aus den Argumenten, die benutzt werden, Vorteile zu ziehen. Man wird ihre Schadenfreude erleben und auch Versuche direkter Einmischung.

Aber der Sozialismus ist nicht mehr die Sache einer kleinen Sekte. Ein Drittel der Menschheit hat sich ihm angeschlossen, und bei dem heutigen Stand der Kommunikationsmittel werden seine Debatten auch die Ohren von Menschen erreichen, die ihm nicht immer freundlich gesinnt sind. Wollte man darum die Debatte auf Themen beschränken, die westlichen Zeitungsredakteuren und Propagandisten kein Material bieten, so müßte man praktisch jede Debatte und jede Kritik ausschließen, Chruschtschow hätte seine berühmte Rede auf dem Zwanzigsten Parteitag der Sowjetischen Kommunistischen Partei nie halten, Luigi Longo das Memorandum des toten Palmiro Togliatti nie dem Setzer übergeben dürfen.

Die Taktik des Verschweigens, die Forderung *Bitte nur harmlose Debatten!* sind in Wahrheit ein Mittel der Konservativen, ihre Politik des Nichtstuns fortzusetzen und ängstlich auf dem Deckel des Topfes hocken zu bleiben, in dem es so unheimlich brodelt. Wir dürfen die Schmerzen nicht fürchten, die es kostet, sich zur Wahrheit hindurchzufinden; die Wahrheit ist immer revolutionär; wo ihr untrüglicher Zeiger scheinbar gegen die Revolution ausschlägt, deutet er an, daß etwas fehlerhaft ist, nicht an der Idee der Revolution, wohl aber an der Art ihrer Durchführung.

Die aber sind Narren, drüben im Westen, die da glauben, sie könnten im trüben fischen. Mögen sie ein Weilchen Spaß haben, aber ihre Netze werden leer bleiben.

Wir diskutieren unsere Anschauungen nicht, analysieren unsere Gedanken nicht, zerlegen unsere Hirne nicht, um *Time Inc.* in New York oder dem Axel-Springer-Verlag in Hamburg eine Freude zu bereiten. Wir tun dies vielmehr, um den Leib des Sozialismus von den Rost- und Blutflecken der Stalin-Ära und von dem Schimmelpilz der Bürokratie zu säubern, damit der Sozialismus wieder scheine im großen Glanz jener, die ihr Leben und ihr Herz dafür gaben, und die Menschen, vor allem die jungen Menschen, mit der Begeisterung erfülle, welche Welten bewegt.

Die Langeweile von Minsk

20. August 1965

Im Januar 1955, nach meiner Rückkehr vom Zweiten Kongreß der sowjetischen Schriftsteller, rief Brecht mich an, und wir trafen uns bei ihm zu Hause. Er wollte meine Eindrücke vom Kongreß erfahren. Ich erzählte ihm, was ich bemerkt hatte; aber das war bestenfalls nur jenes Zehntel des Eisbergs, das über Wasser sichtbar ist. Brecht, der besser als ich über die unterschwelligen Gegensätze und Spannungen informiert war, hörte meinen recht begeisterten Bericht bis zu Ende an und meinte dann: „Ich werde Ihnen sagen, wann die in der Sowjetunion wieder eine Literatur haben werden. Wenn dort ein Roman erscheint, der ungefähr mit den Worten beginnt" – er dachte nach – „mit den Worten: Minsk ist eine der langweiligsten Städte der Welt." Ich glaube nun nicht, daß Minsk besonders langweilig ist. Auch bezweifle ich, daß Brecht je in Minsk war. Sein Minsk war wie sein Sezuan oder sein Mahagonny – ein Ort, aus der Phantasie geboren, um einen Gedanken zu demonstrieren.

Wir können wohl sagen, daß in den mehr als zehn Jahren, seit Brecht seine Bemerkung über Minsk machte, nicht nur ein Roman, sondern eine ganze Anzahl von Romanen, Stükken, Erzählungen aus der Sowjetunion gekommen sind, die den Sinn der Brechtschen Forderung erfüllen und die Sowjetunion wieder zur literarischen Großmacht werden ließen.

Denn Brecht forderte: Realismus. Wenn eine Stadt langweilig ist, sage es. Wenn ein Mann ein Schurke ist, setze ihm keinen Heiligenschein auf den Kopf. Wenn das Leben nicht so ist, wie der Leitartikel in der Zeitung und die Reisebüros es dir darstellen: Du bist Romancier, Dramatiker, Dichter, und es ist deine Pflicht, auszusprechen, was ist.

Denn dies, und nur dies, ist die Bedeutung des Wortes *Realismus.* Und sozialistischer Realismus bedeutet, die Wahrheit darzustellen mit der ihr innewohnenden Perspektive, die nach der Natur der Dinge nur eine sozialistische Perspektive sein kann.

Nun gibt es Leute, die argumentieren: Schön – aber was ist die Wahrheit? Gibt es nicht tausend Varianten der Wahrheit, je nach Standpunkt und Weltanschauung des Betrachters?

Die das sagen, wissen gewöhnlich sehr genau, was die Wahrheit ist, sprechen sie aber nur ungern aus, wenn die Zeit kommt, sich zu ihr zu bekennen. Ich neige zu Abraham Lincolns Auffassung, der einmal sagte: Man kann einen Teil der Leute die ganze Zeit zum Narren halten; man kann alle Leute einen Teil der Zeit zum Narren halten; aber man kann nicht alle Leute die ganze Zeit zum Narren halten. Die Wahrheit hat so ihre Art, auch durch das glatteste Mäntelchen der Heuchelei hindurchzuscheinen; und wenn ich auf die letzten dreißig oder fünfunddreißig Jahre Geschichte zurückblicke, die ich mit eigenen Augen gesehen habe, dann glaube ich, daß die Wahrheit auch ihre Art hat, sich durchzusetzen. Freiheit ist Freiheit, und Gerechtigkeit ist Gerechtigkeit, und Klassen sind Klassen, und uns mit Hilfe dieser drei Punkte orientierend, müssen wir unsern Weg vorwärts suchen.

Aber warum die Pflicht, die Wahrheit auszusprechen, für den Schriftsteller beanspruchen? Ist die Rolle des Schriftstellers in unserer Zeit eine so besondere, daß sie ihm größere Verantwortung auferlegte als anderen Menschen? Und ist einer, nur weil er weiß, wie man Worte hübsch zu Papier bringt, zur Stimme des Gewissens ausersehen?

Jedes Zeitalter hat seine Sprecher, die die Ängste und Hoffnungen der Menschen zum Ausdruck bringen. Im grauen Altertum waren das die Propheten. Heute, in der Ära des Atoms und der Revolutionen, da wir rapide Fortschritte machen auf unserer Suche nach dem Warum und dem Wie vom Mensch und Universum, scheinen Schriftsteller und Naturwissenschaftler diese Funktion zu übernehmen. Die Gesellschaft hat diesen Tatbestand anerkannt; in den technisch fortgeschrittenen Ländern gehören die Schriftsteller und die Naturwissenschaftler zu der am meisten geehrten – und auch am meisten verfolgten Kategorie von Menschen. Rechnet man den Infarkt als gleichwertig mit der Gewehrkugel und der Schlinge des Henkers, so sind mehr Schriftsteller und Naturwissenschaftler in Verfolg ihrer Pflicht gefallen als Generäle oder Bankiers oder Politiker.

Vom Schriftsteller zu sprechen, ist es das Wort, das ihm seine Macht gibt und seine Verantwortung auferlegt. Millionenfach hat dieses flüchtige Wort neue Dimensionen erhalten, eine neue Qualität. Und obwohl andere die Kommunikationsmittel in der Hand haben mögen und gewöhnlich auch haben, ist der Schriftsteller der Urquell: Es ist sein Wort, das verbreitet wird, nicht das des Verlegers, der Radiostation, des Filmproduzenten. Es ist sein Wort, das die Dinge zum Guten oder zum Bösen in Bewegung setzen kann. Man kann geltend machen, daß die wirkliche Macht anderswo liegt. Gewiß. Aber was ist eine Macht, die sich nicht mitteilen kann, sich nicht in den Mantel moralischer Berechtigung hüllen kann, der nur aus einem Material gewebt wird: dem Wort?

Man kann geltend machen, daß das Wort, das Wort der Schriftsteller, noch nie einen Krieg aufgehalten, nie ein Konzentrationslager verhütet, nie den Stiefel des Unterdrückers vom Nacken des Unterdrückten gestoßen hat. Gewiß. Aber das entbindet uns nicht der Pflicht, es zu versuchen.

Und wer wagte zu behaupten, daß nichts erreicht wurde durch das Wort des Schriftstellers? Nichts erreicht von Dickens, von Zola, von Tolstoi? Und kann denn die Wirkung des Wortes nur gemessen werden am Maßstab der durch dieses Wort erzeugten unmittelbaren Aktion? Ist die Wirkung des Wortes nicht vielmehr eine indirekte, die sich im Herzen der Menschen verkapselt, um, manchmal Jahre später, in unerwarteter Explosion zum Vorschein zu treten?

Die dem Wort immanente Eigenschaft, Aktion zu erzeugen, veranlaßt die Mächtigen dieser Welt, den Schriftsteller, den Intellektuellen, den *Egghead* mit einem aus Respekt und Mißtrauen gemischten Gefühl zu betrachten. Dieses Gefühl findet seinen administrativen Ausdruck in einem Schauer von Medaillen, Preisen und akademischen Sinekuren einerseits und andererseits in einer Zensur, die mit ökonomischem Druck oder Furcht oder beidem arbeitet. Ich wüßte heute kaum ein Land zu nennen, das ohne Tabus wäre; der Schriftsteller muß diese beachten oder muß, wenn er das nicht zu tun gewillt ist, sich dauernd fragen: Werde ich meine Sache gedruckt bekommen oder nicht? Und es sind gerade diese Tabus, die das Schreiben der Wahrheit, die den Realismus stören. Die Tabus sind in den verschiedenen Ländern verschieden; auch ihre Anzahl mag von Land zu Land differieren; ihr Zweck mag ein anderer sein, je nach der Stellung des betreffenden Landes in der heutigen Welt. Was immer, sie bleiben ein Hindernis für den Schriftsteller, der ein getreues Bild der Menschen und seiner Zeit und ihrer Konflikte zu geben wünscht. Es ist, als wollte man eine Fotografie aufnehmen und jemand hielte einem drohend den erhobenen Finger direkt vor die Linse der Kamera. Man muß dem Besitzer des Fingers sagen, er soll ihn wegnehmen, wenn man ein Bild erhalten will statt eines Schattens. Für mein Teil habe ich mich immer für eine Weltordnung eingesetzt, in der mir kein Finger vor die Linse gehalten wird, wenn ich die Wahrheit darstellen will; und ich meine, daß der Sozialismus eine solche Ordnung ist. Aber nichts ist von Anbeginn an vollkommen; zur Zeit werden eine ganze Anzahl sozialistischer Finger vor unseren sozialistischen Linsen erhoben, und wir haben ein ganzes Sortiment sozialistischer Tabus.

Dennoch plädiere ich für Verständnis. Einige dieser Tabus sind das Resultat eines Drucks von außen; andere rühren her von den Schwierigkeiten einer Klasse, der die Ausübung der Macht noch neu ist und die von Problemen geplagt wird, welche in den Büchern ihrer großen Lehrmeister nie vorkamen.

Trotzdem – Wahrheit und Realismus und die Blüte von Kunst und Literatur erfordern, daß man die Finger vor unseren Linsen und die Tabus in unseren Tempeln beseitigt.

Das ist eine komplizierte und viel Feingefühl erfordernde Operation. Sie muß durchgeführt werden in dem Bewußtsein, daß die Finger zu den Händen unserer Freunde und Genossen gehören und daß die Tabus die Deckung sind für unsere eigenen Empfindlichkeiten. Sie muß durchgeführt werden in dem Wissen, daß Brutalität, Unterdrückung, Selbstsucht, Machthunger kein organischer Bestandteil des Systems des Sozialismus sind, wie etwa bei dem System, welches jetzt vom Sozialismus verdrängt wird. Sie muß durchgeführt werden in der Überzeugung, daß die Grundmauern des Sozialismus fest sind, auch wenn das Gesims mitunter zu verschnörkelt ist und hier und da ein Stück Fassade immer wieder abbröckeln will.

Die Wahrheit ist mehr als eine hübsche Statue in einem friedlichen Bürgerpark. Sie lebt, sie verlangt, daß Partei ergriffen wird. Sie ist revolutionär.

Da sie revolutionär ist, zwingt sie ihre Verkünder zur Stellungnahme gegenüber der Gesellschaftsordnung, in der sie leben; und je nach Art der Gesellschaftsordnung kann diese Stellung sich als eine antagonistische erweisen. Sartre hat das deutlich gemacht, als er feststellte, daß der Schriftsteller heute auf seiten der Revolution stehen muß, der nationalen und sozialen Revolution – welche auch immer in dem betreffenden Land an der Tagesordnung sein mag. Man könnte hinzufügen, der Schriftsteller muß auf seiten des Friedens, der Menschlichkeit, der Gerechtigkeit stehen. Das ist eine harte Forderung gegenüber Männern und Frauen, die in den meisten Fällen nichts weiter beabsichtigen, als ein paar Reime zu machen oder eine Geschichte zu erzählen. Erhebt man sie von jener Seite der Welt aus, wo die Gesellschaft sich mit der Revolution identifiziert und wo es, theoretisch zumindest, gar keinen Antagonismus zwischen der Wahrheit und der Macht geben kann, mag die Forderung sogar anmaßend klingen. Gerichtet an Schriftsteller auf der andern Seite der Welt, wird diese Forderung nur Gültigkeit haben, wenn zugleich kein Grund besteht zu zweifeln, daß wir auf unserer Seite alles getan haben und tun, um der Wahrheit zum Sieg über Tabus, Kompromiß, Konformismus zu verhelfen. Wir erwarten von unseren Kollegen im Westen, daß sie hart und ohne Furcht und Beschönigung das Leben darstellen, wie es ist. Entsprechen unsere literarischen Bemühungen immer diesen Maßstäben?

Wir erwarten von unseren Kollegen im Westen, daß sie ihre Stimme erheben gegen Tyrannei und für die Rechte der Menschen. Erheben wir die unsere bei jedem Verstoß gegen die großen Grundsätze, um deretwillen die Revolution gemacht wurde? Wir erwarten von unseren Kollegen im Westen, daß sie, wenn nötig, auf Ehrungen, Annehmlichkeiten, Leben verzichten, um einer so wenig lohnenden Sache wie der Wahrheit willen. Worauf haben wir verzichtet, wenn sich die Notwendigkeit ergab, obwohl wir unter Verhältnissen leben, die der Wahrheit und allen edlen Bestrebungen der Menschheit viel günstiger sind?

Nur wenn wir einen solchen Leistungsvergleich aushalten, können wir, die Schriftsteller des Sozialismus, das Recht auf moralische Führung beanspruchen und gewinnen. Nur dies, glaube ich, wird unseren schönen kämpferischen Worten das gewünschte Echo außerhalb der Grenzen des Sozialismus verschaffen. Nur dies, glaube ich, wird jene weltweite Allianz von Schriftstellern schaffen, die es auf sich nehmen, die Wahrheit zu schreiben und zu verteidigen – eine ungeheure Kraft für den Frieden und letzten Endes für die Veränderungen, die kommen müssen.

Erstveröffentlichung in Kulturni Zivot, Bratislava

Bundesdeutsche Reflexionen

6. Dezember 1965

Unsere tragen Schaftstiefel, die im Korridor des Wagens widerhallen. Dann ist das vorbei, Stille; der Zug ruckt an. Ein Streifen nackter Erde, ein Graben, ein paar Drahtzäune. Ändert sich die Landschaft? Derselbe Himmel, die gleiche flache, norddeutsche Ebene. Was denn ändert sich? Ah, jetzt, die Häuser: vielleicht ein wenig besser verputzt, aber das gibt es bei uns auch; an der Bahnschranke andere Autotypen; Tankstellen, Esso, Shell, die Konzerne grüßen freundlich blinkend herüber. Dann, sanftes Gleiten, wie auf einem Kissen kommen wir zum Halten – bilde ich mir das nur ein, oder stoppen hier sogar die Züge auf westlich-luxuriösere Manier?

Und schon ist er da, sehr zivil, im dunklen Anzug; nur das Emailleschild auf der Brust und das Beamtenmützchen kennzeichnen ihn: die Bundesgrenzpolizei. Guten Tag, den Ausweis bitte. Was ich denn sei? Schriftsteller? So. Führe ich dienstlich? Privat? … Privatgeschäftlich, sage ich. Er stutzt. Offensichtlich hat ihn seine Behörde nicht darüber belehrt, daß der Schriftsteller der letzte Kleingewerbetreibende des Sozialismus ist: vor dem leeren Bogen Papier hört das Kollektiv auf; da sitzt einer den Fragen der Zeit ganz allein gegenüber … Der Zug rollt wieder. Um mir Erklärungen zu ersparen, empfehle ich dem freundlichen Manne, den Artikel über mich im *Taschen- und Nachschlagebuch über die Sowjetische Besatzungszone Deutschlands,* herausgegeben vom Bundesministerium für gesamtdeutsche Fragen, neunte, überarbeitete und erweiterte Auflage, Bonn 1965, nachzulesen. Das verspricht er, mit einem unglücklichen Blick auf das dicke Fahndungsbuch in seiner Hand. Wo ich denn nun aber hinführe, was ich dort tun wolle und wer mich eingeladen habe? Ich reiche ihm die Liste, die mein äußerst tüchtiger Verlag für mich zusammengestellt hat: Hamburg, Darmstadt, Karlsruhe, München, Hannover; Studentenverbände, Buchhändler, literarische Vereinigungen. Er schreibt alles säuberlich nieder, reicht mir die Liste zurück.

„Aber das weiß Ihre Polizei doch längst alles!" sage ich.

Er lächelt. Ich lächle. Ich denke an den Stoßseufzer des Andreas Lenz, Seite 110, *Lenz oder die Freiheit.* „Das war ein wundervoller Gedanke, eine großartige Perspektive: eine Welt ohne Polizei und ohne Polizeispitzel ..."
„Ich wünsche Ihnen eine gute Reise", sagt er.

Schön ist dieses Hamburg! Da pustet der Wind der Ozeane die Elbe hinauf, bis ins Alsterbecken, und das graue Wasser kräuselt sich und die weißlich-neblige Sonne hängt über den Schiffen im Drydock. In Hamburg bekommt man Sehnsucht – nach den fernen Ländern, und nach Austern, und nach all dem, was man getan haben möchte in seinem Leben und nicht getan hat. Und irgendwo in Hamburg glaubt man, gespenstisches Echo, den schweren Schritt eines Mannes zu hören, der Teddy Thälmann hieß und den sie ermordet haben.
Das ist schon lange her. Heute erscheint in Hamburg das Zentralorgan der Kapitalistischen Einheitspartei Deutschlands, *Die Welt,* welche mir – wie manch anderes Zentralorgan – nicht immer gewogen ist. Die Schuld liegt wohl bei mir. Wenn ich mich besser in die gängigen Schablonen einfügte, wäre alles leichter für die, für mich.
In Hamburg gibt es auch eine Straße, die ist an beiden Enden mit einem grünen Zaun vernagelt. Aber in dem grünen Zaun ist eine Tür, die der Senat extra angebracht hat, damit Seeleute, Schriftsteller und andere Kunden in die Straße hineinkönnen. Die Häuser in der Straße, im Stil eine Kreuzung zwischen Pfefferkuchen und Empire, sind hübsch bunt angemalt. Hinter den blankgeputzten Parterrefenstern sitzen die hübschesten Mädchen wie im Märchen, und sie lächeln so einladend, daß einem das Herz richtig im Leibe hüpft; und man denkt an die arme, leidende Ostzone, wo man so was nur auf der Bühne der Witwe Brecht findet, und auch da sehr verfremdet.
Grüßt mir die Blonde mit den enormen Beinen, auf denen sie eine weiße Maus hinauf- und hinabspazieren ließ; und grüßt mir die anderen auch, die Schwarzen und Roten und Platinsilbernen, und die Regierung, die ihnen die Zimmerchen in den bunten Häusern vermietet. Denn ich mußte zu meiner Lesung.

Natürlich kommen die Leute nicht nur der Literatur wegen, die man die schöne nennt, sondern weil da einer von *drüben* da ist, und noch einer dazu, von dem die Sage geht, er sei zwar ein Sozialist, trage aber einen eigenen Kopf auf den Schultern. Dabei hat dieser Typ längst keinen Seltenheitswert mehr; es gibt solcher Sozialisten Tausende, Zehntausende, und sie vermehren sich rapide und bringen die Doktrinen und die Doktrinäre – auch und vor allem die Hallstein-Doktrinäre – durcheinander.

Und dann ist die Lesung zu Ende; es dauert einen Moment, bis die Spannung abbricht. Danach: Diskussion. Diskussion ohne Tabus, wie die Plakate anzeigten, in Hamburg, Darmstadt, Karlsruhe, München, Hannover. An der Diskussion lag mir eigentlich noch mehr als am Lesen; wer auch nur ein wenig Praxis auf dem Gebiet hat, weiß, wieviel der Befragte aus den Fragen der Fragesteller lernen und erfahren kann.

Und ich erfuhr: daß hinter all den Vorurteilen, den seit je vorhandenen und den neu gezüchteten, eine große Unsicherheit besteht; die alten Phrasen ziehen auch im Westen nicht mehr; man will hören, sehen, wissen; und es ist sogar eine dünne Hoffnung da, auf Frieden, auf Verständigung; und ein unterschwelliger Zweifel, mitten im Wirtschaftswunder – vielleicht ist doch etwas Richtiges an diesem Sozialismus?

Das alles verhüllt hinter Fragen, die von scheinbarer Naivität und scheinbar abstraktem Interesse am Stil bis zum nackt Provokatorischen gehen. Und, wie der Berliner sagt, immer uff det Schlimme. Man ist nicht schlecht orientiert über unsere Schwächen, bis hinein in die Einzelheiten – mein Ausreiseverbot im Frühjahr, meinen Roman über den 17. Juni, der immer noch nicht erschienen ist, Biermanns Dreiviertelstundenverhaftung, Huchels Komplikationen, Bielers Film, Hans Mayer, Bloch – ein Katalog, der sich fortsetzen läßt, und nicht nur auf literarischem Gebiet.

Ehrenburg hat einmal gesagt: Wir haben versprochen, die Ausbeutung des Menschen durch den Menschen abzuschaffen – nicht aber die menschliche Dummheit. Als ob der Sozialismus mit anderen Leuten gemacht werden könnte als den vorhandenen, und auf anderem Boden als dem uns gegebenen! –

Und doch ist man schlecht orientiert. Man sieht die Dinge in der DDR statisch, nicht in der Entwicklung begriffen; einheitlich, nicht voller latenter und sogar offener Widersprüche. Wenn ich feststelle, daß die DDR für Schriftsteller wahrscheinlich eines der interessantesten Länder der Welt ist – eben um dieser neuen, noch unerforschten Widersprüche willen –, welches Erstaunen!

Aber machen nicht auch wir den gleichen Fehler bei der Betrachtung des Westens? Sehen ihn zu simpel, zu sehr nach bekanntem Schema, und sind dann jedesmal überrascht, wenn die Menschen sich anders verhalten, als wir erwarteten?

Und immer wieder wird gefragt: „Was ist mit der Demokratie bei Ihnen? Mit der Freiheit?"

Ich könnte mir's leichtmachen, nach bekanntem Rezept: Haust du meine Mängel, hau ich deine Mängel; schließlich gastiere ich ja in einem Lande, in dem eine ganze Partei verboten ist und das sein bißchen bürgerliche Demokratie von den Amerikanern geschenkt bekommen hat, so wie wir unsere Revolution von den Russen. Aber ich sehe wenig Sinn in diesem verärgernden Abtausch. Viel überzeugender ist es, wenn ich antworte: *Die gegenwärtigen Formen der Demokratie im Sozialismus können nicht als die endgültigen betrachtet werden* und: *Der Widerspruch zwischen der Notwendigkeit der revolutionären Demokratie, die jedes Diktum in Zweifel zieht, und der revolutionären Disziplin, mit der dem Diktum gehorcht werden muß, ist noch nicht gelöst.*

In Darmstadt schenkt mir jemand die Rede, die Günter Grass dort bei der Verleihung seines Büchner-Preises gehalten hat. Es gibt da eine Stelle, die lautet: „Ich ergreife Partei. Und lobe und preise jenen geschundenen und ewig bedrückten SPD-Funktionär, der sich im Wahlkreis Bocholt gegen die siebzigprozentige Ignoranz mit wenig Erfolg anstemmt …"

Wie sich die Bilder doch gleichen! Die Propaganda der feinen Herren hat dem Wort Funktionär etwas Geringschätziges angeheftet. Aber ich kenne sie doch – in Glauchau und Greifswald, in Weimar und Wismar – die kleinen Funktionäre, wie sie, zerrieben zwischen Notwendigkeit und Realität, sich gegen die menschliche Trägheit stemmen und das schwer Verständliche zu verstehen suchen und sich auseinandersetzen mit der Verantwortung, die ihnen auferlegt ist.

Und dann muß ich mich beherrschen, daß ich nicht ungeduldig werde mit manchem der Fragesteller. Was wissen sie von dem wirklichen Kampf – um die Tonne Stahl, den Sack Getreide, das Kapitel Roman? Und wie soll ich ihnen erklären, was das bedeutet: Verantwortung mitzutragen für die Zukunft des Landes?

Auf dem alten Friedhof zu Rastatt ist der Gedenkstein für die Hingerichteten von 1849. Ein übermannshoher Felsbrocken im Novemberregen, darauf die Namen, verwittert schon, die mir jahrelang aus der Schreibmaschine kamen und deren Träger ich vor meinem Auge sah, Geschöpfe der Phantasie und dennoch wirklich, fast Kameraden … Böning, Biedenfeld, Tiedemann, Heilig … In einer Urne unter dem Stein ruht der Rest von dem, was sterblich war an den mehr als vierzig Füsilierten. Als man sie, 1899, zum erstenmal aus ihren namenlosen Gräbern an der Friedhofsmauer exhumierte, fand man, daß nur drei von all den Schädeln nicht zerschmettert waren – so schlecht schossen die preußischen Exekutionspelotons. Und als man nach vielem Hin und Her mit den Behörden den Stein setzte, fünfzig Jahre nach den Hinrichtungen, durften keine Reden gehalten werden – soviel Angst hatten die Bürger immer noch vor ihrer eigenen, verratenen Revolution.

In Karlsruhe, der Hauptstadt dieser Revolution, gibt es noch heute kein Denkmal für sie. Dafür steht dort, am Mühlburger Tor, hoch zu Pferd und aus Erz, Wilhelm I., der Kartätschenprinz, der die Revolution mit zwei preußischen Armeekorps niederwalzte.

München hatte ich seit 1945 nicht mehr gesehen. Damals saß ich in dem halb zertrümmerten Gebäude des ehemaligen Völkischen Beobachters und half, die *Neue Zeitung* herauszugeben. Auf einen S. H. gezeichneten Leitartikel hin bot die damalige württembergische Regierung dem Verfasser einen hohen Posten an. Der Verfasser mußte dankend ablehnen, da er amerikanischer Offizier war.

Irgendwie versuche ich, mich nach dem Erinnerungsbild in meinem Hirn zu orientieren – unmöglich. Der dürre Staub der Ruinen hat so gar keine Ähnlichkeit mit dem Fett der Weißwürste, das von den Rosten tropft, und der Wärme der Pelzmäntel am Leib der Damen und dem vorweihnachtlichen Licht auf den Fassaden der Kaufhäuser und Kirchen.

Auf der Neuhauser Straße umstehen zwei Dutzend Menschen einen hölzernen Tisch, ein paar Schilder – darauf vergrößerte Bilder aus Vietnam: zerbombte Menschen, zerbombte Häuser. Ein bärtiger junger Mann hält Wache neben einer langen Liste, darauf sollen die Leute ihre Unterschrift setzen zu einem Protestbrief an Lyndon Johnson. Ein alter Herr unterschreibt, legt, fast verschämt, zwei Mark in die Tischschublade. Die andern stehen, starren, warten – worauf? Vor der Barockkirche daneben verkaufen zwei Bäuerinnen Mistelzweige, grüne, versilberte und vergoldete. Ich betrete die Kirche – Lautsprecher, kaschiert hinter gedrechselten Säulen, daraus die kühle Stimme des Priesters. Die Menschen knien, bekreuzigen sich, es duftet nach Weihrauch. Herr Gott – und wiederum in zwanzig Jahren?

Abends, auf derselben Neuhauser Straße: Man baut immer noch an dem neuen Eingang eines Kaufhauses. Die da den Zement vergießen, sind Italiener oder Spanier. In dem Kabarett *Die Zwiebel* singt einer, auch ein Italiener, eine Nummer: „... ich weiß eine Schraube ... ich weiß ein Gewinde ... und wenn ich will, Volkswagen ... kaputt ...“ In Hannover auf dem Bahnhof hängen die Fahrpläne der Bundesbahn auf griechisch, spanisch, türkisch, italienisch. Es scheint, das westdeutsche Proletariat wohnt in Athen und Ankara, Messina und Barcelona. Und wird auch behandelt, wie sich's für Proletariat gehört: In den Zeitungen steht schon, daß man um die Weihnachtszeit diese Arbeiter aus den fahrplanmäßigen Zügen herauswerfen wird, wenn sie keine Sondergenehmigung haben, und sie sollen die Durchgänge der Waggons gefälligst nicht mit ihrem lumpigen Gepäck blockieren.

Gut, das sind die im Schatten. Und die in dem reichlichen Licht? ... Eine Professorin an einer Kunsthochschule, die noch vor wenigen Jahren in der DDR gelebt und gearbeitet hat, sagt mir nach einer meiner Lesungen: „Wie ich so dasaß und Ihnen zuhörte, dachte ich – was für eine Ruhe muß der gehabt haben an seinem Schreibtisch, daß er diese historischen Vorgänge so ausarbeiten und darstellen konnte! ... *Das* haben wir nicht. Wir werden ganz anders hergenommen, aus uns holt man viel mehr heraus ... In meinen zwei Jahren hier, nur eine einzige Sitzung! Aber auch kaum Diskussionen, kaum Kollegialität, jeder ist des anderen Konkurrent, Leistung, Leistung, Leistung ..."

Das Licht, die Schaufenster, die Waren, der Überfluß – hier ist die Quelle. Und ich frage mich: Auch wir wollen Licht, Schaufenster, Waren, Überfluß – aber so, zu diesem Preis? Und ich frage mich, nicht aus Genügsamkeit, nicht wie der Fuchs vor den zu hoch hängenden Trauben: Ist das *alles*, und wird das *entscheiden*? Oder gibt es noch andere Werte, die uns besser zu Gesicht stehen und mit denen wir die Menschen besser überzeugen können? Wieso, wenn es nur von der Versorgung mit Waren und von der Kaufkraft abhängt, die innere Unzufriedenheit, die geistige Unruhe, so fühlbar im Westen?

Der Glanz, der dem Sozialismus noch fehlt, liegt nicht nur in den Waren, die wir in größerer Quantität und, weiß Gott, in besserer Qualität erzeugen müssen. Wie kam es denn, daß die russische Revolution in ihren Anfängen so eine starke Ausstrahlung hatte, obwohl dort gehungert wurde und man froh war, wenn eine Petroleumlampe brannte? Wie kam es denn, daß in den Anfängen der DDR sich so viele Künstler, und nicht nur Künstler, ihr zuwandten, obwohl da keine Marshall-Plan-Gelder flossen?

Es gibt ein Licht, das ausgestrahlt wird durch die Atmosphäre eines Landes, durch sein geistiges Leben. Freiheit der schöpferischen Arbeit, der Forschung, der Kunst ist der Brennstoff dafür, demokratische Auseinandersetzung mit allem, was faul und erstarrt ist, der zündende Funke. Sozialismus auf preußische Manier ist ein Widerspruch in sich selbst; Sozialismus erfordert Zweifel, selbständiges Denken, Lust an der Initiative. Erreichen wir das, dann werden sich die nationalen Fragen ebenso lösen wie die ökonomischen. Erreichen wir das, dann wird die große

Debatte mit den Menschen im Westen, die ich kurz zu schmecken bekam, anders verlaufen – nicht mehr werden wir Fehler erklären, Rückständigkeiten begründen, Mängel zugestehen müssen; sondern wir werden sichtbar und vor aller Augen das sein, was wir im Wesen bereits sind: dem bürgerlichen Staat um eine Revolution voraus.

Tatsachen und Dokumente

Rede vor der Vollversammlung des Berliner Schriftstellerverbandes

Februar 1966

Werte Kolleginnen und Kollegen!

Am 22. Dezember 1965, um 7.30 Uhr früh, klingelte es an meiner Haustür. Draußen stand ein Mann in Zivil. Er sagte: „Sind Sie Herr Heym?" Ich sagte: „Ja." Er sagte: „Ich habe eine Vorladung für Sie." Laut dieser Vorladung sollte ich mich um 9.15 Uhr desselben Tages im Innenministerium, Zimmer 291, einfinden, und zwar, wie da gedruckt stand, *zwecks Aufklärung eines Tatbestandes.*

Um 9.15 Uhr empfing mich in Zimmer 291 der Minister des Innern und eröffnete mir, er habe Informationen, denen zufolge ich mich gegen die Republik und die Arbeiter- und Bauernmacht geäußert habe. Ich bat den Minister, mir Einblick in diese Informationen zu geben, damit ich sie entkräften könne. Der Minister verweigerte mir das.

Darauf sagte ich ihm: „Dann tut es mir leid, Herr Minister, Sie darauf aufmerksam machen zu müssen, daß Ihre Informationen falsch sind."

Er sagte: „Unterbrechen Sie mich nicht."

Ich sagte: „Sie haben von gewissen Informationen gesprochen, Herr Minister, und ich muß Ihnen mitteilen, daß diese nicht den Tatsachen entsprechen."

Darauf sagte er: „Aufgrund dieser Informationen erteile ich Ihnen als Bürger der Deutschen Demokratischen Republik die Auflage, in der Zukunft von solchen Äußerungen im westlichen Auslande, im Ausland überhaupt, und im Inland Abstand zu nehmen."

Darauf sagte ich: „Wollen Sie bitte zur Kenntnis nehmen, Herr Minister, daß ich nie und nirgends Äußerungen gegen die DDR oder gegen die Arbeiter- und Bauernmacht getan habe und daß es mir daher nicht schwerfällt, Ihre mir erteilte Auflage zu erfüllen. Ich sehe keinen Grund, jetzt anzufangen, Dinge zu sagen, die ich auch vorher nicht gesagt habe."

Der Minister erklärte, er nehme das zur Kenntnis. Wir verabschiedeten uns. –

Nach diesem vorweihnachtlichen Gespräch werden Sie verstehen, wenn ich mich darauf beschränke, nur zu dem zu sprechen, was meine Person betrifft, und auch dazu nur Tatsachen anzuführen und Dokumente zu verlesen. Ich möchte auch die geringste Möglichkeit von Mißverständnissen ausschließen.

Alles, was in den letzten Monaten hier in der DDR gegen mich gesprochen, geschrieben und verbreitet wurde, geht zurück auf einige kurze Bemerkungen des Genossen Honecker im Bericht des Politbüros der SED an das 11. Plenum des Zentralkomitees. Honecker sagte:

Werktätige haben in Briefen gegen Stefan Heym Stellung genommen, weil er zu den ständigen negativen Kritikern der Verhältnisse in der DDR gehört. Er ist offensichtlich nicht bereit, Ratschläge, die ihm mehrfach gegeben worden sind, zu beachten. Er nutzt sein Auftreten in Westdeutschland zur Propagierung seines Romans „Der Tag X", der wegen einer völlig falschen Darstellung der Ereignisse des 17. Juni nicht zugelassen werden konnte. Er schreibt Artikel für im Westen erscheinende Zeitschriften und Zeitungen, in denen er das Leben in der Sowjetunion und in der DDR falsch darstellt. Er gibt vor, nur der Wahrheit das Wort zu reden, womit er aber die westlich orientierte „Wahrheit" meint. Die „Wahrheit", die er verkündet, ist die Behauptung, daß nicht die Arbeiterklasse, sondern nur die Schriftsteller und Wissenschaftler zur Führung der neuen Gesellschaft berufen seien.

Was sind das für Briefe von Werktätigen gegen Stefan Heym, auf die sich der Genosse Honecker bezieht? Es sei denn, er führt da eine Privatkorrespondenz, so läßt sich vor dem 15. Dezember 1965, dem Datum des Honeckerschen Berichts, nur eine einzige öffentliche Äußerung von Werktätigen gegen Stefan Heym auffinden, und zwar in der *Berliner Zeitung* vom 10. desselben Monats – genau sechs Tage vor den eben zitierten Bemerkungen des Genossen Honecker.

Dieser Brief von Werktätigen zerfällt für alle sichtbar in zwei Teile, die sich auch stilistisch sehr unterscheiden. Der erste Teil ist eine ironisch sein sollende Polemik gegen eine Novelle von mir, die in der Novembernummer unserer *Neuen Deutschen Literatur* veröffentlicht wurde. In dieser Novelle schickt der liebe Gott den Teufel aus, um einen Theaterkritiker, welcher Meinungsverschiedenheiten mit seinem Kulturredakteur hat, vor der Entlassung zu bewahren. Der zweite Teil des Briefes der Werktätigen enthält eine Aufzählung der Veranstaltungen des *Erich-Weinert*-Kulturhauses in Pankow und gipfelt in der Frage, ob mich das denn nicht interessiere. Unterschrieben ist das Ganze von Henriette Wernicke, die sich selbst als Kreissekretärin des Deutschen Kulturbundes in Pankow zu erkennen gibt, und von Horst Laude. Ich habe mich nun bemüht, festzustellen, in welchem Werk Horst Laude tätig ist. Schließlich erfuhr ich, daß er als Beamter im Kulturdezernat des Stadtbezirks Pankow sitzt.

Was die *Berliner Zeitung* betrifft – könnte es sein, daß man sich dort durch den Inhalt meiner Novelle so getroffen fühlte, weil im Falle dieses Blattes der Teufel zu spät kam, um den Theaterkritiker, unseren Kollegen Dr. Pollatschek, vor der vorzeitigen Versetzung in den Ruhestand zu bewahren – wegen Meinungsverschiedenheiten mit der Kulturredaktion?

Soviel zu den Briefen der Werktätigen.

Wie steht es nun mit meiner *ständigen negativen Kritik an den Verhältnissen in der DDR,* deren mich der Genosse Honecker zeiht, und die einzustellen ich *trotz mehrfach gegebener Ratschläge* nicht bereit sei?

Offensichtlich kann diese negative Kritik, die ständig, also ununterbrochen, sein soll, erst nach dem 20. Oktober 1965 eingesetzt haben, denn an diesem Tage berichtet der Kulturredakteur des *Neuen Deutschland,* Klaus Höpcke, in den Spalten des Zentralorgans der Partei, für die der Genosse Honecker spricht, wie folgt:

Anläßlich der westdeutschen Buchmesse in Frankfurt (Main) gab es im westdeutschen Rundfunk und Fernsehen einige Gespräche mit Gästen aus der DDR. Drei davon wurden mit dem Schriftsteller Stefan Heym geführt. Der Autor der bei uns einem großen Leserpublikum bekannten Romane „Kreuzfahrer von heute", „Der Fall Glasenapp", „Die Papiere des Andreas Lenz" u. a. sagte seinen Gesprächspartnern bei diesen Gelegenheiten einige Wahrheiten. Er verurteilte die Vietnampolitik der amerikanischen Regierung und solidarisierte sich mit Arthur Millers Haltung, der kürzlich aus Pro-

test Einladungen ins Weiße Haus an den USA-Präsidenten Johnson
zurückgegeben hatte. Er polemisierte gegen den Jubel der Springer-
Presse über den Wahlerfolg der CDU/CSU. Er sagte: „Die Stärke
dieses Jubels scheint mir ein Anzeichen dafür gewesen zu sein, wie
groß die Furcht war bei diesen Herrschaften, daß die Wirkung der
Sprecher der Intelligenz (die sich für die SPD eingesetzt hatten – d.
Red.) stark sein könnte." Er wies nach, daß immer, wenn sich in
Westdeutschland die sogenannten Sozialpartner zusammensetzten –
die Gewerkschaften als Vertreter der Arbeiterklasse und die Unter-
nehmer –, ein dritter, stummer Verhandlungspartner mit am Tisch
sitzt und die Kapitalisten zu Zugeständnissen gegenüber den Arbei-
tern zwingt: die DDR. Auch dem antikommunistischen Schwindel
von der DDR als einer Hochburg des Dogmatismus begegnete Heym.
Er betonte, daß es manche die Periode des Personenkults kennzeich-
nende Erscheinungen bei uns nicht gegeben hat. „Das muß man zum
Kredit auch und gerade des Mannes sagen, dessen Namen Sie vor-
hin erwähnt haben und nicht sehr schmeichelhaft erwähnt haben.
Der hat mit dazu beigetragen, daß das verhindert wurde", fügte er
hinzu. Und der Mann, von dem die Rede war, heißt Walter Ul-
bricht.

Vielleicht hat nun meine ständige negative Kritik nach dem
20. Oktober 1965 eingesetzt, nach meinem Auftreten während der Frankfurter Buchmesse?

Die nächste Gelegenheit zu solcher Kritik hätte sich am
5. November ergeben, anläßlich meiner Lesung in West-
Berlin, im Siegmunds Hof. Ich gebe einem so unverdächti-
gen Zeugen wie der Westberliner Zeitung *Die Wahrheit,* Organ der SED in West-Berlin, das Wort. Das Blatt berichtet
am 6. November:

… Stefan Heym las und diskutierte über drei Stunden … vor über
200 Studenten und Journalisten, Literaturkritikern und einigen
Leuten mit der unverkennbaren Absicht, Stefan Heym zu Äußerun-
gen gegen die Regierung der DDR zu provozieren …

Ich übergehe den Literaturfragen betreffenden Teil des Berichts und fahre fort:

Als ein Frager der DDR ankreiden wollte, daß ein Roman von Ste-
fan Heym noch nicht erschienen sei, antwortete der Autor gelassen:
Es stimme, daß ein Buch von seinen acht Werken noch nicht veröf-
fentlicht wurde. Er möchte aber darauf aufmerksam machen, in
Westdeutschland und West-Berlin seien von seinen acht Büchern, die
in Frankreich, England, den USA, in der Sowjetunion, in Italien

und den skandinavischen Ländern in großen Auflagen erscheinen, ganze zwei zu haben. Das sei die Zensur des kalten Krieges ...

Auch die etwas spöttische Frage, ob Heym seine journalistischen Arbeiten etwa auch des angenehmen Nebenverdienstes wegen schriebe, fand eine treffsichere Antwort: „Ich bin ein Sozialist, ich habe den Sozialismus verteidigt, und ich werde ihn verteidigen. Das habe ich mein ganzes Leben lang getan. Ob ich das als Journalist tue, hängt von den Umständen und den Möglichkeiten ab."

Auf eine deutliche Abfuhr der überwiegenden Mehrheit der Anwesenden stieß die Behauptung eines jungen Mannes, daß sich Heym nach dem Putsch vom 17. Juni 1953 gegen die Arbeiter in der DDR gewandt habe. Der Frager wollte sich dabei auf einen Auszug aus einem Artikel Heyms in der „Berliner Zeitung" vom Oktober 1955 stützen. Es war ein maschinengeschriebener Zettel, offensichtlich eine vorbereitete Abschrift. Wort für Wort las Stefan Heym die Sätze vor, in denen er sich zur Enteignung des Großgrundbesitzes und zu einer Regierung des Volkes, wie sie in der DDR besteht, bekannte. Ein Student sprang anschließend auf und fragte: „Wieso ist denn das gegen die Arbeiter gerichtet?" Vielfache Zustimmung war eine eindeutige Antwort.

Offen äußerte sich Stefan Heym zu der Frage, ob er die DDR auch kritisiere: Wenn er das tue, so tue er das in der DDR. Im übrigen aber sei die DDR bei allen Schwierigkeiten, die es dort noch gäbe, „Westdeutschland um eine Revolution voraus, bei uns ist schon eine neue Klasse an der Macht"!

Ich glaube nicht, daß ich die verschiedenen DDR-Zeitungen, die in ähnlichem Sinne über mein Auftreten in Siegmunds Hof berichtet haben, auch noch zu zitieren brauche. Jeder kann sich selbst überzeugen.

Demnach also müßte eine *ständige negative Kritik* nach dem Abend des 5. November 1965 eingesetzt haben. In der Zeit gab es eine ganze Serie von öffentlichen Lesungen und Diskussionen von mir und mit mir, alle in Westdeutschland, und zwar zwischen dem 22. November und dem 30. November 1965, in verschiedenen westdeutschen Städten.

Wie Sie wissen, erscheinen dort keine Zeitungen der SED und nur eine illegale Presse der Kommunisten: Ich muß also bürgerliche Presseberichte anführen. Ich besitze aber auch Tonbänder von meinen sämtlichen Veranstaltungen dort, von den Presseinterviews, von meinem Auftreten in Rundfunk und Fernsehen.

Lassen wir die bürgerliche Presse, die weder der DDR noch mir besonders gut gesonnen ist, zu Worte kommen:

Das Darmstädter Echo vom 26. November:

... mit unseren Fragen wollten wir einen überzeugten Kommunisten zum Eingeständnis der großen Panne zwingen. Und den Gefallen tut er uns nicht. Er erklärt jeden Widerspruch dialektisch ...

Die Münchener Süddeutsche Zeitung vom 30. November:

Ob sein Staatsbegriff heute in der DDR verwirklicht sei, hielt man ihm entgegen. „Noch nicht ganz, aber wir sind auf dem Wege." Und: „Wir wären weiter, wenn wir nicht ständig unter dem Beschuß des Westens lägen. So aber müssen wir wie ein beschossenes Schlachtschiff die Luken schließen."

Darmstädter Tagblatt vom 26. November:

Heym ... verteidigte den Sozialismus als seine ureigene Angelegenheit. Wenn auch nicht unmittelbar verantwortlich – wie er selbst mit einem bedauernden Achselzucken einräumt –, fühlte er sich doch als Anwalt einer Sache, die er zu der seinen gemacht hat, und die er für gut hält ... Er vertrat seine Sache mit Verve und auch mit Überzeugungskraft ... Die Zuhörer (es waren erstaunlich viele) durften dankbar sein, einmal mit einem Menschen sprechen zu können, der es ehrlich meinte, auch wenn er es anders meinte als sie.

Münchener Merkur vom 3. November:

Das Publikum bemühte sich, den Schriftsteller mit konventionellen Fragen (Freiheit, Demokratie, Berliner Mauer) zu einer Stellungnahme zu bewegen. Heym verleugnete nicht sein Engagement, und er erwies sich als ein wenn auch kritischer Anwalt „des Staates, dessen Bürger er ist". Heym ist ein schlagfertiger und disziplinierter Debatter.

Hannoversche Presse vom 2. Dezember 1965:

Heym ... zählt zu den Schriftstellern, die ein Gespräch zwischen den Deutschen fortführen und intensivieren können. Ihm ist kaum mit dem Vorwurf der Propaganda beizukommen. Er läßt sich nicht dazu provozieren, jene Mißstände hier zu verteidigen, die er drüben anprangert. Er ist ein überzeugter Bürger seines Staates, den er jedoch keineswegs für vollkommen hält. In seinem Auftreten bestätigte er, was viele Besucher der DDR feststellten: ein zunehmendes Selbstbewußtsein des DDR-Staatsbürgers ...

Ich glaube, diese kleine Auslese widerwilliger Anerkennung meines Auftretens in der Bundesrepublik wird Ihnen genügen. Vielleicht darf ich hinzufügen, daß die dem Herrn

Springer gehörende Hamburger *Welt* – welche mich angeblich bejubelt – mich in Wirklichkeit als *schwarz-rot-goldenen Ganghofer* beschimpfte, und daß die westdeutsche Polizei – dies dem Genossen Innenminister zur Kenntnis – am Morgen nach meiner Diskussion in Hannover beim Veranstalter, der Hannoverschen Literarischen Gesellschaft, eine Haussuchung durchführte, weil die Gesellschaft nämlich *einen Kommunisten sprechen ließ.*

Am 2. Dezember 1965 war ich wieder in Berlin. Die Zeit vom 2. bis zum 15. Dezember, dem Datum der Ausführungen des Genossen Honecker, wird wohl jedem bei einigem Nachdenken als zu kurz erscheinen, um eine *ständig negative Kritik* zu entwickeln.

Wie steht es mit dem nächsten von Genossen Honecker gegen mich erhobenen Vorwurf – ich hätte mein Auftreten in Westdeutschland zur Propagierung meines Romans *Der Tag X* benutzt, der wegen einer völlig falschen Darstellung der Ereignisse des 17. Juni nicht zugelassen werden konnte.

Wenn ein in der Welt bekannter sozialistischer Schriftsteller einen Roman über ein in der Welt bekanntes Ereignis schreibt, und wenn dieser Roman in einem sozialistischen Staat – wie der Genosse Honecker jetzt bestätigt – nicht zugelassen wird, dann braucht dieser Schriftsteller das Buch nicht mehr zu propagieren: es wird automatisch ein Gegenstand von Weltinteresse.

Wie sich jeder durch Tonband oder durch objektive Berichte überzeugen kann, habe ich meinen Roman *Der Tag X* im Westen auch nicht etwa propagiert. Ich habe auf die diesbezüglichen Fragen von seiten des Publikums, der Presse und der Fernsehinterviewer etwa so geantwortet, wie ich es bereits aus den Presseberichten vorlas, und ich habe vielerorts hinzugefügt, daß es mein Wunsch ist, dieses Buch möge etwa zur gleichen Zeit im Westen wie im Osten Deutschlands veröffentlicht werden, denn es ginge beide Teile Deutschlands an.

Das ist auch genau das, was ich seit Jahren hochgestellten Funktionären der SED und des Kulturministeriums mitgeteilt habe. Trotz sehr verführerischer Angebote aus dem Westen für eine Erstveröffentlichung des Buches dort, und obwohl ich einen Veröffentlichungsvertrag für den Roman mit einem hiesigen Verlag besitze, habe ich die Publikation des Buches im Westen zurückgehalten. Jeder Unvoreingenommene wird ein solches Verhalten, das für einen Schriftsteller ein beträchtliches Opfer bedeutet, nur als äußerst loyal bezeichnen können.

Ich will hier nicht zu der Frage sprechen, ob nach der Verfassung der DDR eine Zensur überhaupt das Recht hat, ein Kunstwerk zu unterdrücken, weil es nach Meinung der Zensoren eine falsche Darstellung gewisser Ereignisse enthält. Es ist jedoch fraglich, ob meine Darstellung falsch ist. Der Beweis für die eine wie für die andere Ansicht könnte nur durch die Veröffentlichung des Werkes erbracht werden. Mangels dieser gestatten Sie mir jedoch, aus einem Brief an mich zu zitieren. Da auch der Genosse Honecker die Gewährsmänner für sein Urteil nicht nennt, hoffe ich, Sie werden verzeihen, daß auch ich den Namen des Briefschreibers verschweige. Sie dürfen mir aber glauben: der Autor dieses Briefes ist einer der führenden Männer unseres Staates. Hier der diesbezügliche Teil des Briefes:

– *So, und nun wissen Sie schon, wie ich über Ihr Buch denke. Es ist das beste, was ich seit Anna Seghers' Siebtem Kreuz gelesen habe. Ich bin der Überzeugung, daß Sie ein Werk geschaffen haben, das bleiben wird. Es ist mit einer unerhörten Kraft der Sprache und der Schilderung geschrieben. Es ist ein psychologisches Meisterwerk und ein Geschichtsdokument von ganz großem Rang, von höchstem Wahrheitsgehalt und wahrhaft großartigem Einfühlungsvermögen in die Denkart und Handlungsweise von Menschen, die es nicht nur um jenen 17. Juni einmal gegeben hat. Wir haben seither einen guten Schritt vorwärts getan, aber ... Und gerade wegen dieses kleinen Wortes ist Ihr Werk auch „tageswichtig". Ich kann nur hoffen, daß es baldigst – ohne Abstriche oder Zusätze – erscheint. Es wird vielen, die es nach wie vor nötig haben, zur letzten Besinnung helfen, zu einem klaren Bewußtsein. Es wird Epoche machen. Sie haben die Spießer und Philister – „vornehmlich die längsten", sagte Schumann – unter den Arbeitern darin aufs Haupt geschlagen und den Kämpfern unter ihnen großen neuen Mut gemacht. Sie haben auch die Kleinbürger nicht nur in ihren erbärmlichen, sondern auch in ihren erfreulichen Typen gekennzeichnet, was vielen Angehörigen der Intelligenz Auftrieb geben wird. Sie haben nichts unter- und nichts übertrieben, nichts glorifiziert – und nichts und niemanden geschont.*

So haben Sie dem Menschen (nicht nur unserem!) in Wahrheit und Klarheit den Freund und den Feind vor Augen und ihn – den einzelnen – damit vor die Alternative gestellt, wem er sich zugehörig fühlt, wem er sich gesellen will. Ihr Werk wird auch und gerade darum eingehen in die neue Klassik des sozialistischen Humanismus.

Es bleibt in dem vom Genossen Honecker verlesenen Sündenregister nun noch der Vorwurf, ich schriebe *Artikel für im Westen erscheinende Zeitschriften und Zeitungen, in denen ich das Leben in der Sowjetunion und in der DDR falsch darstelle,* in denen ich *vorgebe, nur der Wahrheit das Wort zu reden,* aber in Wirklichkeit die Behauptung verkünde, *daß nicht die Arbeiterklasse, sondern nur die Schriftsteller und Wissenschaftler zur Führung der neuen Gesellschaft berufen seien.*

Es gibt nur einen Artikel von mir, auf den wenigstens ein paar Äußerlichkeiten des vom Genossen Honecker gegebenen Steckbriefs zutreffen – meinen Essay *Die Langeweile von Minsk.* Darin ist zwar von der DDR überhaupt nicht die Rede, aber die Sowjetunion ist doch einmal erwähnt. Auch von Wahrheit wird da gesprochen – ich bekenne mich dieses Vergehens schuldig.

Da dieser Essay in der DDR überhaupt nicht veröffentlicht wurde, er also den meisten der hier Anwesenden nicht bekannt sein kann; da ferner in unserer Presse daraus bisher nur aus dem Zusammenhang gerissene, entstellte oder willkürlich zusammengestoppelte Zitate gedruckt wurden, muß ich Sie, werte Kolleginnen und Kollegen, um ein paar Minuten Geduld bitten, während ich die Sache verlese. Ich verspreche Ihnen, *Die Langeweile von Minsk* ist erheblich kürzer als das meiste, was dagegen geschrieben wurde.

(Heym verliest *Die Langeweile von Minsk*)

Ich überlasse Ihnen das Urteil. Ich glaube nicht, daß ein normaler, unvoreingenommener Leser etwas gegen die Veröffentlichung dieses Essays im Westen oder im Osten, Norden oder Süden einzuwenden haben könnte.

Wie steht es aber nun mit der angeblichen Veröffentlichung des Essays im *Westen,* die mir so schwer angekreidet wird, daß sogar die Lehrer in der Schule angewiesen werden, ihren noch nicht fünfzehnjährigen Schülern einzuhämmern, was für ein schlimmer Mensch und Verräter dieser Heym ist?

Mein Essay *Die Langeweile von Minsk* wurde zuerst nicht im Westen, sondern im *Osten* veröffentlicht, in der sozialistischen ČSSR, in der Zeitschrift *Kulturni Život (Kulturleben)*, am 20. August 1965, fast vier Monate vor den Bemerkungen des Genossen Honecker.

Danach erschien der Essay allerdings im Westen – aber nicht irgendwo dort, sondern am 26. August 1965 in den *Lettres Françaises,* einer kommunistischen Zeitschrift, herausgegeben von Louis Aragon, Mitglied des ZK der Kommunistischen Partei Frankreichs, Lenin-Friedenspreisträger, einem Klassiker der kommunistischen Literatur – der es sich nicht nehmen ließ, meine Arbeit selbst ins Französische zu übersetzen und dessen Name neben dem meinen unter dem Essay steht.

Ferner wurde am 25. September 1965 *Die Langeweile von Minsk* veröffentlicht in der Zeitschrift *Rinascita*, der von Palmiro Togliatti begründeten Parteizeitschrift der Kommunistischen Partei Italiens.

Man kann nicht behaupten, daß das hier nicht bekannt war, denn am 22. September bringt der Deutschlandsender – unser Deutschlandsender – einen Kommentar, dessen letzten Abschnitt ich zitieren möchte.

… diese Worte (Heyms) fordern Überlegung. Keine billige Polemik, keine künstliche Erregung hat gegen sie eine Chance. Man kann die Artikel von Peter Weiss und Stefan Heym nicht einander gegenüberstellen, keinen von beiden zugunsten des anderen abwerten – sie gehören zusammen, sie sind ein Teil des großen Gesprächs über die Grundfragen der menschlichen Gesellschaft und der Kunst, das unter Schriftstellern geführt wird. Beide bestätigen die überlegene Position des Sozialismus.

Erst lange danach, am 29. Oktober, erscheint der Essay *Die Langeweile von Minsk* in den Spalten der Hamburger *Zeit*, die in ihrer redaktionellen Einleitung die vorhergehenden Veröffentlichungen in „Lettres Françaises" und „Rinascita" ausdrücklich erwähnt und sich, wie es sich für eine kapitalistische Zeitschrift gehört, von dem kommunistischen Inhalt meines Essays distanziert. Vielleicht darf ich noch erwähnen, daß die *Zeit* vor mehreren Monaten von der Regierung der DDR, genauer vom Presseamt beim Ministerpräsidenten, ersucht wurde, in ihren Spalten eine offizielle längere Erklärung des Staatsratsvorsitzenden Genossen Walter Ulbricht zu veröffentlichen. Was für ein Verbrechen muß es sein, in einer Zeitschrift, die die Worte Walter Ulbrichts dem westlichen Publikum nahebringen sollte, Gedanken zu veröffentlichen, welche vorher in drei kommunistischen Publikationen und auch danach in weiteren kommunistischen Blättern, in Ungarn zum Beispiel, erschienen!

Die Fakten, die ich Ihnen vortrug – sie sind alle belegbar – geben natürlich Anlaß zu zahlreichen Fragen, die jeder an sich selber richten muß.
Ich kann mich, wie ich Ihnen zum Anfang meiner Ausführungen sagte, dazu nicht weiter äußern.

Zwei Alternativen

24. Mai 1973

Das sind schwere Zeiten in den inneren Kreisen von Ost-Berlin, und die Kassandras wehklagen: Oh weh, was da auf uns zukommt!

Und wahrhaftig, mit jeder neuen Botschaft, die ihren Stab von Attachés ins Land bringt, mit jeder neuen Gruppe westlicher Besucher, die ihre Nasen durch den Checkpoint Charlie stecken, mit jeder neuen Schar westdeutscher Kusinen und Cousins zweiten Grades, die die ostdeutschen Verhältnisse mit ihrer liebenden Gegenwart überwältigen, verändert sich diese stille, angenehme, wohlbehütete Reservation, genannt Deutsche Demokratische Republik, rapide in einen Treffpunkt von Ost und West. Viel mehr als jede mögliche Zahlungsverpflichtung, die sich aus Kompensationsansprüchen ergeben könnte, ist die mit Recht so bezeichnete neue Öffnung der Preis, der für die internationale Anerkennung der Republik verlangt wurde, und das daraus resultierende Einströmen von Eindrücken und Ideen beunruhigt die Liebhaber sozialistischer geistiger Bequemlichkeit.

So ist das neue Motto also Abgrenzung, Abgrenzung von Geist und Seele, um den Gefahren zu begegnen, die sich aus der neuen Öffnung ergeben. Bisher war die Abgrenzung der Deutschen Demokratischen Republik und ihren Bürgern durch den Pariastatus des Landes aufgezwungen worden, nun aber, da der Grundvertrag zwischen den beiden deutschen Staaten Ostdeutschland aus seiner Isolierung von der westlichen Welt heraustreibt, soll eine freiwillige, und in einigen Fällen auch nicht so freiwillige Selbstabgrenzung des Bürgers die Republik vor korrumpierenden Einflüssen und Subversion schützen. In den Medien, in Konferenzen, Vorträgen, Seminaren werden die Menschen auf die Argumente vorbereitet, die sie zu hören bekommen werden, und auf die Versuchungen, denen sie widerstehen sollen; einigen Kategorien von Bürgern ist es vollständig verboten, Kontakt mit Westlern zu haben; andere wieder sind instruiert worden, ihren nächsten Vorgesetzten den Inhalt ihrer Gespräche mit Ausländern und alle verdächtigen Fragen mitzuteilen.

Es ist, als müßte ein besorgter Gärtner plötzlich seine liebevoll gehegten Gewächshauspflanzen ins Freie setzen; werden die zarten Blüten den scharfen Wind überstehen können?

Aber es ist zu bezweifeln, daß die Deutsche Demokratische Republik je eine solche geschlossene Reservation war oder das Denken ihres Durchschnittsbürgers so jungfräulich ist, daß es der ersten Versuchung, die daherkommt, zum Opfer fallen müßte.

Es ist viel geschrieben worden über die Schwierigkeiten, ohne offizielle Erlaubnis über die Mauer zu gelangen; aber jedes Elektron springt ohne Mühe über sie hinweg. Westliche Rundfunksendungen gelangen überallhin, westliche Fernsehsendungen werden in der ganzen Republik, mit Ausnahme von zwei Bezirken, empfangen. Seit der Gründung der Republik haben die Bürger dauernd alle ideologischen Güter des Westens vorgesetzt bekommen, und selbst der schäbigste Gedanke war zumindest hübsch verpackt gewesen. Heute sind die Firmennamen und Reklameslogans gewisser westdeutscher Produkte auch im Osten zu Haushaltsworten geworden; über Filme, die im westlichen Fernsehen gezeigt werden, unterhält man sich ungeniert in ostdeutschen Zügen und Straßenbahnen, und *Neues Deutschland,* das offizielle Organ der Sozialistischen Einheitspartei, hat, wie man weiß, Polemiken zu Themen gedruckt, über die es selbst nie berichtet hat; die Redakteure nehmen unterbewußt an, daß ihre Leser mit der Story schon vertraut sein würden. Leider konnten der Ost-Rundfunk und das Ost-Fernsehen nicht immer mit der Konkurrenz mithalten. War schon ihre allgemeine Arbeit durch den mangelnden diplomatischen Status der Republik gehemmt, so schädigten die Medien sich selber noch zusätzlich, indem sie sich oft verhielten, als hätten sie ein Publikum vor sich, das nicht imstande ist, auf einen Knopf zu drücken.

Dennoch zeigt sich in der ostdeutschen öffentlichen Meinung ein deutlicher Trend zum Sozialismus. Niemand kann mit Gewißheit sagen, wieviel von diesem Trend auf Regierungs- und Parteipropaganda zurückzuführen ist; aber man geht wohl sicher, wenn man annimmt, daß ein ganzer Teil dieser Flut eher den gegenteiligen Effekt hat. Mit der Lage vertraute Beobachter meinen, daß der Trend das Resultat deutlich sichtbarer Errungenschaften wirtschaftlicher Art ist sowie eines allgemeinen politischen Reifungsprozesses des Bürgers der Republik, der diese Errungenschaften erst möglich gemacht hat und nun entsprechend stolz auf sie ist. Er mag vielleicht nicht alles billigen, was die Regierung tut und die Partei sagt; geplagt von dummen und ärgerlichen Mangelerscheinungen, mag er sich das reichhaltige Angebot des Westens wünschen; aber wenn man ihn direkt fragte: „Möchten Sie eine Rückkehr des Landes zum Kapitalismus", dann wird er sagen: „Aber nein!" Und er wird dies nicht sagen, um seine echten Gefühle zu verbergen, sondern er wird die Wahrheit gesprochen haben.

Der Versuch, das Denken von Menschen abzugrenzen, die eine so differenzierte Betrachtungsweise haben, scheint ein fragwürdiges Unternehmen. Daher gibt es in der DDR auch Männer, die der Auffassung sind, daß es besser wäre, den Begriff Abgrenzung weniger eng zu fassen. Diese Männer glauben, daß dem Land eine längere Periode der Koexistenz mit dem anderen deutschen Staat und mit der westlichen Welt überhaupt bevorsteht, und daß dies ein Überdenken alter Einstellungen erfordert. Sie sehen die Abgrenzung nicht als eine Serie von Verbotsschildern und Polizeiverordnungen, die doch nicht durchgesetzt werden können, sondern als eine Politik der Einhaltung vernünftiger, klarer marxistischer Richtlinien bei gleichzeitiger Aufgeschlossenheit des Denkens. Sie sind der Überzeugung, daß schöpferisches, modernes Herangehen an die neuen Probleme notwendig ist, wenn die Republik den neuen Aufgaben gewachsen sein soll.

Diese Männer, in ständiger Verbindung mit ihrem entsprechenden sowjetischen Gegenüber, haben, sehr vorsichtig, das Steuerrad zu drehen begonnen. Sie haben in aller Stille den Wirtschaftsplan zum Nutzen des Konsumenten modifiziert und Qualitätswaren importiert, an denen Mangel bestand. Sie haben den privaten Bau von Eigenheimen für junge Paare und kinderreiche Familien gefördert. Sie beseitigten die Auswüchse der Grenzöffnung nach Osten, als täglich Autobusse von Aufkäufern die Oder überquerten, um den Warschauer Schwarzmarkt mit Waren aus DDR-Läden aufzufüllen. Sie haben ohne Fanfare ein paar der schlimmsten Dummköpfe aus wichtigen Positionen entfernt. Sie haben aus der Presse ein wenig von der Phrasendrescherei und dem byzantinischen Stil ausgemerzt, mit dem über die Tätigkeit und die Verdienste von Partei- und Regierungswürdenträgern berichtet wurde. Sie haben die Spalten von *Sinn und Form,* der Zeitschrift der Akademie der Künste, für eine literarische Diskussion geöffnet, die man nicht mehr nach dem üblichen Muster einer Spielzeugschlacht mit Geschossen aus hohlen Worten geführt hat. Sie haben die Hochburg der Engstirnigkeit, die Zensurbehörde, gezwungen, Filme wie Günter Rückers *Der Dritte* und Ulrich Plenzdorfs bald herauskommenden *Paul und Paula* zugelassen, ebenso die Aufführung von Stücken wie Peter Hacks' *Omphale* und wiederum Plenzdorfs *Die neuen Leiden des jungen W.,* und die Veröffentlichung von Büchern wie Jurek Beckers *Irreführung der Behörden* und Günter de Bruyns *Preisverleihung,* welche alle vor noch nicht gar so vielen Jahren verboten worden wären.

Vor allem aber scheint es, daß diese Männer die sterile, defensive Haltung, Ausfluß des Denkens von Ängsten politischer Sklerotiker, durch eine mutigere zu ersetzen suchen.

Die neue Öffnung, der Deutschen Demokratischen Republik durch Entwicklungen außerhalb der Kontrolle ihrer Führung aufgezwungen und von den Konservativen in Partei und Regierung als böse Drohung empfunden, könnte sogar zum Vorteil des Sozialismus benutzt werden. Alles, was zu dem Zweck notwendig wäre, ist die Erkenntnis der physikalischen Tatsache, daß eine Öffnung nach zwei Seiten hin offen ist. Geister, die gewöhnt sind, ihre Zensoren und ihre Polizisten mit ungewohnten Gedanken sich befassen zu lassen, mögen Schwierigkeiten haben, ein so einfaches Phänomen zu begreifen, aber andere Leute werden die Frage stellen: Wer hat denn je verordnet, daß Ideen nur in einer Richtung reisen können? Haben wir denn in der Tat nichts vorzuzeigen für die Jahre unserer getreulichen Bemühungen? Haben wir keine Erfahrungen zu berichten, keine Gedanken anzubieten auf dem Markt, der uns nun offensteht?

Es scheint doch, als wären Zeit und Umstände dieser Art von Initiative noch nie so günstig gewesen. Interesse an marxistischer Theorie hat sich überall belebt; dazu will man noch über die sozialistische Praxis etwas wissen, deren DDR-Variante nicht unwichtig ist. Es sieht so aus, als wären sich die Männer, welche die Republik von ihrer ihr aufgezwungenen Introversion und den daraus resultierenden Minderwertigkeitsgefühlen zu heilen versuchen, der neuen Gelegenheit bewußt. Sie empfinden sie als eine seltene, große Chance, die man benutzen sollte.

Sie kennen auch die Erfordernisse für den erfolgreichen Durchbruch: Die Bürokratie muß den Bedürfnissen der Bürger untergeordnet, und das Leben der Bürger muß materiell lohnender und geistig anregender gestaltet werden. Das würde der Republik ein Image geben, das einen wirklichen Glanz ausstrahlt, das Image nämlich des aufgeklärten Sozialismus.

Die Menschen sind da, mit denen das geschafft werden kann. Wenn die Chance verpaßt wird, dann wird Ostdeutschland in seiner eigenen Trägheit steckenbleiben, und alle diplomatische Anerkennung der Welt würde nicht imstande sein, es aus dem politischen Achterwasser herauszubringen. Aber wenn man sich der Aufgabe stellt, dann kann es sehr wohl dazu kommen, daß die Deutsche Demokratische Republik eine führende Rolle in europäischen Fragen spielen wird und daß ihr Beispiel die Entwicklung in Westdeutschland und auch anderswo beeinflußt.

New York Times

Leben in Ostdeutschland

Ein Brief von der Redaktion der New York Times: *Würden Sie 3500 Worte für unser Magazin über das Leben im heutigen Ostdeutschland schreiben?*

Ich muß mir das überlegen.

Wenn man in einem Lande lebt, denkt man nicht dauernd darüber nach, wie sich's dort lebt – man lebt einfach; und vor allem arbeitet man – schöpferisch, wenn möglich, sonst eben Routinesachen.

Wieso interessieren die sich überhaupt für das Leben hier? Wird Ostdeutschland, die Deutsche Demokratische Republik, als ein so besonderes Land betrachtet, fremdartig, erst kürzlich entdeckt, und will man nun etwas über die Bräuche der Eingeborenen erfahren und was auf den Basaren feilgeboten wird?

So ähnlich könnte es sein. Das Land wird tatsächlich gerade entdeckt, nach der plötzlichen Invasion von Journalisten, Handelsleuten, Botschaftern mitsamt ihren Damen und anderen prominenten Besuchern zu urteilen: Der letzte Jahrestag, der 25., wurde international gebührend zur Kenntnis genommen und kommentiert, und alle möglichen weisen Ratschläge erschienen in den Spalten der Weltpresse darüber, wie man die Eingeborenen behandeln solle und wie man am besten mit den Häuptlingen verhandelt. Ein Schein von Respektabilität wurde der DDR verliehen – und es wurden sogar ein paar Nettigkeiten über das Land gesagt, trotz seiner dräuenden Wachttürme und seiner Mauer.

Aber wie ist denn nun das Leben hier eigentlich?

Zuzeiten habe ich das Gefühl, dieses Leben habe surrealistische Züge. Jüngere als ich, im Land hier geboren, nachdem es schon bestand und seine Initialen D.D.R. bereits erhalten hatte, mögen mein Gefühl nicht teilen; aber ich kann mir nicht helfen, ich denke manchmal an die Zeit meiner Emigration zurück, als wir in Prag um einen etwas verschmuddelten Kaffeehaustisch herumsaßen und von dem Deutschland sprachen, das da kommen sollte, sobald Hitler besiegt war: Niemandem an diesem Tisch wäre es eingefallen, einen Zustand vorauszusagen, bei dem die Kommunisten in einem Drittel von Deutschland sowie einem Drittel von Berlin die Macht haben würden, ohne daß nicht in spätestens sechs Monaten auch die restlichen zwei Drittel des Reichs und die gesamte Hauptstadt sozialistisch geworden wären. Eine Revolution, die nicht imstande ist, von einer Straßenseite in Berlin auf die andere überzuspringen – grotesk! Und doch besteht dieser Zustand, ein Deutschland teils kapitalistisch und teils sozialistisch, seit mehr als einem Vierteljahrhundert. Es ist, als wäre die Weltgeschichte eingefroren, als wären die Mauer und die kahlgeschlagenen Streifen längs der Westgrenze der Republik nur der sichtbare Ausdruck dieser Eiszeit, die wahrscheinlich dauern wird, solange das weltweite Gleichgewicht der beiden Machtblöcke existiert.

Im Lauf der Zeit lernt man, mit so etwas zu leben. Die Fahrt von meinem Haus in der Vorstadt ins Zentrum von Ost-Berlin führt mich ganz nahe der Mauer entlang. Gelegentlich nehme ich noch Notiz von den längst ausgeblichenen Grenzschildern und von dem Drahtgeflecht am Flußufer. Aber darüber nachdenken – nein. Und auch die Autofahrer vor und hinter mir widmen dem Anblick, des bin ich sicher, nicht die geringste Aufmerksamkeit. Diese Blindheit gehört zu dem surrealistischen Charakter des Ganzen.

Die Teilung Deutschlands, und Berlins, hat ihre Vorteile nicht nur für die, denen es bei dem Gedanken schaudert, was ein vereinigtes Deutschland auf dem Gebiet des Sports, der Wirtschaft, der Politik für ein Gewicht haben würde, sondern auch für die Deutschen selber. Die Bürger der Deutschen Demokratischen Republik genießen den höchsten Lebensstandard innerhalb des sozialistischen Lagers, und den Bundesdeutschen, wie ich höre, geht es drüben in ihrem Kapitalismus auch nicht schlecht. Ich bezweifle, daß diese Prosperität ausschließlich von den geschickten Händen der deutschen Arbeiter und den gescheiten Köpfen der deutschen Manager herrührt; eher würde ich meinen, daß zu beiden Seiten der Mauer die Existenz eines *anderen* Deutschland, einer sozialen Alternative, darauf hinwirkt, daß den gierigen Massen Ost wie West ein entsprechend höherer Anteil am großen Kuchen aufgetischt wird. Ein

Wettlauf ist im Gange, ein Wettlauf um die deutsche Seele.

Bei diesem Wettlauf hat die Deutsche Demokratische Republik als Zweitbester abgeschnitten – bis jetzt wenigstens. Sie ging ja auch mit vielen Handicaps an den Start: Mangel an Rohmaterialien, kaum eine Schwerindustrie, keine Marshall-Plan-Gelder, eine Bevölkerung, die von Dr. Goebbels gegen alles Kommunistische und Sowjetische geimpft war, und zu alldem noch eine Menge schwerer politischer Irrtümer, die sich aus stalinistischen Denkmustern ergaben.

Ein wenig hat die Republik in diesem Rennen aufgeholt – sonderbarerweise mit Hilfe der Mauer, die zugleich ein Verzweiflungsakt und ein Neuanfang war. Die Mauer setzte der Massenflucht nach dem Westen ein Ende. Häßlich, wie sie damals war und heute noch ist, demonstriert sie weithin sichtbar, daß in dem Drittel Deutschlands, das Deutsche Demokratische Republik heißt, das Experiment Sozialismus nicht eingestellt werden würde. Die Mauer war die erste Etappe auf dem Weg, der zur Errichtung einer Botschaft der USA in Ost-Berlin führte.

Der Wettlauf geht weiter. Wie ich die Sache sehe, wird die Entscheidung dabei nicht nur davon abhängen, welches System das breitere Angebot an Konsumgütern zu billigerem Preise liefern kann. Der Mensch wird auch beeinflußt durch die Ideen, die man ihm erschließt, die Gefühle, die man in ihm erzeugt. Nicht, daß ich das wirtschaftliche Moment unterschätze: Die arabischen Ölscheichs, Feudalherren par excelence, mögen sich noch als revolutionierender Faktor erweisen. In aller Unschuld könnten die Scheichs die Schwierigkeiten, die sich in Westdeutschland und anderen westlichen Ländern abzeichnen, in eine Krise von solchen Ausmaßen verwandeln, daß die schwerfällige Mangelwirtschaft der DDR im Vergleich dazu als leuchtendes Beispiel finanzieller Solidität und gesunder Geschäftspraxis erscheint. Sollte es eines Tages zwei bis drei Millionen Arbeitslose im kapitalistischen Teil von Deutschland geben, so könnte Erich Honecker, Erster Sekretär der Sozialistischen Einheitspartei, die Mauer getrost an die Regierung in Bonn vermieten.

Aber in der Zwischenzeit? Man mag ja, während man nahe der Mauer entlangfährt, sich nicht unbedingt bewußt sein, daß man eingesperrt ist – aber auch das Unbewußte irritiert. Vor einiger Zeit hörte ich von einem Fall, der mir als Thema für eine Short Story brauchbar erschien. In einer Vorortsiedlung nahe einem der Übergänge zwischen West-Berlin und dem Territorium der DDR fanden zwei halbwüchsige Jungen, beides Söhne mittlerer Funktionäre, die im Sperrgebiet unmittelbar an der Grenze wohnten, durch Zufall einen ganz leicht gangbaren Weg in den Westen und benutzten ihn, um in West-Berlin das Kino zu besuchen. Sie gingen dort, glaube ich, insgesamt vierzehnmal ins Kino und würden wahrscheinlich heute noch hingehen, wären sie nicht von der Westberliner Polizei beobachtet worden.

Die Westberliner Polizei befragte sie, aber da es nicht Angelegenheit der Westbehörden war, Grenzüberschreitungen zu verhindern, ließ man die beiden laufen. Einer der Polizisten aber erzählte die Sache einem Reporter, den er kannte, und dieser Mann wartete auf die Jungen vor dem Kino, lud sie zu Bratwurst und Coca-Cola ein und schrieb über sie in seiner Zeitung. Auf diesem Umweg erfuhr die zuständige DDR-Behörde von der Sache und verhaftete die zwei.

Sie kamen vor ein Jugendgericht und wurden wegen Verletzung des Paßgesetzes verurteilt. Der Ältere der beiden, der gerade achtzehn geworden war, mußte die Erweiterte Oberschule verlassen und wurde in die Armee gesteckt; der andere, Sechzehnjährige, kam in einen Jugendwerkhof. In der Story, die ich dann schrieb, sagt der Anwalt der Jungen dem Staatsanwalt, das Gericht hätte seinen Klienten lieber eine staatliche Auszeichnung zusprechen sollen: Hatten sie ihre Treue zur Republik nicht vierzehnmal unter Beweis gestellt, indem sie vierzehnmal aus dem Westkino in die DDR zurückkehrten? Aber der Staatsanwalt wollte den Fall nicht so sehen, und das Gericht ebensowenig.

Um die Wirkung der Story zu testen, las ich sie einem größerem Publikum vor, darunter vielen Jugendlichen, und zwar in einem Ort ganz in der Nähe des Schauplatzes der Geschichte, und wir hatten eine gute Diskussion hinterher, die weit über den Inhalt dessen, was ich vorgelesen hatte,

hinausging. Danach saß ich noch mit ein paar Studenten zusammen. Einer sagte: „Es tut mir leid, aber mir scheint, daß in Ihrer Geschichte etwas fehlt. Nämlich: Was ging in den Köpfen der beiden vor, während sie diese Freiheit hatten? Gab es da eine psychische Veränderung? Oder?"
Was *sie* denn meinten, fragte ich.
Nach kurzem Schweigen meldete sich ein anderer Student: „Nehmen wir mal an, ich wüßte einen Weg hinüber und zurück. Vielleicht würde ich ihn gar nicht benutzen. Aber es würde mich doch sehr erleichtern zu wissen, daß ich ihn benutzen könnte."

Schwer zu sagen, wie viele Leute tatsächlich unter dem Gefühl, daß sie eingesperrt sind, leiden. Die DDR ist ein kleines Land; man durchfährt es in wenigen Stunden; zwar ist die Gegend hübsch und die Umwelt nicht ganz so verschmutzt und verdorben wie im industrialisierten Westen, aber es fehlt der Duft der weiten Welt, mit dem im Westfernsehen Reklame für eine gewisse Zigarettensorte gemacht wird.
Da aber nun auch die bestbewachte Mauer für das Elektron durchlässig ist, und da der größte Teil der DDR im Sendebereich der westdeutschen und Westberliner Fernsehstationen liegt, bekommt der DDR-Bürger die Attraktionen dieser weiten Welt ständig vorgesetzt, ohne diese Welt je besuchen und ihre wahren Gerüche kennenlernen zu können. Das erzeugt Frustration – und Illusionen.
Die Regierung behandelt die Zuschauer- und Zuhörerzahlen ihrer Sender als geheime Verschlußsache. Ich kann nur meine eigene Erfahrung berichten: Wann immer ich im westdeutschen Fernsehen auftrat, sagten mir alle möglichen DDR-Bürger, von Grenzwachen und Straßenbahnschaffnern bis zu Friseuren und Ladenverkäuferinnen, sie hätten mich gehört und gesehen; als ich aber am Fernsehen der DDR eine Erklärung zu Vietnam abgab, reagierte nur eine einzige Person, eine alte Genossin, die mich anrief und mir sagte, wie sehr sie sich freue, daß ich endlich auch einmal vor unsern eigenen Kameras auftreten durfte.
Der Einfluß des westlichen Fernsehens und Rundfunks auf die Köpfe der Menschen hier ist beträchtlich: Er wirkt sich auf die Geschmacksbildung in Mode, Musik und Film aus;

er erzeugt Bedürfnisse nach Waren, die nun mit großer Verspätung und unter großen Kosten von Industrie und Handel der DDR herangeschafft werden müssen.

Und die Menschen kaufen. Ich entsinne mich, daß ich vor Jahren in einer Ostberliner Zeitung einen Artikel schrieb, in dem ich Blue Jeans als die Hosen der amerikanischen Arbeiterklasse verteidigte. Jeans gehörten damals amtlicherseits zu den Manifestationen imperialistischer Dekadenz, und mehrere Studenten wurden von der Universität geschaßt, weil sie sie trugen. Heute importiert die DDR direkt von der Firma Levi, und echt amerikanische Jeans sind Bestseller geworden, trotz ihrer ziemlich hohen Preise.

Denn so manche Leute hier haben Geld. Löhne und Gehälter mögen im allgemeinen um die Hälfte niedriger liegen als im Westen, und mehr als 2 000 Mark im Monat verdient selten einer; aber in vielen Familien arbeiten beide, Mann und Frau, und dann gibt es noch die Schwarzarbeit am Wochenende, durch die, privat und unterderhand, die zahllosen Datschen entstehen, die unsere Landschaft verschönern.

Um nicht gar zu lyrisch zu erscheinen, möchte ich hinzufügen, daß man immer noch Schwierigkeiten hat, Dinge zu kaufen, die im Westen als Selbstverständlichkeit gelten. Der Klempner, der nach langen Bitten endlich kam, um die Rohre in meinem Badezimmer in Gang zu bringen, zerstörte dabei die Kacheln an der Wand; und um Ersatzkacheln zu kaufen, stellte ich mich eines Morgens um acht Uhr auf der Straße vor einem Laden für Baumaterialien an, nachdem ich über Beziehungen in Erfahrung gebracht hatte, daß dort Kacheln von der Fabrik in Boizenburg an der Elbe eingetroffen seien. Ich hatte natürlich keine Ahnung, was für Kacheln das waren, die da verkauft werden sollten, welche Farbe sie hatten, welche Qualität, und ich sollte es auch nie erfahren, denn ein Verkäufer teilte mir liebenswürdigerweise mit, daß ich keine Chance haben würde, an seine Kacheln heranzukommen, da ich der Siebenundachtzigste in der Schlange war und die anderen Kunden schon seit sechs Uhr vor der Türe standen.

Ich verschaffte mir dann Kacheln, und in der passenden Farbe – über meinen Verlag in München. Und wie mit Kacheln, so ist es mit Werkzeugen, Ersatzteilen, Materialien,

Geräten, Gebrauchsgegenständen. An den Rundtürmen hoch oben auf den Prestigebauten Ecke Karl-Marx-Allee und Frankfurter Tor – des Liebhaberarchitekten Walter Ulbricht Stolz und Freude – mußten seinerzeit die riesigen Glasscheiben mit Westkitt eingekittet werden.

Zusammen mit Westfernsehen und Westrundfunk stellen derart Erfahrungen die schönen Lehrsätze und Losungen, welche der Bevölkerung von Partei und Behörden dauernd serviert werden, immer wieder in Frage.

Marx sagte einmal, das Sein bestimme das Bewußtsein. Acht Stunden am Tage nimmt der DDR-Bürger an der sozialistischen Produktion, wie sie sich herausgebildet hat, teil und benutzt eine sozialistische Terminologie, die sich gleichfalls herausbildete. Aber den Rest der Zeit ist er auf sich selbst gestellt, und ein Großteil seiner geistigen Nahrung stammt von der anderen Seite. Da nun die Ideologie, die ihm von Partei und Gewerkschaft vorgesetzt wird, schwer verständlich und oft auch schwer schluckbar erscheint, neigt er dazu, zwei Bewußtseinsebenen zu entwikkeln und zu einer Zeit das eine, zu anderen Zeiten aber etwas ganz anderes zu denken und zu sagen. Das ist bei ihm durchaus keine Heuchelei; in dem Moment, da er etwas sagt, glaubt er das, was er da sagt, tatsächlich.

Ich möchte von Kalle und seinem Freund berichten. Kalle fährt einen Schaufelbagger in der Schwarzen Pumpe, einem jener neuen Industriekomplexe, wo sie Braunkohle im Tagebau gewinnen und daraus Gas und Elektroenergie machen. Sein Freund Bruno ist um zwei Köpfe kleiner.

Wir sitzen einander gegenüber im Speisewagen des Zugs nach Rostock. Kalle besteht darauf, meine Frau und mich zu ein, zwei, drei Wodkas einzuladen. Ja, er verdient gutes Geld; die Arbeit ist hart, ebenso wie das Leben in den Wohnbaracken, aber wenn er zum Urlaub in sein Heimatdorf in Mecklenburg fährt, ist er ein großer Mann. Er hat seinem Vater einen kleinen Trabant gekauft und seinem jungen Neffen einen teuren sowjetischen Wolga – die zwei sind seine ganze Familie. „Wenn der Zug in den Bahnhof einläuft", sagt er, „da wartet der Wolga auf mich, Sie werden's selber sehen."

Sein Freund Bruno, berichtet er weiter, ist ein Dummkopf:

Bruno hat gegeizt und gespart, um sich eine Wohnung in Hoyerswerda zu kaufen, und da wird er dann seine Frau und die Kinder aus Mecklenburg holen und mit ihnen dort einziehen; und in dem Augenblick, wo er den Rücken kehrt, werden die Polen, die in der Schwarzen Pumpe arbeiten, vor seiner Wohnungstür Schlange stehen, und dann ist's aus mit dem Familienglück.

Bruno schüttelt den Kopf, lächelt: andere Frauen vielleicht, aber nicht seine. Er will abends nach Hause kommen und Wärme finden, Menschen, die er liebt.

Kalle zuckt die Achseln und beginnt von den Verbesserungen zu erzählen, die er an seinem Schaufelbagger gemacht hat, und von den Verbesserungen, die er für die Arbeit seiner Brigade vorgeschlagen hat – Verbesserungen, die allen Beteiligten mehr Geld bringen: ihm selber, den Mitgliedern seiner Brigade und der Schwarzen Pumpe. Bruno nickt zustimmend und fügt hinzu, daß Kalle Abendkurse besucht hat und daß er bald auf eine technische Hochschule geschickt werden wird, um sich für einen verantwortlichen Posten zu qualifizieren. Ich stoße meine Frau an: Hier ist einer von diesen positiven Helden aus der Arbeiterklasse, die zu gestalten die Schriftsteller des Landes ständig angehalten werden.

„Sie sind natürlich in der Partei, Kalle", erkundige ich mich. Er blickt mich an. „Nein", sagt er.

Von Bismarck stammt das Wort: „Wenn das Ende der Welt kommt, ziehe ich nach Mecklenburg, dort kommt alles fünfzig Jahre später." Mecklenburg ist, wie schon erwähnt, jener Teil der DDR, aus dem Kalle stammt. Ohne die Nachkriegsveränderungen, die dort von der Partei durchgesetzt wurden – ohne Landreform und Kollektivierung –, wäre Kalle immer noch Knecht auf dem Gut eines Herrn Baron von und zu.

Wieso dann aber der Widerspruch? Woher Kalles zwiespältige Gefühle der Partei gegenüber? Er arbeitet entsprechend den Losungen der Partei, er bildet sich weiter, wie sie es von ihm fordert, er zieht Nutzen aus ihrem Sozialprogramm – und doch hält er sich zurück. Er ist nicht ein Regelfall. Es gibt viele Arbeiter, die Parteimitglieder sind, wie auch Bauern, Angestellte, Beamte und andere zur Partei gehören; aber es gibt genügend Leute wie diesen Kalle, um die Frage berechtigt erscheinen zu lassen: Was ist die Partei wirklich, was ist ihre Rolle, ihre Funktion – und wie widerspiegelt sie sich in den Köpfen der Leute?

Im idealen Sinne ist die Partei eine Vereinigung von der Sache ergebenen, sich selbst aufopfernden Revolutionären, die, ausgerüstet mit den Lehren von Marx und Engels, geschworen haben, die Welt zum Besseren zu verändern. Die DDR, die als Bruchteil eines vom Kriege verwüsteten Landes begann, ist heute einer der zehn größten Industriestaaten. Es gibt Stimmen im Westen, die behaupten, daß das trotz der Partei erreicht wurde, nur durch die berühmte deutsche Tüchtigkeit, ganz wie in Westdeutschland. Aber die Vertreter dieser Ansicht vergessen, daß in Ostdeutschland eine zweifache Arbeit geleistet wurde: neben der wirtschaftlichen Rekonstruktion mußte eine Revolution der Sozialstruktur durchgeführt werden.

Und sie wurde durchgeführt, und zwar von der Partei.

Ich habe ein paar von den Männern gekannt, die dabei mitgewirkt haben, integre, überzeugte Kommunisten, deren Namen dem Leser im Westen wenig sagen werden, die aber tiefere Spuren in der Geschichte hinterlassen haben als so mancher, dessen Name auf jedermanns Zunge ist. Da war Erich Wendt, von Beruf Buchdrucker, Absolvent des Gulag, später einer der führenden Verleger in der DDR und Staatssekretär im Kulturministerium; Fritz Grosse, Textilarbeiter, Überlebender des Nazi-Konzentrationslagers Mauthausen, der nach dem Krieg eine erste Regierung in Sachsen schuf und einer der Architekten der Außenpolitik der DDR wurde; Richard Stahlmann, Landarbeiter, der den Guerilla-Trupp hinter den Franco-Linien führte, den Hemingway in seinem *Wem die Stunde schlägt* beschrieb – kürzlich haben sie ihn in der Uniform eines Ehrenobersten des Berliner Wachregiments begraben.

Ich kannte auch Walter Ulbricht, dessen Bild in der Geschichte so merkwürdig schillert. Ich erinnere mich an ein Tête-à-tête mit ihm, das er mit den Worten eröffnete: „Wissen Sie, auf dem Stuhl, auf dem Sie da sitzen, da hat vor paar Tagen der Wolfgang Harich gesessen." Das war kurz nach den Budapester Ereignissen des Jahres 1956 gewesen, und Harich war gerade an dem Morgen verhaftet worden, angeb-

lich, weil er Mitglied einer Gruppe war, die angeblich plante, Ulbricht zu stürzen. Ich war also neugierig. „Wußten Sie denn nicht, Genosse Ulbricht", sagte ich, „daß Ihre Polizei den Harich schon beschattete, als Sie ihn einluden?"
Er blickte mich mit einem Lächeln an: „Ich habe nicht die Gewohnheit, erst bei der Polizei anzufragen, bevor ich jemanden einlade, mit mir zu reden." Ich gestehe, daß ich mich in dem Moment ein wenig schwach in den Knien fühlte, aber ich raffte mich zusammen und sagte: „Ich nehme an, Genosse Ulbricht, daß Sie damit die Vertrauensfrage gestellt haben. Dann reden wir mal offen: Es gibt in dieser Republik nur zwei Leute, die absolut und hundertprozentig zuverlässig sind."
Er war sofort interessiert. „Ja, wer?"
„Nun, Sie und ich", antwortete ich. „Bei Ihnen wissen Sie's, und bei mir weiß ich's – bei den andern wissen wir's schon nicht mehr." Worauf er sein sonderbar gequetschtes Lachen ausstieß und sagte: „Na, ganz so schlimm wird's vielleicht doch nicht sein ..."
Die Partei ist aber auch eine Institution, die in diesem Teil von Deutschland schon beinahe dreißig Jahre an der Macht ist, und nicht einmal Ulbricht hätte sagen können, wie viele ihrer fast zwei Millionen Mitglieder wahrhaft ergebene, aufopferungsvolle Revolutionäre sind. Immer wieder erlebe ich Sesselsitzer und Worthelden, Autokraten und Karrieristen mit dem Parteiabzeichen am Rockaufschlag; und ich befürchte, auch der Arbeiter Kalle ist ihnen begegnet. Geistiges Mittelmaß, kleinlich von Charakter, beten sie ihre Fibel des Marxismus-Leninismus mechanisch herunter und proklamieren lauthals ihre Treue zur gerade gültigen Parteilinie und zur gerade im Amt befindlichen Parteiführung. Vereint in der Überzeugung, daß mit der Deponierung ihres wertvollen Hinterteils in bequem gepolsterten Amtsstühlen die Revolution ihr vornehmstes Ziel erreicht habe, sind sie von da an jeglicher Veränderung des Status quo abhold.
Doch liegt der Sieg noch nicht endgültig bei ihnen. Jeder sensible und einigermaßen informierte Bürger der DDR spürt, daß unter der glatten Oberfläche Kämpfe im Gange sind, bei denen es um die Richtung geht, in der die Republik zu entwickeln sei: Soll der Sozialismus ein bürokratischer Homunkulus sein, dem Volk entfremdet, oder wieder

eine lebendige Bewegung werden, erfüllt von Gedanken, die die Menschen im Lande freudig zu ihren eigenen machen möchten?

Ich wußte wenig vom Vorhandensein solcher Konflikte, als ich Anfang der fünfziger Jahre in die Deutsche Demokratische Republik kam. Im Sozialismus, so nahm ich an, würde das Leben im Grunde harmonisch sein; nach der Abschaffung des Kapitalismus würden alle an einem Strang ziehen, und die Widersprüche, die jedermann ins Auge fielen, erwuchsen nach meiner Analyse aus den Schwierigkeiten des Wiederaufbaus nach dem Kriege, und mit den bewährten sozialistischen Methoden würde man sie schon lösen.

Aber im Juni 1953 streikten die Arbeiter hier gegen den Arbeiterstaat, und sie zogen durch die Straßen von Berlin in einer Demonstration gegen die Arbeiterregierung und zerstörten damit auch meine Illusionen. Ich begann zu begreifen, daß da neue, dem Sozialismus eigentümliche Konflikte entstanden waren, die sich grundlegend von denen in der kapitalistischen Welt unterschieden. Vieles von dem, was ich seither geschrieben habe, befaßt sich auf die eine oder andere Fasson mit diesem Aspekt.

Ich bezweifle, daß sich dieses noch weithin unerforschte Gebiet mir erschlossen hätte, wäre ich nicht in die DDR gekommen. Das Leben hier hat seine guten Seiten für den Schriftsteller, auch wenn er gelegentlich Streit hat mit den Machthabern des Landes.

Im ganzen gesehen gilt das Wort des Schriftstellers in sozialistischen Ländern mehr als das seines Kollegen im Westen. Ist der Schriftsteller brav, folgt er der politischen Linie oder vermeidet er wenigstens eine allzu deutliche Abweichung von ihr, so erfährt er Ehrungen und wird sogar verwöhnt; verletzt er jedoch die ungeschriebenen Verhaltensregeln, so wird er bestraft, wenn nötig, mit dem großen Bannfluch.

Die eminente Rolle des Schriftstellers läßt sich bis in die Anfänge der Arbeiterbewegung zurückverfolgen, deren im allgemeinen wenig redegewandte Mitglieder Sprecher brauchten, um ihre Bestrebungen zum Ausdruck zu bringen, und Theoretiker, um ihre politischen Ansprüche zu legitimieren. Sprecher und Theoretiker aber konnten nach Lage der Dinge nur aus der rebellischen Intelligenz kommen: daher die relativ große Anzahl von Schriftstellern in den führenden Stellen der Arbeiterverbände und revolutionären Bünde im Deutschland, Frankreich und Rußland des 19. Jahrhunderts.

In den sozialistischen Ländern von heute ist die Führung längst aus den Händen der Visionäre in die von nüchtern denkenden, pragmatischen Politikern übergegangen; aber selbst diese haben noch den merkwürdigen Glauben an die Magie des richtigen Wortes, und sie sind zutiefst enttäuscht, wenn der Schriftsteller es ihnen nicht liefert. Sie fühlen sich sogar verletzt und werden zornig, wenn der Schriftsteller so weit geht, seine Wirklichkeit in Widerspruch zu setzen zu dem, was sie gern dargestellt sehen möchten.

Ich wüßte keinen Schriftsteller in der DDR, der nicht auf seiten des Sozialismus stünde, und ich kenne eine ganze Anzahl von ihnen durch jahrelange Freundschaft und weil ich erst kürzlich eine Anthologie von DDR-Prosa für einen westdeutschen Verlag zusammenstellte. Bei der Lektüre der insgesamt 35 Texte fiel mir auf, daß kaum einer der Autoren den Sozialismus besonders zu verteidigen für notwendig hielt; sie nahmen ihn als Tatsache des Lebens und beschäftigten sich auf eine sehr zum Nachdenken anregende Weise mit seinen verschiedenen Aspekten, seinen täglichen Konflikten.

Was aber, wenn die taktischen Notwendigkeiten der Tagespolitik nicht übereinstimmen wollen mit den Anforderungen der Kunst, wie es nicht nur mir, sondern auch anderen Autoren hier erging? Wonach soll sich der Schriftsteller nun richten? Neulich hat sich ein jüngerer Kollege an meiner Schulter ausgeweint. Er hatte einen neuen Roman geschrieben, genau nach den politischen Wünschen von oben. Dann kam eine Veränderung auf hoher Ebene, die Wünsche wurden fallengelassen, und das Buch, obwohl noch unveröffentlicht, war bereits ein Anachronismus.

Taktische Notwendigkeiten sind eines; Kunst, soll sie wirksam sein, etwas anderes. Natürlich haben Schriftsteller immer und in jeder Art von Gesellschaft Kompromisse gemacht. Aber es gibt einen Punkt, in dem der Schriftsteller im Sozialismus sich keine Kompromisse leisten kann, wenn er will, daß seine Arbeit den Tag überdauert: die Wahrheit.

New York Times Magazine

Je voller der Mund, desto leerer die Sprüche

Leben mit der Aktuellen Kamera

10. Februar 1977

Ich habe aufgehört zu rauchen – nicht wie Mark Twain, der dies zu wiederholten Malen tat, sondern permanent. Da werde ich es doch wohl fertigbringen, das Westgift aufzugeben, das mir Abend für Abend von Köpke und Konsorten ins Ohr geträufelt wird, so daß ich unter einem Dauerstreß stehe: Wie lange kann diese mit Ausnahme des Wetterberichts so hoffnungslos chaotische Welt überhaupt weiterbestehen? Ich werde umschalten. Auf unsere. Auf die Aktuelle Kamera. Nicht als Ausgleichssport, mal was von dort, mal was von hier, wie das so viele DDR-Bürger tun in dem kindlichen Glauben, nun hätten sie ein objektives Bild. Nein – nur noch. Totale Enthaltsamkeit üben wie die Strenggläubigen, die das längst schon machen, um Gewissenskonflikte zu vermeiden, oder wie die Bewohner von Dresden und Görlitz, die auch mit den stärksten Antennen den Westen nicht mehr heranholen können. Solches Wohlverhalten, täglich um 19.30 Uhr eine halbe Stunde lang, sollte sich doch heilsam auf den Seelenzustand auswirken.

Am 2. Oktober fange ich an. Der Zeitpunkt ist günstig, am nächsten Tag finden drüben in der BRD Wahlen statt – das weiß ich noch aus der falschen Röhre – Schmidt gegen Kohl, Freiheit statt/oder Sozialismus – das ganze Schattenboxen werde ich mir sparen, das Hickhack der Meinungsforschungsinstitute, die ersten Hochrechnungen; auch ein Schattenboxkampf kann unangenehm aufregend sein. Dann kommen unsere Wahlen, am 17., gleichfalls ein Höhepunkt, nur fällt die schädliche Spannung weg, wer da gewinnen wird. Und schließlich, am 2. November, die Wahlen in den USA, nach Nixon nun der ehrliche Ford gegen den ehrlichen Carter, so lange muß ich durchhalten, bis dahin sollte der Effekt sich zeigen, sollte sich die ewige Unruhe, die einen von einer Tagesschau zur andern zittern läßt, gelegt oder wenigstens spürbar vermindert haben.

Es ist ja auch ein perverser Zustand – man lebt, arbeitet, ißt, liebt im realen Sozialismus, bezieht aber den Großteil seiner Informationen von Leuten, denen ein Dreck liegt an der Verbesserung und dem Gedeihen dieses oder irgendeines Sozialismus. Der Zustand herrscht so extrem nur in der DDR; es gibt kein westtschechisches, kein westpolnisches oder gar westsowjetisches Fernsehen. Wenn die Satelliten kommen, mag sich das ändern, dann werden die anderen sozialistischen Fernsehanstalten auf die Erfahrungen der Freunde vom Fernsehen in Adlershof zurückgreifen können, die dem Problem mit Ruhe und Gleichmut begegnen.

Die Nachrichtensprecher: Ob Mann, ob Weib, sitzen sie sehr aufrecht, den Blick ernsthaft konzentriert, ja auf was eigentlich, und sprechen sorgfältig ihre Silben. Ich kann mich nicht entsinnen, daß einer gelächelt hätte während der insgesamt dreiunddreißig halbstündigen Sendungen, die ich mir angesehen habe; auch bemerkte ich keinerlei Anteilnahme in den Stimmen, selbst bei den schockierendsten Nachrichten nicht, bei thailändischen Studentenmassakern, beim Untergang des Tankers *Böhlen.* Mit ähnlicher Leidenschaftslosigkeit las uns Studienrat Müller Zwo in der Quarta des Staatsgymnasiums zu Chemnitz aus Caesars bekanntem Generalstabsbericht die Zeilen beginnend mit *Gallia divisa est in partes tres,* und da ist, jetzt fällt es mir auf, auch bei diesen Sprechern der studienrätliche Ton, in dem unterschwellig die Warnung mitklingt: Hört gefälligst zu, ich sag's euch nur einmal. Ich glaube nicht, daß die Schuld bei ihnen liegt; es muß ihnen so beigebracht worden sein, und ihre Texte sind auch nicht der Art, daß sie zu dramatischer Emphase verführten oder gar zu einem heiteren Augenaufschlag. Man sieht den Sprechern an: sie verkörpern eine staatliche Institution, sie verkörpern Autorität, und zwar unter schwierigen Umständen, denn die Sprache, in der sie da reden müssen, ist nicht einfach.

Die Sprache ist Hoch-DDRsch, gepflegt bürokratisch, voll hochtönender Substantiva, die mit den entsprechenden Adjektiven verbrämt werden; die Sätze erfordern langen Atem von den Sprechern und Konzentration von den Hörern. Erleichtert wird das Verständnis allerdings durch die im Text reichlich verstreuten Klischees: Codewörter eigentlich, die in den Köpfen eines durch Zeitungslektüre, Versammlungsbesuche, Schulungskurse wohltrainierten Publikums sofort gewisse Gedankenverbindungen auslösen. Hätte man den Kanal etwa versehentlich eingeschaltet, man würde den Sender sofort identifizieren: So redet man nur im Fernsehen der DDR.

Hier eine keineswegs vollständige Liste, alles aufgeschnappt während eines Monats und als Psychotest verwendbar:

Veränderung	ist immer	tiefgreifend
Verwirklichung	–	zielstrebig
Gedankenaustausch	–	umfassend
Atmosphäre	–	schöpferisch
Anliegen	–	vorrangig
Beratung	–	eingehend
Beschluß	–	weitreichend
Fundament	–	unerschütterlich
Vertrauensverhältnis	–	unzerstörbar
Bekenntnis	–	eindrucksvoll
Verwirklichung	–	vollinhaltlich
Stärkung	–	allseitig
Voraussetzung	–	grundlegend
Anerkennung	–	weltweit
Wachstum	–	dynamisch
Zustimmung	–	millionenfach

Es handelt sich also um Beschwörungsformeln, je voller der Mund, desto tiefer die Wirkung; es gemahnt, wie vieles andere bei der Aktuellen Kamera auch, an autogenes Training – Herz schlägt ganz ruhig, Sonnengeflecht strömend warm – und wird ergänzt durch weitere Redewendungen der gehobenen Sprache: So werden Personen zu Persönlichkeiten, und sie sind nicht irgendwo, sie weilen dort. Mitunter erreicht das dichterische Qualität, so am 14. Oktober, wo wir anläßlich der Verleihung des Karl-Marx-Ordens an die Akademie der Wissenschaften der DDR erfahren, der wissenschaftlich-technische Fortschritt sei *eine unerschöpfliche und ständig stärker fließende Quelle, um das Leben der Menschen, das materielle wie das geistige, umfassend zu bereichern.*

Die Struktur der Sendungen ist unkompliziert und gleichfalls von beruhigender Einförmigkeit.

Das beginnt nicht etwa mit aufregenden Hauptnachrichten, die den Zuschauer packen und an den Fernsehschirm fesseln könnten. Nein, zuerst kommen Staatstelegramme und Staatsempfänge, offizielle Reden und offizielle Begrüßungen, das ganze gravitätische Zeremoniell, zu dem eigentlich Allongeperücke und Seidenfrack gehören; darauf ein optimistisches Allerlei von kleinen, mit Statistiken und Kurzinterviews dekorierten Feuilletons aus dem Wirtschaftsleben der DDR – die Reihenfolge mag auch umgekehrt sein. Erst nach etwa fünfzehn Minuten dieser beschaulichen Bilder aus einem ordentlichen Land erfährt man, daß im Libanon geschossen, in Genf verhandelt, in Thailand gelitten, in Frankreich gestreikt, in Soweto verhaftet, in Chile gefoltert wird. Danach wieder Wirtschaftsmeldungen, diese nun negativ, weil aus dem Westen stammend: Arbeitslosigkeit, Inflation, Elend, Gewalttätigkeit, aber gesteigerte Profite für die Monopole. Man fühlt sich erleichtert, daß es so etwas bei uns nicht gibt. Gelegentlich dann etwas zum Launemachen: bei einem Unwetter entkommt eine Schar Kühe dem Transport zum Schlachthaus, amerikanische Polizisten müssen sie wieder einfangen. Zum Schluß dann eine Reportage aus unserm oder einem Bruderland: aus Betrieb, Schule, Restaurant, Bibliothek, Warenhaus, mit eingeblendeten Kurzinterviews, alles geht vorwärts, alle sind zufrieden, der Plan wird erfüllt, neue Initiativen werden entwickelt, die Welt des Sozialismus ist in Ordnung.

Natürlich wird das Ganze bei Haupt- und Staatsaktionen über den Haufen geworfen. Beim Empfang der Kosmonauten Bykowsky und Axjonow, die in ihrem Raumschiff eine bei Zeiss in Jena hergestellte Multispektralkamera mitführten, werden sämtliche Reden, deutsche und russische, in voller Länge abgespielt, die Sendung läuft über, braucht fünfundfünfzig Minuten statt dreißig, wir haben ja endlos Zeit; die gleiche liebevolle Ausführlichkeit bei der Wahlrede Honeckers in Karl-Marx-Stadt oder bei der Volkskammertagung. Das sind schon keine Nachrichtensendungen mehr, das grenzt ans Epische; was sonst noch in der Welt geschehen sein mag, wird zu einem Wurmfortsatz von hastig heruntergehaspelten Kurzmeldungen.

Auch sucht man den Zuschauer, wenn möglich, nicht durch optische Reize zu überfordern. Action Shots gibt es eigentlich nur von den Kriegsschauplätzen oder den Unruhen in Südafrika und den von Israel besetzten arabischen Landesteilen; da stammen die Filme aber von westlichen Kamerateams. Sonst zeigt man Landschaften, Erntemaschinen dümpeln übers Feld, ein Kran bewegt sich auf einer Baustelle, oder Interieurs mit und ohne Maschinen, ein Mann mit Helm greift ein Stück Stahl, aber auch hier löst sich die Kamera bald vom Geschehen und konzentriert sich auf das Zwiegespann Reporter – Arbeiter; der Arbeiter steht da, er bemüht sich, das genau Richtige zu sagen, man sieht, wie er aufatmet, wenn der Spruch heraus ist. Und dann die schönen Stummfilme; da ist ein führender Genosse, man zeigt ihn im Gespräch mit einem führenden Genossen aus einem der Bruderländer, oder mit einem berühmten Wissenschaftler, oder einem Kumpel; der führende Genosse lächelt, vergeblich öffnet und schließt er den Mund, vergeblich bewegt er die Hände; das Reden besorgt der Nachrichtensprecher, er läßt uns wissen, was der führende Genosse gerade an Wichtigem sagt.

Den großen Teil der Zeit aber sitzt der Nachrichtensprecher ordentlich an seinem Tisch, im Hintergrund eingeblendet eine Landkarte, ein Foto, ein Text. Auch das besänftigt ungemein.

Ich frage mich, ist diese Struktur der Berichterstattung wirklich nur erfunden, um mich und andere, die nervös nach Neuigkeiten hungern, in einen angenehm komatösen Zustand zu versetzen, oder haben die Freunde bei der Aktuellen Kamera, die das Ganze zusammenstellen, eine andere Wertskala? Vielleicht sehe ich die Dinge mit kranken Augen, und sie sind es, die recht haben mit ihrer Betrachtungsweise, daß der Empfang des Genossen Vorsitzenden der Revisionskommission im Zentralkomitee einer Bruderpartei durch den Genossen Generalsekretär der hiesigen Partei ein so bemerkenswertes Ereignis ist, daß es an die Spitze der Sendung gehört, oder daß die Fertigstellung des 59. Waggons einer neuen Serie von Eisenbahnwagen solche Beweiskraft für die Überlegenheit des Sozialismus hat, daß sie an zweiter Stelle kommen muß?

Offensichtlich ist es so, denn es wird mit Methode verfahren. Fast scheint es, als arbeite man bei der Aktuellen Kamera sogar von Formblättern, in die nur die Namen eingetragen werden müssen. Wir hören wörtlich

am 21. Oktober

Der Generalsekretär des Zentralkomitees der SED, Erich Honecker, empfing heute das Mitglied des Politbüros und Sekretär des ZK der Kommunistischen Partei Kubas, Carlos Rafael Rodriguez, Stellvertreter des Ministerpräsidenten der Revolutionären Regierung der Republik Kuba.

Erich Honecker informierte über die erfolgreiche Durchführung der Beschlüsse des IX. Parteitags der SED.

Carlos Rafael Rodriguez berichtete über die großen Anstrengungen des kubanischen Volkes zur Verwirklichung der Beschlüsse des I. Parteitags der Kommunistischen Partei Kubas.

Carlos Rafael Rodriguez überbrachte die brüderlichen Grüße des I. Sekretärs des ZK der Kommunistischen Partei Kubas, Fidel Castro, die Erich Honecker auf das herzlichste erwiderte.

am 22. Oktober

Der Generalsekretär des Zentralkomitees der SED, Erich Honecker, empfing heute das Mitglied des Politbüros des ZK der Mongolischen Revolutionären Volkspartei und Vorsitzenden des Komitees für Parteikontrolle, Namsrain Luwsanrawdan, und den Vorsitzenden der Zentralen Revisionskommission der MRVP, Orsoogiin Njamaa.

Erich Honecker informierte über die schöpferische Arbeit, die das werktätige Volk in der DDR leistet, um die Beschlüsse des IX. Parteitags der SED in die Tat umzusetzen.

Die mongolischen Gäste berichteten über die Initiativen des mongolischen Volkes in Verwirklichung der vom XVIII. Parteitag der MRVP beschlossenen Politik.

Namsrain Luwsanrawdan überbrachte die brüderlichen Grüße des I. Sekretärs des ZK der Mongolischen Revolutionären Volkspartei, Jumshagin Zedenbal, die Erich Honecker auf das herzlichste erwiderte.

Man bemerkt das Gewicht, das Rang und Titeln bei solchen Hofnachrichten zugeordnet wird. Die Rekordleistung kam bei dem Bericht über die Ordensverleihung an die Kosmonauten Bykowsky und Axjonow in Berlin, als der Sprecher die Namen sämtlicher bei dem Festakt anwesenden Würdenträger verlas, sowjetischer wie deutscher, in summa 43 Namen mitsamt allen akademischen, Regierungs- und Parteititeln in genau 108 Sekunden, bei fünfmaligem Atemholen.

Ähnlich betäubend sind die Statistiken über die Wirtschaft der DDR, die einem an erster oder zweiter Stelle der Nachrichtensendung vorgesetzt werden. Da erfahre ich an einem gewöhnlichen Tag, daß heute am Leipziger Hauptbahnhof 180 000 Menschen abgefertigt wurden, daß die Rationalisatoren in Leuna 88 Millionen Mark eingebracht haben, daß bei der Textima in Gera der Jahresplan zwei Wochen vorfristig abgerechnet und das Gütezeichen Q bereits im November erworben werden soll, daß unsere Agrarflieger 82 000 Hektar Getreide und Zwischenfrüchte in diesem Herbst bestellt haben, daß in allen Zweigen der Volkswirtschaft die Woche des Brandschutzes und der Winterbereitschaft abgeschlossen wurde und daß im Wohnungsbauprojekt Fritz-Heckert in Karl-Marx-Stadt die Fundamentierungsarbeiten vor Einbruch des Frosts abgeschlossen werden, Voraussetzung, daß 3 000 Wohnungen noch dieses Jahr bezugsfertig werden.
Es geht also voran, und ich freue mich. Es stört mich nur, daß die Zahlen in der Luft hängen, da ich keine Vergleichswerte erhalte und nichts über die Kosten erfahre. Dafür aber höre ich auch nichts von irgendwelchen Schwierigkeiten, von Ausschuß, von Materialmangel, stets werden die Pläne erfüllt und übererfüllt, werden neue Initiativen und Wettbewerbsziele ins Auge gefaßt. Ein einziges Mal an dreiunddreißig Abenden sagt ein Arbeiter, es hätte nicht geklappt; da war eine Maschine ausgefallen, und der Fernsehreporter beeilte sich, von dem heiklen Thema wegzukommen. Kein Wort der Kritik in über vier Wochen, keine Beschwerden über irgendwelche Mängel; gewiß, „man muß ganz tüchtig ran", bemerkt eine Arbeiterin, aber die Mühe lohne sich – solch tüchtige Menschen, die mit solcher Hingabe am Werk sind.
Das beruhigt, da fühlt man sich geborgen.

Mit welch journalistischer Selbstverleugnung werden Nachrichten kaschiert, die geeignet wären, den Zuschauer am Fernsehschirm in Erregung zu versetzen! Am 13. Oktober kündigt in einer Rede der Kosmonaut Bykowsky beiläufig die „baldige Zusammenarbeit mit Ihren Landsleuten in einer Raumstation" an. Am Tag darauf wünscht Politbüromitglied Hager, *daß bald, noch in diesem Fünfjahrplan, der erste Kosmonaut der DDR an seiten von Kosmonauten wie Bykowsky und Axjonow in einem Raumschiff den Blauen Planeten umkreist,* und tags darauf bestätigt Honecker, *daß der Tag nicht mehr fern ist, an dem gemeinsam mit den sowjetischen Kosmonauten ein Bürger der DDR kosmische Bahnen befliegen wird.*

Das ist ja wohl eine Sensation – in den Medien anderer Länder, die ihr Publikum in Atem halten wollen, wäre das *die* Spitzenmeldung: Ein DDR-Bürger der erste Deutsche im Weltraum! Wer ist der Mann, wie heißt er, wo kommt er her, ist er verheiratet, hat er Kinder, wo trainiert er, ist er nur einer oder sind es gar mehrere? Aber nichts davon in der Aktuellen Kamera; die Reden sind verklungen, der DDR-Kosmonaut vergessen; vielleicht war er auch nur ein Trugbild meiner immer noch gereizten Nerven.

Oder die Umformung der Regierung. Man sitzt nichtsahnend vor dem Fernsehschirm, betrachtet die gediegene Täfelung des großen Saals im Palast der Republik – plötzlich sieht man, wie ein Mann zum Volkskammerpräsidenten gewählt wird, den man eben noch für den Ministerratsvorsitzenden hielt, der Generalsekretär der Partei wird zum Staatsratsvorsitzenden, der Staatsratsvorsitzende zum Vorsitzenden des Ministerrats – aber die sonst so titelfreudige Aktuelle Kamera verrät uns nicht, daß hier wichtige Veränderungen vorgenommen wurden, ganz zu schweigen von den Gründen.

Oder verläßt man sich doch darauf, daß die Leute sowieso den Westen sehen und das Notwendige schon von dort erfahren werden? Beinahe scheint es so, denn gewisse Meldungen bleiben ohne Zusatzinformationen von anderswoher einfach unverständlich. Da höre ich am 11. Oktober von einer groben Einmischung des Westberliner Bürgermeisters Schütz in die inneren Angelegenheiten der DDR und von gehässigen Angriffen seitens des Mannes; er solle, so heißt es in unserm Fernsehschirm, sich überlegen, wo er sitzt.

Aber was hat er gesagt? Und wie hat er sich eingemischt? Keine Auskunft. Dann kommt aus dem heiteren Himmel des 20. Oktober ein Dementi, in dem von westlichen Behauptungen die Rede ist, 200000 Bürger der DDR hätten Anträge gestellt, das Land zu verlassen, worauf der Sprecher „von offizieller Seite" erklärt, das wäre eine glatte Erfindung. Ach, hätte er geschwiegen, denn sofort werde ich unruhig, sofort stellt sich, da ich hier zum erstenmal von solchen Anträgen erfahre, die quälende Frage: Wie viele waren es denn nun, zwei oder zwanzig oder zweihundert?

Den Schock des Monats aber versetzte mir die Aktuelle Kamera nach einer Meldung über einen Empfang des dänischen Außenministers beim Genossen Sindermann. Da hob der Sprecher den Kopf und zitierte den Londoner Daily Telegraph: In Peking seien nach zuverlässigen Quellen vier Mitglieder des Politbüros, darunter die Witwe Mao Tsetungs, verhaftet worden: sie hätten einen Umsturzversuch unternommen. Und wieder packt mich Besorgnis: Wieso nichts von TASS, nichts von ADN? Dabei war es die ganze Zeit so still gewesen um China an unserm Fernsehen ...

Aber, Gott sei Dank, Peking ist weit weg, und bei uns sind Bykowsky und Axjonow.

Und die Wahlen.

Am Abend des 2. Oktober noch hüllte sich die Aktuelle Kamera in wohltuendes Schweigen über die Bundestagswahlen, die am nächsten Tag im westlichen Nachbarland stattfinden sollten; auch um 19.30 Uhr am 3. Oktober, dem Wahltag, fand das Ereignis keine Erwähnung. Um 22.15 Uhr, mit den Spätnachrichten, kamen dann die Hochrechnungsresultate, und am nächsten Tag die Analyse eines Kommentators: Die Wahlen in der Bundesrepublik widerspiegelten die tiefgehende und breite Unzufriedenheit der Wähler, dennoch hätten Sorgen über den Weg, den eine CDU/CSU-Regierung außenpolitisch nehmen würde, überwogen.

Unsere Wahlen wurden entgegen meiner Erwartung richtig spannend. Ein fast echtes Wahlfieber packte mich, als ich am Abend des 17. die Prozentzahlen am Fernsehschirm der Aktuellen Kamera verfolgte: Bischofswerda 98,2%, Oschatz

161

98,92%, Ilmenau 99,1% und Stralsund gar 99,51%. Und mit Genugtuung hörte ich, wie der Kommentator bei der Wahlanalyse am nächsten Abend uns noch einmal versicherte, daß bei uns *in der Wahlvorbereitung keine Show abgezogen, die Bürger nicht durch Reden und Versprechungen in die Irre geführt und hinterher auch noch verspottet wurden* – im Gegensatz zum Westen.

Der ehrliche Carter hat den ehrlichen Ford nun doch geschlagen. Die Aktuelle Kamera hat ruhig und sachlich über die Wahlen in den USA berichtet, hat selbstverständlich auch über die Diskriminierung und Wahlbehinderung der Kommunisten gesprochen, die 18 000 Dollar für fünf Minuten landesweite Fernsehzeit zahlen mußten, während Ford und Carter ihre stundenlangen Debatten frei und umsonst bekamen; sie hat auch eine Kurzbiographie des künftigen Präsidenten gebracht, mit dem wir ja alle noch zu tun haben werden.

Mein Blutdruck ist heruntergegangen in diesen vier Wochen, mein Gewicht dagegen hinauf, ich betrachte die Welt mit dem gemächlichen Blick meiner Freunde von der Aktuellen Kamera: Was heute nicht gemeldet wird, ist morgen doch vergessen. Ich habe, auch das muß man sagen, durch ihre Interviews manch liebenswerten DDR-Bürger kennengelernt: einen Bildhauer aus Freiberg, der ein Eselchen aus Bronze gemacht hat, auf dem die Kinder im Park reiten, eine Köchin in einer Betriebskantine, die gesagt hat, es macht ihr Freude, wenn's den Kollegen schmeckt; einen Stahlarbeiter vorm Hochofen, der einen hohen Funktionär mit einem unbeschreiblichen Ausdruck ansah, als der ihn fragte: „Da geht die Hitze unter die Haut, ja?"

Und nun ist's genug. Man kann autogenes Training auch direkt betreiben: Mein rechter Arm schläft ein, mein linker Arm schläft ein, ich schlafe ein.

Stern

Antwort an Konrad Naumann

Rede nach der Ausbürgerung Wolf Biermanns vor
der Plenarsitzung des Berliner Schriftstellerverbandes am 31. März 1977

Liebe Kollegen, Freunde –
Ich hatte eigentlich nicht die Absicht, heute hier zu sprechen, weil ich mir ganz ähnlich wie der Kollege Kant gedacht habe: Nun ist ein bißchen Ruhe eingetreten, die Menschen haben Gelegenheit gehabt, die verschiedenen Fragen,
die in den letzten Monaten aufgetaucht sind, sich durch den
Kopf gehen zu lassen, und es ist vielleicht sogar ganz gut,
daß der Kollege Görlich ein Referat gehalten hat, das fast
allen wirklich tiefergehenden Fragen ausgewichen ist.
Aber dann sind doch von einigen Rednern Bemerkungen
gemacht worden, die mich veranlassen, hier – und ich verspreche Ihnen, kurz – zu sprechen.
Eine dieser Bemerkungen stammt leider vom Genossen
Naumann. Und sie war eigentlich positiv gemeint und erfordert eigentlich Respekt; aber was dahintersteckt, ist ein
Denkfehler. Er sagte: „Wir, die Partei" – und er spricht da
sicher nicht nur für sich allein – „werden immer unterscheiden zwischen Feinden und jenen, die sich in gewissen Fragen nicht zurechtfinden."
Wir wissen, worauf er Bezug genommen hat, und da muß
ich ihn doch korrigieren. Die Kollegen, die damals in der
sehr prekären Situation ihre von einer Entscheidung der
Behörden abweichende Meinung zum Ausdruck brachten,
sind weder Feinde noch Dummköpfe.
Sie haben vielmehr in ihrem Leben, zum Teil in einem sehr
langen Leben, und in ihren Werken, zum Teil sehr bekannten Werken, die Ihnen allen zur Verfügung stehen, wenn
sie gerade mal im Buchladen vorhanden sind, bewiesen, wo
sie in den Fragen Sozialismus, Kampf um die Zukunft, und
in all diesen Dingen stehen. Und man tut ihnen unrecht,
Genosse Naumann, wenn man sie so kategorisiert, wie Sie
das hier getan haben. Ich wünsche nur, daß es Ihnen und
den anderen führenden Genossen nicht eines Tages leid
tun möge, sich so geäußert zu haben – wie es den Genos-

sen, die sich auf dem 11. Plenum seinerzeit so unschön und voreilig geäußert haben, hinterher auch leid getan hat.

Natürlich muß es Meinungsverschiedenheiten geben, und ich freue mich, daß unsere Resolution wenigstens drei Zeilen Hinweis auf diese Meinungsverschiedenheiten enthält. Es steht da: *Wir werden alle Versuche des Gegners vereiteln, unterschiedliche Meinungen zur politischen Konfrontation auszunutzen* – das Deutsch ist etwas undeutlich, aber wir wissen, was die Autoren der Resolution im Grunde meinen. Auch hier dürfen unsere Meinungsverschiedenheiten nicht ausarten zu einem politischen Faustkampf, bei dem der organisatorisch Schwächere an die Wand geklatscht und ökonomisch bestraft wird.

Aber diese unterschiedlichen Meinungen, die es ja geben muß, die muß man auch ausdrücken können. Und da erhebt sich sofort die Frage: angesichts des Gegners? Sie haben natürlich recht: Wir leben in der Mitte Europas, wir leben im Zeitalter der Elektronik, und alles, was bei uns an Diskussion stattfindet, wird natürlich bekannt und wird kommentiert, und es gibt dann natürlich überall weise Leute, die sagen, ja, das sind Dissidenten, die sind gegen den Sozialismus oder gegen den realen Sozialismus. Aber sollen wir deshalb keine Meinungsverschiedenheiten äußern dürfen?

Und daraus ergibt sich bereits die zweite Frage: Wo und wie soll man sie äußern und kann man sie überhaupt äußern? Das ist leider eine große Schwierigkeit bei uns. Sie kennen Mark Twain sicher. Mark Twain hat einmal gesagt: Alle reden vom Wetter, aber keiner tut was dagegen. Und so war es auch mit dem Fernsehen bei uns. Alle haben sie bei uns über das Fernsehen und besonders über die Aktuelle Kamera geredet, und wie schön die sind, aber keiner hat was dagegen getan. Und da habe ich mich hingesetzt und habe vier Wochen lang nur die Aktuelle Kamera mir angesehen, und habe dann darüber eine ganz lustige Analyse geschrieben.

(Zwischenruf: Wo?)

Das werde ich Ihnen gleich sagen. Wo? Im *New Statesman* und im *Stern.*

(Zwischenrufe: Oho!)

Wo sollte ich sie veröffentlichen? Bei uns ging es nicht.

(Beifall.)

Und was ist geschehen? Die Aktuelle Kamera hat sich, Gott sei's gedankt, die Sache zu Herzen genommen und hat sich verbessert.

(Gelächter.)

Die Sprecher sind freundlich geworden, die ewigen Aufzählungen von Ehrentiteln der verschiedenen hohen Persönlichkeiten wurden beschnitten, und viele andere Dinge in dieser Sendung sind auch besser geworden. Und das freut mich. Aber es wäre mir lieber gewesen – und ich möchte das überhaupt sagen: Kritik muß man auch bei uns öffentlich äußern können!

(Lang anhaltender Beifall.)

Und nun zu einer Äußerung meines Freundes Görlich. Der sprach auch von Kritik in seinem Referat und forderte: konstruktive Kritik, keine negative. Ich weiß nicht, ob Görlich sich mal über die Definition von Kritik Gedanken gemacht hat. Kritik ist immer negativ.

(Zwischenruf: Nein!)

Kritik muß nein sagen, sie muß sagen: Dieser Zustand ist nicht gut, ist nicht richtig! – und sie wirkt gerade durch ihre Negation konstruktiv. Sie schafft Veränderungen und, wie wir hoffen und wie es in dem von mir berichteten Fall geschehen ist, Veränderungen zum Guten.

Und was für Meinungsverschiedenheiten sind denn das eigentlich, um die es geht? Sind das böswillige Sachen, die sich bei uns irgendwelche Gruppen oder Grüppchen ausdenken? Das Wort Dissidenten ist hier gefallen, und ich möchte dem Genossen Naumann sagen: Es gibt hier – wenigstens ich kenne sie nicht – keine Dissidenten. Es gibt hier nur ehrliche Sozialisten, die in der oder jener Frage gelegentlich eine andere Meinung haben, und ich möchte das Recht haben und für das Recht plädieren, daß wir diese andere Meinung auch äußern können.

Denn das sind ja die Meinungsverschiedenheiten, die es überhaupt im sozialistischen Lager gibt. Es sind nicht Meinungsverschiedenheiten, die irgend jemand künstlich geschaffen und aus der Hosentasche gezogen hat, um nun zu sagen: Hier, seht, wie gescheit wir sind. Sondern es sind die Meinungsverschiedenheiten, die sich aus dem Leben und aus dem Sozialismus und aus unserer Entwicklung ergeben haben. Es sind wichtige Fragen, die wir diskutieren müssen und die wir nicht lösen werden, Genosse Naumann, durch administrative Maßnahmen, nicht dadurch, daß wir Schriftsteller, deren Begabung und deren Haltung bekannt sind, aus dem Vorstand mit einer knappen Zwei-Drittel-Mehrheit ausschließen, nicht dadurch, daß wir irgendwelche Mitglieder aus dem Schriftstellerverband ausschließen oder sie maßregeln, nicht dadurch, daß wir ihnen ihre Veröffentlichungsmöglichkeiten beschneiden, nicht dadurch, Genosse Naumann, daß man sie aus der Partei ausschließt.

(Zwischenruf Naumann: Die Partei befindet über sich selbst. Sie haben kein Recht, darüber zu sprechen, Sie haben kein Recht, über unser Statut zu sprechen, das ist das Parteistatut der SED!)

Genosse Naumann, ich sage Ihnen, ich habe auch ein Recht, über die Partei zu sprechen, die Partei gehört zur Deutschen Demokratischen Republik und ich bin ein Bürger dieser Republik! Und diese Partei regiert uns, und da werden wir wohl noch zu dieser Partei sprechen können – im Vertrauen zur Partei, Genosse Naumann, spreche ich zu Ihnen, und ich sage Ihnen: Sie werden die anstehenden Fragen nicht durch Ausschlüsse lösen können. Dadurch werden die Fragen nur auf eine falsche Ebene geschoben. Bitte, glauben Sie es mir, ich sage es Ihnen nach bestem Wissen und Gewissen, mit dem besten Gewissen, das man überhaupt haben kann.

Es gibt auf die Fragen, die sich in unserer Zeit ergeben haben, keine leichten Antworten. Aber Antworten muß man irgendwie finden. Und ich plädiere dafür – und ich bitte Sie, glauben Sie mir, daß ich jetzt von langer Jahre Erfahrung und vom Herzen her spreche –, daß wir diese Fragen gemeinsam besprechen und die Antworten auf diese Fragen gemeinsam finden, daß wir nicht diese Atmosphäre schaffen, wo einer dem andern Böses will, sondern daß wir –

(Zwischenrufe unverständlich.)

darf ich ausreden, ich bin gleich zu Ende – sondern daß wir gemeinsam in die Zukunft gehen, aber – wie Hermann Kant vorhin gesagt hat – offen und ehrlich unsere Meinungsverschiedenheiten aussprechend und diskutierend, im Sinne des Sozialismus.

(Lang anhaltender Beifall.)

Das Messer an der Kehle

26. April 1979

Am Ende der Clara-Zetkin-Straße in Berlin, ein paar hundert Meter vom Reichstag entfernt, aber auf der DDR-Seite der Grenzbefestigungen, befindet sich in ein paar bescheidenen Räumen im zweiten Stock einer restaurierten Ruine das sogenannte Büro für Urheberrechte. Es hat etwa fünfzehn Mitarbeiter, ruhige, zum Teil sogar sympathische Menschen – und es ist das Messer an der Kehle der Schriftsteller der Republik.

Ursprünglich gegründet zur Abwicklung des Devisenverkehrs beim An- und Verkauf von Autorenrechten, entspricht es in diesem Punkt ganz ähnlichen Institutionen in anderen sozialistischen Ländern – der sowjetischen WAAP, der DILIA in Prag, dem Bureau Hongrois pour des Droits des Auteurs in Budapest zum Beispiel – aber auch nur in diesem Punkt. Das DDR-Büro hat nämlich außer der Erledigung dieser technischen Dinge noch das Recht und die Pflicht, die Verträge zu genehmigen oder zu verbieten, welche die Autoren der DDR oder deren Verleger mit ihren ausländischen Partnern über die Veröffentlichung ihrer Bücher oder anderen Werke im Ausland abschließen möchten. Dieses Recht erhielt das Büro durch eine Verordnung mit dem schönen Titel *Zur Wahrung der Urheberrechte,* die der damalige Kulturminister und jetzige Staatssekretär für Kirchenfragen, Klaus Gysi, in einer Stunde, die ihm sicher innere Heiterkeit bereitete, unterschrieb. Denn nicht einer der Mitarbeiter des Büros ist angestellt oder auch nur befähigt, die Bücher, über deren Wohl und Wehe er entscheidet, etwa zu beurteilen. Über die Frage, welche Bücher das Placet des Büros erhalten, entscheiden ganz andere Stellen, und nicht nach literarischen Gesichtspunkten. Verstößt nun aber ein Schriftsteller gegen diese Gysische Verordnung, unterschreibt er einen Vertrag mit einem ausländischen Verlag ohne Genehmigung oder gar gegen das ausdrückliche Verbot des Büros, so kann er entsprechend der Verordnung mit einer Ordnungsstrafe von dreihundert Mark belegt werden, gegen die es keine Berufungsmöglichkeit gibt. Diese Strafe wird nun nicht etwa vom Büro selbst verhängt, sondern, man staune, vom stellvertretenden Kulturminister, und der Autor erhält die dreihundert Mark selbst dann nicht zurück, wenn das verbotene und gegen den Willen des Urheberrechtsbüros im Ausland veröffentlichte Buch, wie zum Beispiel mein Roman über den Arbeiterführer Lassalle, nach dem Tode eines Staatsratsvorsitzenden oder nach anderen behördlichen Sinnesänderungen endlich auch in unserm Staate, der DDR, erscheinen darf.

Dieser idyllische Zustand, bei dem man sich für dreihundert Mark ein Stückchen Freiheit kaufen konnte, dauerte eine ganze Anzahl von Jahren, bis die Literatur der DDR zu einem solchen Ärgernis wurde, daß einflußreiche Genossen in höheren Parteistellen lauthals nach Abhilfe riefen. Ein findiger Kopf – in welcher preußischen Amtsstube er saß, ist nicht mehr festzustellen – kam auf die Idee, die Gysische Verordnung *Zur Wahrung der Urheberrechte* mit dem Devisengesetz zu koppeln, denn wenn das Büro für oder eigentlich nun gegen die Urheberrechte den Vertrag mit dem ausländischen Verlag nicht billigt und der Autor läßt sein Buch ohne behördlichen Segen draußen drucken, dann registriert das Büro die durch den Vertrag entstehenden Forderungen an Devisen auch nicht und es ergibt sich technisch – und ich betone technisch – ein Verstoß gegen das Devisengesetz, das eine solche Registrierung verlangt. Auf Verstöße gegen das Devisengesetz aber folgt nicht ein einfaches Ordnungsstrafverfahren mit dreihundert Mark Geldbuße, nein, nun wird der Autor vor Gericht geschleppt und zu einer Geldstrafe bis zu zehntausend Mark und/oder Gefängnis bis zu zwei, in schwereren Fällen bis zu zehn Jahren verurteilt. Der verlängerte Arm der Zensur, denn nichts anderes ist das Büro in der Zetkinstraße, ist jetzt also mit beträchtlichen Muskeln versehen worden, und der Leiter der Institution, ein Herr Adolph, hat schon Ende 1978 einigen Autoren gedroht, daß ihnen ein Verfahren ins Haus stehen könnte, da sie *wissentlich und willentlich* gegen das Devisengesetz verstoßen. Der Adolphschen Drohung folgte eine Ankündigung des jetzigen stellvertretenden Kulturministers Klaus Höpcke vor der Parteigruppe des Schriftstellerverbandes, daß nun aber das Finanzministerium sich mit den Schriftstellern befassen würde, die ohne offizielle Genehmigung im Ausland veröffentlichten.

Man kann also erwarten, daß in nächster Zeit ein trauriges Schauspiel vor den Gerichten der DDR ablaufen wird – die Verurteilung und Bestrafung von Schriftstellern, nur weil sie sich weigerten, sich freiwillig knebeln zu lassen. Daß der Staatsanwalt dabei vom Devisengesetz sprechen wird, und nur vom Devisengesetz, ist selbstverständlich; man redet von Devisen, in Wirklichkeit aber geht es um die Freiheit des Wortes. Einen Menschen durch einen Paragraphentrick zu zwingen, Gesetze zu verletzen, wenn er seine demokratischen, nach der Verfassung garantierten Rechte wahrnehmen will, ist seit je ein probates Mittel. Auch im Amerika des berüchtigten Senators McCarthy wurden die Schriftsteller ja nicht etwa wegen ihrer Bücher oder Filme eingelocht, Gott bewahre, sondern wegen – Verächtlichmachung des Kongresses. Daß die Justiz der DDR vorhat, sich ausgerechnet an den Methoden der USA-Justiz in den fünfziger Jahren ein Beispiel zu nehmen, ist bedauerlich, aber es mag vielleicht dazu dienen, die ganze Frage der Zensur in der DDR endlich offen auf die Tagesordnung zu setzen.

Frankfurter Allgemeine Zeitung

Nur Devisen – oder nicht doch Literatur?

Rede vor der Plenarsitzung des Berliner Schriftstellerverbandes am 7. Juni 1979

Eine Kopie dieser Rede übergebe ich dem Präsidium mit der Bitte, ihre Veröffentlichung im *Neuen Deutschland* und in unseren anderen Medien zu veranlassen.

Die Vorgänge der letzten Wochen und Monate haben nicht nur mich beunruhigt. Die Anwürfe gegen mich und einige andere Kollegen, die in unserer Presse erschienen sind, haben die Menschen erregt, und ich habe viele Durchschriften von Briefen erhalten, die an das *Neue Deutschland,* den *Sonntag* und an Herrn Noll gerichtet waren. Aber nichts davon wurde hier veröffentlicht. Man hat ja auch nicht gewagt, den Prozeß gegen mich wegen angeblichen Verstoßes gegen das Devisengesetz öffentlich stattfinden zu lassen, in einem öffentlichen Gerichtssaal, in Anwesenheit von Publikum und Presse. Statt dessen wurde mir in einer stillen Amtsstube in Köpenick mein Strafbefehl übergeben – neuntausend Mark.

Wo also kann man seine Meinung äußern? Wo kann man sich verteidigen – gegen den Versuch der Kriminalisierung, der verurteilte Bürger Heym steht da zwischen Verkehrsrowdys und Einbrechern im Blatte, gegen die Beschimpfungen, „kaputter Typ" seitens des Herrn Noll ist nur eine davon, gegen die Verleumdungen, der „ehemalige USA-Bürger", der da *konspirative Treffs* veranstaltet, gegen die Verfälschung, der Roman *Collin* sei antikommunistisch. Die Medien der DDR, die das alles verbreitet haben, sind nicht bereit, die Fakten zu publizieren. Und da beschwert sich Hermann Kant, wenn Texte, die in erster Linie uns hier angehen, im Westen erscheinen – ob Erklärungen, Meinungen, offene Briefe oder ganze Bücher. Es ist leider so, daß gewisse Probleme, die uns hier betreffen, in unseren Medien nicht debattiert werden und daß gewisse Bücher von unseren Verlagen nicht veröffentlicht werden. Obwohl der Artikel 27 der Verfassung allen Bürgern, also auch Schriftstellern, das Recht auf freie Meinungsäußerung zusichert, gilt nur eine Meinung bei uns.

Ich habe in einer Erklärung, die hier zu veröffentlichen mir nicht möglich war, gesagt: *Man hat eine Verordnung, die eine reine Zensurverordnung ist und verwaltet wird vom Büro für Urheberrechte, mit dem Devisengesetz gekoppelt, und jeder Autor, der ein Buch veröffentlichen will, welches hier nicht gebilligt wird, muß automatisch mit dem Devisengesetz in Konflikt kommen.* Mir hat sich dieses Büro vor zehn Jahren schon vorgestellt, indem es mich mit gefälschten und unterschlagenen Dokumenten unter Druck zu setzen suchte. Das ist aktenkundig, die Akten befinden sich bei der Berliner Kriminalpolizei und bei der Staatsanwaltschaft in Köpenick.

Zensur. Hermann Kant meint, der Begriff sei längst „besetzt". Welches Wort soll man dann aber an die Stelle des bereits besetzten setzen? Tatsächlich ist die Zensur bei uns auch anders als frühere Institutionen der Art. Die Zensurbehörde des Fürsten Metternich wurde wenigstens von dem Schriftsteller Gentz geleitet, einem sehr geistreichen und gescheiten Mann. Und die Zensur des russischen Zaren war immerhin bereit, Karl Marx in Rußland erscheinen zu lassen. Welch kritischer Denker darf hierzulande gedruckt werden?

Unsere Zensur hat mir nacheinander drei Bücher verboten – den Roman *Lassalle*, Zeit der Handlung 1864, *Die Schmähschrift*, Zeit der Handlung 1702, den *König David Bericht*, Zeit der Handlung das 8. Jahrhundert vor unserer Zeitrechnung. Dann, 1973, durften auf einmal alle drei Titel bei uns erscheinen. Mein Roman *Fünf Tage im Juni*, Zeit der Handlung 1953, sollte gleichzeitig bei einem unserer Verlage und bei einem Münchner Verlag herauskommen. Dann jedoch verlangte man unmögliche Änderungen von mir, und ich konnte das Buch nur im Westen erscheinen lassen. Zensur? Vielleicht kann man das Wort in der DDR wirklich nicht anwenden, und es wäre besser, von Willkür zu sprechen.

Kein Wunder also, daß Schriftsteller es für müßig halten, bei diesem Büro vorzusprechen, das eigentlich Büro für Beschränkung der Urheberrechte heißen müßte, und daß ich meinen Roman *Collin* ohne amtlichen Segen im Westen drucken ließ. Nun behauptet Kant, „Stefan Heym hat die Kollision mit dem Gesetz lauthals und keineswegs mundtot herbeigerufen". Im gleichen Atemzug fügt er hinzu, daß die zuständigen staatlichen Organe sich hinsichtlich des Devisengebarens so manches Kollegen durchaus kulant verhielten, und dies solle, wünscht er, auch so bleiben. Das ist mir eine merkwürdige Art sozialistischer Demokratie, bei der das gleiche Gesetz nicht gleich für alle Bürger gilt. Wer auf seiner Meinung beharrt und diese gar veröffentlicht, soll offensichtlich die Strenge des Devisengesetzes zu spüren bekommen; wer aber kulant schweigt, wird auch kulant behandelt.

Nicht ich habe diese Kollision mit dem Gesetz herbeigerufen. Nicht ich habe dieses Devisenverfahren eingeleitet. Das haben ganz andere Leute getan, und es fragt sich, zu welchem Zweck? Man braucht schließlich kein politisches Genie zu sein, um sich zu sagen, daß man in einer Zeit, wo die Großmächte Entspannung wünschen, keine Hexenjagd auf Schriftsteller veranstaltet.

Nicht ich habe den Konflikt heraufbeschworen. Ich habe vielmehr in mehreren Gesprächen davor gewarnt, mit solchen Verfolgungen zu beginnen, denn es war klar, daß die Sache eskalieren würde. Ich hatte sogar eine Verabredung mit Kant zu einer Aussprache deswegen, aber er ließ mir durch eine Sekretärin absagen und nannte auch keinen anderen Termin. Und statt mich lauthals zu den gegen mich anlaufenden Maßnahmen zu Worte zu melden, habe ich geschwiegen. Erst als die Generalstaatsanwaltschaft selber die westlichen Medien von dem *Verfahren gegen den Bürger Heym* informierte, habe ich Stellung genommen und in der Öffentlichkeit erklärt, wie sich die Dinge verhalten.

Daß darauf der ZDF-Korrespondent ausgewiesen wurde, weil er angeblich einen *konspirativen Treff* mit mir hatte, ist geradezu kafkaesk – was ist das für ein konspirativer Treff, der über ein von den zuständigen Stellen abgehörtes Telefon verabredet wird und bei dem vor meiner von den zuständigen Stellen überwachten Haustür ein Westwagen mit der auffälligen blauen Journalistennummer steht?

Im übrigen freue ich mich, aus Kants berufenem Munde zu erfahren, daß meine Verurteilung keinen Präzedenzfall darstellen soll. Danach wäre der Zweck der Übung also nicht gewesen, ein andere Schriftsteller abschreckendes Exempel zu statuieren. Gut, daß alle das nun wissen; ich bin gespannt, was man sich nun ausdenken wird, um zu verhindern, daß Autoren ihre hier unterdrückten Bücher anderswo drucken lassen. Oder wird man endlich gestatten, daß die Schriftsteller der DDR auch über Themen schreiben, die bisher oder schon wieder als tabu gelten; wird man, statt kritischen Autoren Devisenprozesse zu machen, sich lieber mit den kritisierten Zuständen befassen und versuchen, da Abhilfe zu schaffen?

Und nun reden wir mal von Fairneß. In aller Fairneß, so teilt Hermann Kant mit, verspüre er wenig Lust, sich von Leuten wie Poche oder Seyppel oder Jakobs oder Stefan Heym in Sachen Anstand und Moral unterweisen zu lassen. Ich kann mich zwar nicht erinnern, wann ich den Vorsitzenden des Verbandes je in Anstand und Moral zu unterweisen versucht hätte, aber in Sachen Fairneß ist Hermann Kant zweifellos ein Experte. Er bewies das im letzten Jahr schon, als er kurz vor dem Schriftstellerkongreß im *Neuen Deutschland* jenen offenen Brief an zwei amerikanische Verleger drucken ließ, in dem er behauptete, ich wäre nicht zum Kongreß delegiert worden, weil in der Mitgliederversammlung des Berliner Verbandes kein entsprechender Antrag gestellt worden sei; da wir aber, schrieb er weiter, in der DDR eine altmodische Demokratie hätten, könne er da leider nichts tun. Dabei wußte er natürlich, daß ein entsprechender Antrag sehr wohl gestellt worden war, aber in der Parteigruppe; dort erfuhren die Kollegen, daß ich nicht delegiert werden dürfe, und so machte sich niemand die Mühe, den Antrag im Plenum noch einmal zu stellen. Ich habe darüber auch mit Kant gesprochen, auf dem Parkplatz neben der Komischen Oper, er wird sich entsinnen – und mit dem charmanten Lächeln, das er bei solchen Gelegenheiten zeigt, stimmte er mir bei, jawohl, das sei Demagogie gewesen.

Und auch in seiner vom *Neuen Deutschland* jetzt veröffentlichten Rede erkennt man diese Fairneß. Da mokiert er sich über „die zwanzigjährige Verspätung, mit der Leute wie Poche und Loest entdeckt wurden"; dabei weiß er, wie viele Jahre von diesen zwanzig Klaus Poche hier Schreibverbot hatte und daß Erich Loest sieben Jahre von den zwanzig im Zuchthaus Bautzen saß, völlig unschuldig.

Die anderen von Kant in dieser Reihe genannten Kollegen werden ihm selber antworten können; ich will hier nur zu meiner Angelegenheit sprechen. Ich soll nicht nur als Devisenschieber hingestellt werden, sondern auch als Fragebogenfälscher. Mit einem demagogischen Trick aus dem Arsenal geheimdienstlicher Methoden soll versucht werden, es so darzustellen, als hätte ich meine Gesinnung je nach Gelegenheit gewechselt. Ich brauche mich meiner Vergangenheit nicht zu schämen. Ich wurde nämlich nicht nur meiner jüdischen Nase wegen verfolgt. Hier sind die Dokumente, und zwar aus geheimdienstlichen Untersuchungen, in einer Sprache also, die Hermann Kant sehr gut verstehen wird.

Das eine ist ein Brief der Landeskommandantur Prag der tschechoslowakischen Armee, datiert vom 28. März 1935, in dem sich der Kommandant des Stabes, Brigadegeneral Josef Janicek, bei der Prager Polizeidirektion über neun Personen, deutsche Emigranten alle, wegen ihrer *verdächtigen Tätigkeit* erkundigt. Nummer 3 auf dieser Liste ist ein gewisser Stefan Heym, Schriftsteller, Nummer 7 – Walter Ulbricht.

Das andere Dokument stammt aus dem Geheimdossier der Armee der USA über den Soldaten Heym und trägt das Datum des 13. Mai 1943. Ich übersetze aus dem Bericht des Geheimagenten. *Heym ist der frühere Redakteur einer wahrscheinlich von den Kommunisten kontrollierten Zeitung mit Namen „Deutsches Volksecho", die in New York erschien. Unsere Untersuchung zeigt, daß der Mann Kommunist ist und bis 1939 für die Partei aktiv war. Heym hat sich wiederholt zugunsten radikaler Bewegungen ausgesprochen, hat sich in offener Diskussion für den Kommunismus eingesetzt und Bücher und Broschüren zugunsten des kommunistischen Staates geschrieben.*

Fragebogen haben ihre Eigenheit, wie Kant weiß. Vor allem sind sie vertraulich, und Hermann Kant hätte sich umfassender informieren sollen, bevor er zu plaudern begann. Ich jedenfalls werde mich hüten, in den gleichen Fehler zu verfallen. Aber eines möchte ich doch sagen: Wer in der falschen Uniform und mit den falschen Abzeichen in ein falsches Lager geriet, sollte lieber nicht gegen die zu Felde ziehen, die damals in der richtigen Uniform auf der richtigen Seite für die richtige Sache kämpften.

Worum geht es? Nicht um Devisen oder ähnliches – es geht um die Literatur. Der Schriftstellerverband, dafür ist er eigentlich da, müßte sich auf die Seite derer stellen, die sich bemühen, unsere Welt in ihrer Widersprüchlichkeit darzustellen und verständlich zu machen; statt dessen läßt er Resolutionen drucken, die dem Apparat bescheinigen, wie recht er hat, gerade diesen Teil der Literatur des Landes zu unterdrücken. Nun mögen gewisse Bücher, Stücke, Filme tatsächlich nicht zu den gerade aktuellen Zielen und Notwendigkeiten der Politiker passen. Genau da liegt ja das Problem. Literatur kann man nicht nach momentanen Gegebenheiten machen. Literatur muß auch in zwanzig oder fünfzig Jahren noch Gültiges über unsere Zeit aussagen. Wer das nicht sieht, wer die Kunst irgendwelchen taktischen Bedürfnissen unterwerfen will, vernichtet gerade die Kunst, die der Sozialismus braucht.

Die Mitglieder des Berliner Schriftstellerverbandes, soweit hier anwesend, werden heute abstimmen müssen über den Ausschluß einiger ihrer Kollegen.

Wir alle wissen, daß viele von Ihnen vor dieser Versammlung zusammengerufen und unter Disziplin genommen wurden. Wir alle wissen, was für den einzelnen von seinem Votum abhängen mag: Westreisen und Stipendien, Auflagen und Aufführungen, Verfilmungen und Preise aller Art.

Ich werde es keinem übelnehmen, wenn er in Erwägung solcher Vorteile für meinen und der anderen Kollegen Ausschluß stimmt. Aber ich gebe Ihnen auch zu bedenken: Neben denen, die dann das Abzählen besorgen werden, sieht noch einer zu, wie Sie heute abstimmen – die Öffentlichkeit. Man mag fragen, was ist das schon, der Herausschmiß von ein paar Leuten aus einer Organisation. Aber es gibt Momente in der Geschichte, wo auch etwas an sich Geringfügiges wichtig sein kann, und es wäre ja möglich, daß eines Tages Ihre Söhne und Töchter sich bei Ihnen erkundigen werden – und nicht nur Ihre Söhne und Töchter, auch die Bürger der Republik: Wie habt ihr euch damals verhalten, Meister des Wortes, als es darauf ankam, sich zählen zu lassen?

Unser Schweigen wird lauter sein

Interview mit Koos Koster vom holländischen
Fernsehen, Ende Juni 1979

KOSTER: Nun hat sich die aktuelle Lage zugespitzt ...

HEYM: Ja, in ganz überraschend schneller Zeit sogar. Jetzt
vor zwei Tagen hat die Volkskammer getagt und innerhalb von zwei Stunden, wie ich gehört habe, eine ganze
Anzahl von Gesetzen ohne Debatte akzeptiert. Und das
sind zum Teil Gesetze, die – ich lese Ihnen mal vor den
Paragraphen 219, nicht ganz, aber das Wichtige: *Wer
Schriften, Manuskripte oder andere Materialien, die geeignet
sind, den Interessen der DDR zu schaden, unter Umgehung von
Rechtsvorschriften an Organisationen, Einrichtungen oder Personen im Ausland übergibt oder übergeben läßt, wird mit Freiheits-
strafe bis zu fünf Jahren, auf Bewährung oder mit Geldstrafe bestraft.* Das ist der Paragraph 219. Das heißt also, wenn ich
irgendein Manuskript, irgendeinen Artikel ins Ausland
gebe zur Veröffentlichung, wandere ich fünf Jahre ins
Gefängnis.

KOSTER: Was passiert da?

HEYM: Das ist wahrscheinlich unvorstellbar in Holland, aber
hier wird es ab 1. August, wenn dieses Gesetz in Kraft
tritt, auf der Tagesordnung stehen.

KOSTER: Hat man Angst vor Ihren Ideen?

HEYM: Ich weiß es nicht, also ein Sozialismus, der Angst hat
vor Ideen, da stimmt was nicht, selbst wenn man sagt
oder sich damit verteidigt, daß man sagt, die DDR ist an
der Nahtstelle zwischen Ost und West. Denn die Naht-
stellensache gilt ja auch für den Westen. Wieso hat denn
der Westen keine Angst vor den östlichen Ideen? Ich
meine, wenn unser Sozialismus, wie er hier praktiziert
wird, so richtig und so attraktiv wäre, dann müßte doch
der Westen Angst haben vor unseren Ideen. Der Westen
müßte die Mauer gebaut haben. Das wäre richtig, meiner
Meinung nach.

KOSTER: Für Sie gehört Sozialismus und freies Wort zusammen?

HEYM: Genau. Für mich ist Sozialismus und Freiheit im

Grunde nicht trennbar. Natürlich kann es Perioden geben, so wie etwa 1918 in der Sowjetunion, wo sehr scharfe Kämpfe kriegerischer Art stattfinden. Im Krieg kann man wahrscheinlich nicht anders verfahren. Aber genau damals, am Anfang der Sowjetunion, gab es dort eigentlich viel mehr Freiheiten als später, als der Bürgerkrieg vorbei war. Aber, wie gesagt, schon von Marx ausgehend und von Engels – auch für die war die Freiheit, auch die Freiheit der Kritik, im Sozialismus eine absolute Notwendigkeit. Ich glaube nicht, daß sich etwas Fruchtbares entwickeln wird, wenn man dauernd versucht, mit Verboten und mit Maßregelungen und mit Gesetzen und administrativen Maßnahmen die Schriftsteller zu unterdrücken.

KOSTER: Treten Sie noch auf bei Dichterlesungen?

HEYM: Ich habe jetzt in der letzten Zeit nur noch die Gelegenheit gehabt, in Kirchen aufzutreten, in Kirchen zu lesen. Diese allerdings waren sehr, sehr voll. Und anschließend daran wurden Fragen an mich gestellt, die ich mich bemüht habe zu beantworten. Das waren sehr interessante Fragen, sehr interessante Diskussionen. Auch von Betrieben habe ich Einladungen bekommen, dort zu lesen, aber sobald die Sache ernsthaft wurde, mußten die mir mitteilen: Es geht leider doch nicht, Herr Heym, es ist uns verboten worden. Ich bin der Meinung, daß im Sozialismus gerade die Leute, die mit dem Wort arbeiten, an die Seite derer gehören, die mit ihren Köpfen und ihren Händen arbeiten. Also an die Seite der Arbeiter. Und dieses Verhältnis wird gestört durch die Bürokratie, die aus irgendwelchen Gründen, die ich hier nicht analysieren kann und die man auch noch nie richtig erforscht hat, Angst hat: vor wem eigentlich? Wenn sie, wie sie sagt, von der Arbeiterschaft getragen wird und die führende Rolle hat für die Arbeiter, warum muß sie dann Angst haben? Oder hat sie Angst vor zwei, drei oder einem Dutzend Schriftstellern? Das gibt's doch wohl nicht. Also, das Ganze wird irgendwie immer rätselhafter, und nur die Zukunft, nur die Geschichte wird uns einmal sagen, was die Antwort ist auf diese Frage.

KOSTER: Viele Leute sagen, daß die Schriftsteller zur privilegierten Schicht gehören. Warum lehnen Sie sich dann noch auf?

HEYM: Ja, das ist eine merkwürdige Sache, die auch mehr aussagt über die Psychologie des Apparats als über die Schriftsteller. Es gibt in diesem Apparat tatsächlich Leute, die der Meinung sind, wenn sie uns viel Geld zahlen, wenn sie uns reisen lassen, auch außerhalb, auch in den Westen, wenn sie uns Stipendien geben und Häuser und was weiß ich alles, sogar Westautos, daß wir dann also ihnen nach dem Munde reden werden. Einen Schriftsteller kann man nur bestechen, indem man seine Bücher druckt, durch nichts anderes.

KOSTER: Und wenn Sie als Antisozialist oder Antikommunist bezeichnet werden ...

HEYM: Ja, jetzt geht man so weit, mich auf diese Art zu beschimpfen und zu diskriminieren, und das Schwierige daran ist, daß ich ja gar nicht antworten kann. Mir steht keines der hiesigen Medien offen, ich möchte gern die Fragen debattieren und mich damit auseinandersetzen, aber hier in unserem Lande, in der DDR, wo das hingehört. Doch man läßt mich nicht. Man muß sich doch irgendwo und irgendwie zur Wehr setzen können. Ich kann mich doch nicht beschimpfen lassen als Verräter. Hier in diesem Beschluß, den die Versammlung des Schriftstellerverbandes der DDR bei unserm Ausschluß gefaßt hat, steht, daß meine Kollegen und ich es für richtig und angebracht hielten, vom Ausland her gegen unseren sozialistischen Staat, gegen die Kulturpolitik von Partei und Regierung, gegen die sozialistische Rechtsordnung in verleumderischer Weise aufzutreten. Niemand hat irgend etwas verleumdet. Wir haben von Tatsachen gesprochen und nur von Tatsachen. Wir haben doch diese Tatsachen nicht geschaffen, die haben doch ganz andere Leute geschaffen.

KOSTER: Was passiert nun mit Ihnen nach unserm heutigen Gespräch?

HEYM: Das weiß ich nicht. Ich hoffe, daß nichts passiert.

KOSTER: Und nach dem 1. August, welche Rolle ...

HEYM: Hören Sie zu, ich weiß nicht, was geschehen wird. Es kann sein, daß dann ein großes Schweigen ausbricht, das Schweigen entweder, das kommt, wenn man hinter dicken Mauern und festen Gittern sitzt – dann muß man schweigen – oder man schweigt, weil man nicht hinter

Gitter gehen möchte. Aber dieses Schweigen, sage ich Ihnen, wird sehr, sehr beredt sein, wird lauter sein als das, was in unseren Medien dann gesagt und gedruckt werden wird. Dieses Schweigen wird ein großes Argument sein, das meine ich.

Über den Frieden

Rede vor jungen Gewerkschaftern in Dortmund

April 1982

An jenem Tag im Mai, als der Krieg in Europa zu Ende war, nahm ich meine Pistole, einen Colt 45, und feuerte sämtliche Patronen im Magazin in die Luft.

Erst später habe ich mir überlegt, warum ich das tat, und ich kam zu dem Schluß, daß meine Empfindung damals gewesen sein muß: Dieses wird nicht mehr gebraucht werden. Von jetzt an wird Frieden sein, ein gerechter, dauernder Frieden, nach einem gerechten Krieg, in dem die gerechte Sache gesiegt hat.

Wer sollte denn auch noch Krieg wollen? Die Armee, in deren Reihen ich gekämpft hatte, die amerikanische, die, von der Normandie bis hin nach Buchenwald, genug erlebt hatte, um zu erkennen, mit welch knapper Not die Menschheit dem Sturz in die Barbarei entgangen war? Die sowjetische, die unter so großen Opfern den langen, schwierigen Weg von Stalingrad hergekommen war, bis hin nach Torgau an der Elbe, wo beide Armeen einander die Hand reichten? Auch wenn, so dachte ich, es Differenzen geben mochte zwischen den beiden Siegermächten, so waren sie doch beide Demokratien, die eine eine bürgerliche, die andere eine sozialistische, und in beiden ging die Gewalt vom Volke aus, und das Volk braucht keinen Krieg und will keinen Krieg.

Man mag aus der Sicht der nahezu vierzig Jahre, die seither vergangen sind, die Illusionen des jungen Mannes belächeln; aber sie waren nicht unedel, und vor allem war ich nicht der einzige, der sie hatte. Das war die Zeit, wo in den USA die humanistischen Grundsätze und Gedanken Franklin Delano Roosevelts noch nachwirkten, und wo in der Sowjetunion der Geist der Vaterlandsliebe sich als stärker erwiesen hatte als der Ungeist des Gulag. Es war eine Zeit der Hoffnung, in der man in der damaligen amerikanisch besetzten Zone über sozialistische Reformen nachdachte und in der sowjetisch besetzten über Demokratie; nicht umsonst bezeichnete man damals die Ordnung, die man in dieser Zone errichtete, als antifaschistisch-*demokratische*, und gab dem Staatswesen, das sich da herausbildete, den Namen Deutsche *Demokratische* Republik.

Das war die Zeit, in der jenes Wort entstand, das heute wieder, und sogar aus prominentem Munde, zitiert wird: Nie wieder soll ein Krieg von deutschem Boden ausgehen. Die einzigen, die den Satz damals bezweifelten, waren eben jene Faschisten, die gerade geschlagen worden waren, und ich erinnere mich noch an die höheren Wehrmachtsoffiziere, die ich zu verhören hatte, und die mir höhnisch sagten: Seien Sie lieber nett zu uns, Sie werden uns noch brauchen.

Wir alle wissen, wie die Geschichte gelaufen ist. Die Blütenträume vom Mai wurden zum atomaren Alptraum. Die Welt, die eine vernünftige, menschliche Welt hatte werden sollen, ist in zwei Lager gespalten, West und Ost belauern einander wie zwei wilde Tiere und warten auf das erste Zeichen von Schwäche des anderen, um zuzubeißen.

Dabei ist es müßig, darüber zu rechten, bei wem die Schuld liegt und wer zuerst die Paranoia entwickelte, jenen Verfolgungswahn, der die Politik der atomaren Großmächte heute bestimmt. War es der Westen? Waren es John Foster Dulles, der amerikanische Außenminister, und Winston Churchill, der in Fulton, Missouri, zum ersten Mal offen erklärte, daß mit den Sowjets kein Frieden möglich sei? Oder lag es an Stalin, der, da er die eigenen Leute schon fürchtete, einer konkurrierenden Weltmacht natürlich erst recht kein Vertrauen entgegenbringen mochte?

Und dann kam die Schauerlichkeit von Hiroshima, und die Hybris der amerikanischen Führung.

Aber man vergaß, daß $E = mc^2$ ein physikalischer Lehrsatz war und keine geheime Verschlußsache; und bald genug war es so weit und beide Weltmächte standen einander gegenüber mit dieser Waffe in der Hand, die nicht nur Silver Gulch in Nevada oder Omsk oder Tomsk in die Luft sprengen würde, sondern den gesamten Globus.

Mit dem Wahnsinn leben wir. Jahrzehntelang schon, jeden Tag, atomares High Noon, und unser Pech ist noch dazu, daß wir uns nicht, wie die Leute im Western, mal kurz hinter die Theke verkriechen können, während die zwei Cowboys ihre rituellen Drohgesten vollführen. Und mit jedem Jahr wird die Sache gefährlicher, denn beide Gegner vergrößern ihr nukleares Arsenal dauernd, vermehren und verfeinern es, bis sie heute imstande sind, sich und uns alle und alles Leben auf Erden nicht nur einmal, nicht nur zweimal, sondern etwa zwei Dutzend mal absolut zu vernichten.

Jetzt bemühen sich ihre Strategen, Methoden zu finden, um einen Atomkrieg zu führen, bei dem nur die armen Kerle hinter der Theke dran glauben müssen, während sie selber, mit ehrenhaft rauchgeschwärztem Gesicht, immer noch aufrecht stehen. Doch das wird nicht gelingen. Bombe ist Bombe, Atom ist Atom, und jeder Physiker wird bestätigen, daß das Atom, einmal heraus aus der Büchse der Pandora, sich nicht mehr dahinein zurückstopfen läßt. Nein, es wird keiner übrigbleiben, kein Marschall, kein Präsident, kein Generalsekretär, selbst wenn man sich anfangs auf eine kleine taktische Atomgranate bei irgendeinem Rückzugsgefecht in der Nähe von Hannover oder Magdeburg beschränkt; eines folgt aus dem anderen, nach den taktischen Nuklearwaffen kommen die großen strategischen, und wenn das Szenario gelaufen ist, dann treiben wir, ein toter Stern mit vergifteter Atmosphäre, durch den Weltraum, als ein Hohn auf die Schöpfung Gottes.

Das Groteske dabei sind aber die Moralbegriffe, mit denen das Ganze behängt wird – wenn in Zusammenhang mit so fürchterlichen Waffen und so fürchterlichen Plänen von Moral überhaupt die Rede sein kann. Nach dieser Moralauffassung gibt es gute und böse Atomwaffen, gerechte und ungerechte, solche, die der Erhaltung des Friedens, und andere, die kriegerischen Zwecken dienen. Welches ist nun aber die gute, menschenfreundliche, gerechte und brave Atomwaffe: die Pershing II oder die SS 20? Das Trident-U-Boot oder eines der Whisky-Klasse, wie es neulich in den Schären vor Stockholm auflief? Bei dem Schriftstellertreffen Ende des vergangenen Jahres war das genau der Streitpunkt, und die Front ging quer durch den Saal, aber nicht etwa nach dem Schema Ost-West; sondern da waren die einen, die sagten, die Sowjets sind für den Frieden, daher sind es ihre Atombomben auch und wir fühlen uns von ihnen nicht bedroht, und die andern, die auch die sowjetischen Atomwaffen als eine Bedrohung des Friedens und ihrer eigenen Person betrachteten.

Ich habe es bedauert, daß bei dem Treffen keine amerikanischen Schriftsteller anwesend waren, von denen einer vielleicht hätte aufstehen und erwähnen können, daß auch Mr. Reagan von sich und seiner Administration behauptet, sie seien ganz ungeheuer für den Frieden und ihre Atomwaffen dienten nur diesem Zweck. Wenn man das alles so hört, muß man zu dem Schluß kommen, daß überhaupt keiner keinen bedroht und daß wir es ausschließlich mit ältlichen Friedensengelchen zu tun haben und kurz vor dem Ausbruch paradiesischer Zustände stehen.

Absurdes Theater.

Es existiert tatsächlich ein Unterschied, und ein sehr gravierender, zwischen sowjetischen und westlichen Nuklearwaffen. An den sowjetischen macht nämlich niemand einen Profit.

Korruptionsfälle ausgenommen, gibt es überhaupt in keinem Lande des real vorhandenen Sozialismus irgendwelche Privatpersonen, die in der Industrie Profite machten, und die sozialistische Rüstungsindustrie, ihren Export ausgenommen, ist sowieso ein Verlustgeschäft, für das die Arbeiter zahlen müssen. Aber es ist auch bekannt, daß außer dem Privatprofit noch andere Motive existieren, welche die Menschen veranlassen, so oder so zu handeln, und ebenso ist bekannt, daß im real existierenden Sozialismus sehr starke Interessengruppen vorhanden sind, die dem sogenannten Military-Industrial-Complex im Westen deutlich ähneln. Macht, persönliche, organisatorische, militärische Macht ist eine ungeheure Verführung, und wenn ich gar durch die Drohung mit der Atombombe erreichen kann, daß die vorhandenen Machtstrukturen in meinem Interessenbereich nicht angetastet werden, so habe ich ein Motiv für nukleare Rüstung, das dem des Privatprofits mehr als entspricht.

Es gibt keine gerechten Kriege mehr. Es kann sie nicht geben, weil es keine gerechten Atombomben gibt. Die Atombombe trifft Gerechte wie Ungerechte, gleichgültig, welch noble Ziele der einzelne Staatsmann mit ihr verfolgen mag und welche Kosenamen er ihr gibt. Die Bombe ist das Tödliche, ganz gleich, mit welcher Absicht sie eingesetzt wird, offensiv oder defensiv oder präventiv, und zu welchem Zeitpunkt, als Erstschlag oder Zweitschlag oder Letztschlag. Die Bombe ist der Feind. Die Bombe, wer auch das Sagen über sie hat, muß weg, wenn wir leben wollen.

Darum also die Friedensbewegung.
Sie entstammt der großen Angst der Menschen und hat darum etwas Spontanes; das ist ihre Kraft.
Natürlich hängen sich bei einer solchen aus den Massen kommenden und die Massen bewegenden Sache alle möglichen Leute hinein. Der Frieden ist ja auch ein politisches Problem, und was wären das für Politiker, die nicht versuchten, aus der Sehnsucht der Menschen nach dem Frieden politisches Kapital zu schlagen. Sie werden beobachtet haben, daß sogar Regierungen diese neue Friedensbewegung mit größter Sympathie begrüßen und ihr publizistische Unterstützung angedeihen lassen – allerdings ist es selten die eigene Regierung, die das tut, sondern häufiger die des jeweiligen Nachbarstaates, die nun ihrerseits ihre autochthone, auf ihrem eigenen Territorium gewachsene Friedensbewegung mit weniger heiterem Auge betrachtet.
Der Lackmus-Test für die Friedensliebe einer Regierung ist ihre Stellung den Atomwaffen-Gegnern im eigenen Lande gegenüber. Wenn die Polizei auf den Bahnhöfen des Landes den jungen Bürgern Abzeichen abnimmt, auf denen sich das Abbild jenes Pflügers befindet, der dabei ist, sein Schwert in eine Pflugschar umzuschmieden, dann hat die Regierung dieses Landes ein gestörtes Verhältnis zu dem Wort des Propheten Jesajah. Wenn die Schulbehörden des Landes an ihre Schulkinder Bücher verteilen lassen, in denen sich solche Sätze befinden:
Grundregeln für das Verhalten nach Kernwaffen-Detonationen sind: sofort auf den Boden legen, dabei Deckung nutzen, vor allem Gräben, Unterstände, Betonwände – nicht quer zur Druckwellenfront legen – Deckung in der Schattenzone suchen – Augen schließen und unbedeckte Körperstellen schützen – Nähe leicht brennbarer Stoffe meiden!
Und weiter:
Schutz vor Restkernstrahlung bieten: die persönliche Schutzausrüstung – technische Kampfmittel und Deckungen – besondere Maß-

nahmen wie Schließen von Fenstern und Luken von Fahrzeugen, Vergrößerung der Abstände an Fahrzeugen, Erhöhung des Marschtempos ...

dann hat die Regierung dieses Landes entweder keine Ahnung von den Folgen einer Kernwaffenexplosion oder sie will sie verniedlichen. Und wenn eine Regierung in den Läden ihres Landes Kriegsspielzeug verkaufen läßt und, statt die Möglichkeit eines Wehrersatzdienstes auf sozialem Gebiet wohlwollend zu prüfen, den paramilitärischen Drill ihrer Schulkinder noch verstärkt, dann beraubt sie sich selbst der Glaubwürdigkeit ihrer häufigen Versicherungen von Friedensliebe – jene altpreußische Fußtortur gar nicht zu erwähnen, den Stechschritt, der seit je als Spitzensymbol militaristischen Ungeistes galt und der auf einer der schönsten Straßen der Hauptstadt des Landes regelmäßig praktiziert wird und der, als kleines Unterpfand friedlicher Gesinnung, leicht abgeschafft werden könnte.

Auf dem bereits erwähnten Schriftstellertreffen gab der sowjetische Kollege Oberst Professor Daniil Projektor, nach eigenen Angaben ein Militärfachmann, seinen offiziellen Segen für eine Demonstration für die Entfernung aller Atomwaffen vom Gebiet der DDR: Es befänden sich nämlich, versicherte er, dort sowieso keine nuklearen Waffen. Hinterher befragt, ob das denn Kochtöpfe wären, die bei feierlichen Gelegenheiten auf der Karl-Marx-Allee in Berlin spazieren gefahren würden, gab er zu, dies seien allerdings Trägerraketen – aber die Atomsprengköpfe befänden sich sicher in sowjetischem Gewahrsam.

Der gleiche Status besteht, soviel man weiß, auch in der Bundesrepublik. Auch in der Bundesrepublik haben die Amerikaner die Finger auf den Sprengköpfen, und die Bundeswehr darf die Trägerraketen pflegen. Da wir volles Vertrauen zu den Militärs beider Seiten haben können, daß sie Trägerraketen und Sprengköpfe noch rechtzeitig zusammenbringen und so verhindern werden, daß wir im Notfall nur mit Parademunition dastehen, liegt, wenn wir dem Hinweis des Genossen Projektor folgen, der Vorschlag nahe, zu fordern, daß zusammen mit den Atomsprengköpfen auch die Trägerraketen vom Territorium des west- wie des ostdeutschen Staates entfernt werden.

Es ist klar, daß keine deutsche Regierung aus dem Bündnissystem ausscheren kann, in das sie seit Jahren verkettet ist. Da aber, wie die Dinge heute stehen, ein atomarer Schlagabtausch hier im Zentrum Europas beginnen würde, ist es trotzdem die Pflicht dieser Regierungen, die gefährliche Lage entschärfen zu helfen – das heißt, Trägerraketen wie Sprengköpfe aus ihren Territorien zu verbannen.

Ein atomwaffenfreies Deutschland also! Wenn auch nur eine der zwei deutschen Regierungen dies verlangte und ihre eigene Bereitschaft dazu erklärte, würde die andere sich genötigt sehen gleichzuziehen. Und welche dritte Regierung wollte dann nein sagen?

Illusionen? Träume?

Vielleicht war die Hoffnung des jungen Mannes an jenem Tag im Mai 1945 doch nicht ganz so naiv. Vielleicht wird es doch möglich sein, wenn die Menschen in Ost und West zusammenarbeiten, den Frieden zu schaffen, der damals, wie eine kurze Morgenröte, am Horizont erkennbar war.

Über Deutschland

Rede auf dem „Münchner Podium in den Kammerspielen"

November 1983

„Denk ich an Deutschland in der Nacht", so beginnt Heine, „dann bin ich um den Schlaf gebracht."

Die beiden Zeilen haben, glaube ich, noch heute ihre Gültigkeit, wenigstens für mich, und ich war schon von Berufs wegen gezwungen, viel über Deutschland nachzudenken. Nachdem ich die freundliche Einladung erhielt, in Ihrem Kreis über just dieses Thema zu sprechen, begann ich nachzurechnen: Unter den fünfzehn Bänden Prosa, die ich veröffentlicht habe, ob Romane, Novellen, Short-Stories, Essays, Reportagen oder Märchen, ob in Amerika, in der Tschechoslowakei oder der Deutschen Demokratischen Republik zu Papier gebracht, ob zunächst auf Englisch oder auf Deutsch geschrieben, befinden sich genau genommen nur zwei, die nicht in irgendeiner Form von Deutschland und seinen Menschen handeln. In all meinen anderen Büchern spielen Deutsche eine mehr oder minder große Rolle als Helden oder als Bösewichte, meistens aber als Leute wie Sie und ich, die aus der Grauzone stammen und die nur das Pech hatten, in eine Zeit hineingeboren zu sein, deren Konflikte es erfordern, daß man Stellung bezieht.

Ich will Ihnen gestehen, daß es in meinem Leben Momente gegeben hat, wo ich die Deutschen in Bausch und Bogen verurteilte und verfluchte, obwohl mein Verstand mir sagte, daß man Millionen Individuen nicht über einen Kamm scheren kann und daß es selbst in den schlimmsten Perioden deutscher Geschichte stets auch ein anderes Deutschland gab, geben mußte: ein stummes, geknebeltes. Denn wäre dem nicht so, dann wäre ja alle Mühe vergebens gewesen, wäre jeder Versuch, Einfluß zu nehmen auf das Geschehen in Deutschland, Narretei.

Das Schicksal hat gewollt, daß ich Deutschland und seine Menschen aus sehr verschiedenen Perspektiven zu sehen bekam: als Verprügelter und Verjagter und Verfolgter, dann aus der sicheren Distanz eines dazwischenliegenden Ozeans, dann als Eroberer und schließlich wieder als Bürger, wenn auch nur eines Drittels des Landes. Solcherart Perspektivenverschiebung bewirkt eine größere Plastizität des Bildes und erlaubt ein schärferes, aber auch gelasseneres Urteil; andererseits jedoch fehlen in meinem Erfahrungsbereich gewisse Erlebnisse, die ich wohl gehabt hätte, wäre ich nach 1933 im Lande geblieben; mein Trost ist, daß ich, wäre ich geblieben, mit großer Wahrscheinlichkeit heute nicht vor Ihnen stünde, sondern, Jude, der ich bin, als ein Rauchwölkchen am polnischen Himmel geendet hätte. So aber brauchte es seine Zeit, bis ich verstand, warum diese Deutschen die auch in Deutschland fälligen Revolutionen niemals gemacht haben und wie in diesem Lande die verschiedenen Machtapparate funktionieren, die einander abgelöst haben, um, ein jeder auf seine Weise, den Leuten die Köpfe zu vernebeln und ihnen den Bürgersinn und jedes Streben nach Freiheit auszutreiben.

Überhaupt haben die Deutschen zeit ihrer Geschichte ein ganz sonderbares Verhältnis zur Freiheit gehabt; ja, sie sahen, wie Thomas Mann schon 1945 bemerkte, die Freiheit in zwiefacher Gestalt: als eine nach innen und eine nach außen gerichtete.

„Der deutsche Freiheitsbegriff war immer nur nach außen gerichtet", sagt Thomas Mann und fährt fort, „dieser Freiheitsbegriff meinte das Recht, deutsch zu sein, nur deutsch und nichts anderes, nichts darüber hinaus, er war ein protestierender Begriff selbstzentrierter Abwehr gegen alles, was den völkischen Egoismus bedingen und einschränken, ihn zähmen und zum Dienst an der Gemeinschaft, zum Menschheitsdienst anhalten wollte. Ein vertrotzter Individualismus nach außen ... vertrug er sich im Inneren mit einem befremdenden Maß von Unfreiheit, Unmündigkeit, dumpfer Untertänigkeit."

Ein vernichtendes Urteil, mit dem ich nicht ganz übereinstimme; denn immerhin gab es Menschen wie Büchner und Forster und zahllose andere, die der Idee der inneren deutschen Freiheit, der Freiheit von Willkür und Tyrannei, ihr Leben weihten.

Sie kennen wahrscheinlich das Wort jenes Franzosen: Ich liebe Deutschland; gerade darum bin ich so erfreut, daß es zwei davon gibt.

Natürlich bezieht sich diese Bemerkung auf den heutigen Zustand, auf die Existenz der sogenannten DDR wie der sogenannten BRD; aber ich frage mich, ob wir das berühmte Bonmot nicht in einem etwas tieferen Sinne verstehen sollten. Ich sprach bereits von jenem anderen Deutschland, an das mein Herz sich klammerte, als es in dem Lande anscheinend nur den fürchterlichen Schreihals mit dem gurgelnden Akzent gab und sonst gar nichts. Tatsächlich aber hat es dieses gespaltene, mehrere Deutschland umfassende Deutschland immer gegeben, und ich beziehe mich da nicht nur auf das Deutschland der sechsunddreißig Landesfürsten mit den entsprechenden Grenzen und Zöllen, Polizeiordnungen und Armeen, ich denke vielmehr an das innere Schisma, das nicht nur dem ganzen Volk eigen ist, sondern häufig genug auch dem einzelnen Deutschen.

Luther mag als Beispiel dienen, dieser deutscheste der Deutschen, der die deutsche Sprache für uns fixierte. Derselbe Luther, der die 95 Thesen anschlug und der, hier stehe ich, ich kann nicht anders, gegen die Übermacht des Papstes antrat, predigte aber auch „Seid Untertan der Obrigkeit" und riet, die aufrührerischen deutschen Bauern zu ersäufen und zu würgen und totzuschlagen wie tolle Hunde und den unangenehmen deutschen Juden die Synagogen zu verbrennen und ihre jungen Männer in eine frühe Form von Arbeitslagern zu verbringen, wo sie im Schweiß ihrer Nasen die Hacke schwingen könnten. Oder Bismarck, in dem sich Sensibilität und brutales Machtdenken auf die kurioseste Weise paarten. Oder auch Ulbricht, der an hervorragender Stelle dazu beitrug, daß zum erstenmal auf deutschem Boden eine Art von sozialistischem Staat errichtet wurde, zugleich aber darauf hinwirkte, daß dieser Staat eine Form erhielt, die, besonders was innere Freiheit betrifft, manches zu wünschen übrig ließ.

Zwiespältige, zwiegesichtige Menschen in einem zwiegesichtigen, zwiespältigen Volk. Ein Volk, aus dessen Wesen die Hegelsche Philosophie ebenso wie der Holocaust sich herausschälten, ein Volk, welches das Kommunistische Manifest ebenso wie das preußische Exerzierregelement hervorbrachte, ein Volk, das sich selbst zu einer Gemeinschaft von Übermenschen ernannte und kurze Zeit darauf, wir erleben es heute wieder, vor den nächstbesten Großmächten den tiefsten Kotau vollzieht, ein Volk von Oberherrn und Untertanen, wobei der Oberherr und der Untertan nicht selten in ein und derselben Person vereint sind.

Nun können Sie einwenden, das sei den Deutschen nicht besonders eigentümlich, das fände sich in jedem Lande; und ich müßte Ihnen recht geben. Aber nirgendwo ist derart schizoides Verhalten in solchem Maße zu Tugend gemacht worden wie in Deutschland. Gestatten Sie mir, Ihnen aus einem Roman des zu Unrecht vergessenen Willibald Alexis eine kurze Stelle vorzulesen; das Buch entstand um die Mitte des vorigen Jahrhunderts, und die Handlung spielt vor dem Einmarsch Napoleons in Berlin. Da empfiehlt einer einem hoffnungsvollen jungen Mann:

„Wir würden alle warm sitzen, wenn jeder auf seinem Platz bliebe. Verstehn Sie mich, er soll nicht immer sitzenbleiben, er soll auch weiterrutschen, wenn neben ihm ein besserer frei wird. Das findet sich, das kommt jedem, wenn er nur Augen und Ohren offen hat und in der Stille umherfühlt. Aber er muß nicht ungeduldig werden, nicht springen wollen, nicht über die Dächer wegklettern. Merken sie erst, daß einer ein unruhiger Kopf ist, der kriegt gleich 'nen schwarzen Strich, und sie passen ihm auf die Finger. Wir könnten's alle so gut haben; denn die großen Herrschaften, glauben Sie's mir, meinen's mit uns gut, wenn wir uns nur nicht mausig machen wollen."

Ende des Zitats. Ost wie West, man könnte keinem, der bei uns in Partei- oder Staatsapparat und bei Ihnen hier in Konzern, in Verein und Verband oder gar im Ministerium vorankommen möchte, einen besseren Rat geben als den von Willibald Alexis so hübsch formulierten. Und jetzt betrachten Sie diese allseitig empfehlenswerte Haltung bitte im Zusammenhang mit jenen anderen Eigenschaften, die hierzulande mit Stolz als dem deutschen Menschen immanent gesehen werden – also: Genauigkeit, Gründlichkeit, Pflichtbewußtsein, Fleiß –, und berechnen Sie, was bei alledem als Leistung herauskommt, und Sie werden verstehen, warum der von mir angeführte Franzose es lieber sah, wenn statt einem Deutschland ihrer zwei existierten und noch dazu zwei miteinander verzankte.

Nun ist gegen Tüchtigkeit und Arbeitsfreudigkeit an sich nichts einzuwenden; sie weisen hin auf ein relativ ungestörtes Verhältnis des deutschen Menschen zu seiner Arbeit. Aber zu welcher Art von Arbeit? – das ist doch der Kern. Genau diese lobenswerten Eigenschaften, Tüchtigkeit, Hingabe an Pflicht und Arbeit, plus einer gehörigen Dosis Untertanengeist, besaß nämlich in reichem Maße auch – Eichmann.

Deutsche Perfektion: das bundesrepublikanische Wirtschaftswunder, das allerdings bereits ein wenig verblassende, und der trotz aller bürokratischen Hemmnisse erreichte bescheidene Wohlstand in der DDR, beide wären sie unmöglich gewesen, ohne die gleichen Impulse, die auch die zwei Weltkriege ermöglichten; ohne den tüchtigen, fraglos gehorchenden deutschen Arbeiter kein Sturmlauf bis zu den Pyrenäen und bis zur ägyptischen Grenze, kein Vormarsch bis in die Todesfalle von Stalingrad. Deutscher Fleiß, kritiklos dargebracht, deutsche Tüchtigkeit, für unsichere Zwecke angewandt, deutscher Gehorsam, unkontrollierbaren Oberherrn zur Verfügung gestellt: wir haben, auf beiden Seiten der Elbe, gründlich noch nie mit uns selber abgerechnet oder, wie man gemeinhin sagt, die Vergangenheit bewältigt, die feudalistische, die bourgeoise, die Hitlersche, die Stalinsche. Auf beiden Seiten der Elbe hofft man, es werde sich schon irgendwie weiterwursteln lassen, und im übrigen reiften ja neue, mit Schuld weniger behaftete Generationen heran. – Aber es geht nicht nur um alte Schuld, es geht um alte Verhaltensmuster, von denen auch die neue Generation sich nur lösen können wird, wenn sie sie erkennt.

Denn was ist dieses Deutschland?
In meinem Hirn taucht bei der Nennung eines Landes, wie der Klecks auf dem Rorschach-Test, stets die Gestalt des Landes auf mit den Umrissen, die es auf der Landkarte an der Wand des Klassenzimmers meiner Schülerjahre hatte. Da war England, ein kauerndes Kaninchen mit dem zerzausten Haar auf dem schottischen Kopf und dem bei Penzance in den Atlantik hineinragenden Hinterpfötchen; da war die fette französische Qualle; oder das riesige Gürteltier Sowjetunion, Europa wie Asien, mit seinem nach der Beringstraße hin zerklüfteten Rückenpanzer. Aber Deutschland? Das Deutschland, das ich zuerst kennen-

lernte, hatte nach rechts, nach Osten hin, zwei Auswüchse: Ostpreußen und Schlesien. Dann wechselten die Formen. Ostpreußen wurde zur Insel, und hinzu traten Schraffierungen; die so schraffierten Gebiete waren entweder vom Feinde besetzt oder, etwas später, von den eigenen Leuten; jedenfalls änderte sich alles fortwährend, und nur im Liede blieb es, wie es einst war – von der Maas bis an die Memel, von der Etsch bis an den Belt.

Und wuchs darüber hinaus noch: Österreich kam hinzu und die Sudeten, welche beide von Staats wegen niemals deutsch gewesen waren, und Böhmen und Mähren und dann, Schlag auf Schlag, von der Weichsel und vom Don her alles bis zur Atlantikküste; selbst unter Karl dem Großen, auch Charlemagne genannt, hatte das Reich keine solche Ausdehnung erlebt. Dem Volk ohne Raum, wie ein schlecht beratener Romancier es einmal taufte, war mehr als genug Raum zuteil geworden.

Ich könnte mir einen Trickfilm vorstellen: die geographischen Karten dieses Deutschland mit seinen ständig wechselnden Grenzen, beginnend etwa mit einer Karte aus dem Dreißigjährigen Krieg, über die Zeit Napoleons hin, bis zur Gegenwart, im Zeitraffer aneinander gereiht und auf die Leinwand geworfen. In diesem Film würden wir dann eine Art Amöbe zu sehen bekommen, von gewaltigem Umfang, die periodisch anschwillt und schrumpft, anschwillt und wieder schrumpft, bis sie am Ende auch noch, längs der Elbe, von einer Zellteilung befallen wird, wobei in der Mitte der einen Hälfte ein wiederum zweigeteilter Winzling von Zellkern sichtbar wird, erfüllt von einem sonderbaren Eigenleben und, wie wir wissen, hoch entzündlich.

Wer diesen Film einmal betrachtet, den wird es nicht Wunder nehmen, wenn so viele Leute in Deutschland – und außerhalb – ihre Zweifel heben an der Permanenz der vorhandenen deutschen Grenzen. Solche Leute mögen aber auch bedenken, daß jede Veränderung der Grenzen dieses Deutschland, jede Aufblähung und jede Schrumpfung, stets im Gefolge eines Krieges kam. Die Zeiten sind vorbei, da Prinzessinnen von ihren gütigen Vätern ein Stück wünschenswertes Territorium samt darin wohnenden Seelen als Mitgift bekamen; in den letzten Jahrhunderten wurde jeder ungesetzte Grenzpfahl mit Blut aufgewogen; wie denn erst heute, wo zu vermuten ist, daß nach einer erneuten gewaltsamen Auseinandersetzung um Deutschlands Kartenbild es kaum noch Menschen geben wird, die sich mit der Umsetzung von Grenzpfählen befassen könnten.

Es ist auch wohl kaum der Umriß auf einer Landkarte, der Emotionen auslöst derart, daß einer sich dafür engagiert oder gar Opfer bringt, und ebensowenig ist es der Name per se, der auf der Landkarte prangt. Deutschland – oder Frankreich oder Polen oder Amerika –, das ist die Summe von Eindrücken und Erlebnissen, die ein Mensch gehabt hat, der auf dem so bezeichneten Gebiet ein Stück Leben verbrachte, meist seine Kindheit und Jugend. Diese Eindrücke und Erlebnisse müssen ihm nicht immer bewußt geworden und mit dem Verstand aufgenommen worden sein; stets aber müssen sie so gewesen sein, daß durch sie Bindungen entstehen konnten. Es kann sich also um eine Wiese gehandelt haben, im Frühling erblüht, oder ein Haus, das sich wirtlich auftat, oder einen Menschen, der die Arme breitete, oder ein Lied, eine rußgeschwärzte Straße, ein Stück Strand mit Möwen, einen Berg, ein Mädchen, ein Paar Lippen; es kann aber auch ein Gummiknüppel gewesen sein oder ein Pauker in der Schule oder ein habgieriger Boß oder ein Torbogen, auf dem in säuberlicher Schrift zu lesen stand: Jedem das Seine.

Das Gesamtbild, zusammengesetzt aus Hunderten solcher Momentbilder, erzeugt dann das Gefühl, das einer empfindet, wenn ihm der Name begegnet: Deutschland; ein Gefühl, das durchaus nicht immer eindeutig sein wird, denn es gibt ja neben der Liebe zum Vaterland auch einen Vaterlandshaß und eine Vaterlands-Haßliebe. Es kann sich auch ereignen, daß einer solche Gefühle nicht nur für *ein* Land hegt; wie oft wird gesagt: diese oder jene Stadt, dieses oder jenes Land ist mir zur Heimat *geworden*.

Und dann ist da die Sprache.

Es ist viel Sentimentales über die Sprache, besonders die deutsche, geschrieben worden, und nicht umsonst reden wir von Muttersprache, nicht Vatersprache, und implizieren damit die Zärtlichkeit, die Sicherheit, die das Kind in den Armen der Mutter zusammen mit den ersten Silben der Sprache erhält. Die Sprache ist nicht nur ein Verständigungsmittel, dessen sich jeder halbwegs gelehrige Computer bedienen kann. Sie ist ein Gefühle vermittelndes, Gefühle schaffendes Element, und ich kann mir nicht vorstellen, wie man Deutschland oder das deutsche Volk lieben kann, ohne zugleich dessen Sprache zu lieben. Das Umgekehrte ist schon eher möglich; ich sagte Ihnen schon, daß es eine Zeit gab, da ich dem deutschen Volk und damit Deutschland mit nichts weniger als Zuneigung gegenüberstand; aber die Sprache blieb mir, die Sprache wurde zum Garanten dafür, daß sich die Dinge ändern würden. *Ach neige, du Schmerzensreiche* war eben etwas anderes als *Juda verrecke!,* scheint nicht einmal der gleichen Sprache, dem gleichen Wortschatz entnommen worden zu sein. Und die Sprache, dem Volke eigen, vom Volke geschaffen, formt wiederum das Volk. Sie schafft Bindungen oder zerstört sie. Herausgebellt, *Achtung!,* wird sie zu einem Stück Terror, geflüstert, *Ach, Mädchen, mein Mädchen, wie lieb ich dich,* wird sie zu einer Herzensbotschaft. Ohne eigene Sprache kein eigenes Volk. Die Tschechen hatten seit 1618, seit der Schlacht am Weißen Berg, keinen eigenen Staat mehr. Latein oder Deutsch wurde zur Amtssprache in Böhmen und Mähren, Deutsch war die Sprache der Herren, Tschechisch wurde nur noch von den Dienstmägden und den Knechten gesprochen, den Bauern und Handwerkern. Bei ihnen aber blieb die Sprache lebendig, bis, Mitte des 19. Jahrhunderts, sie wieder aufgegriffen wurde auch von den Gebildeten und aus Sprache und Volk 1918 wieder ein eigener Staat wurde. Und auch in Israel schuf man aus der alten Gebetssprache, die die Jahrtausende überlebt hatte, ein neues, modernisiertes Hebräisch, das die Kinder nun schon von ihren Müttern lernen und das die Sprache eines neuen Staates wurde.

Sprache kann also auch geschichtsbildend sein und ist ihrerseits wieder Abbild der Geschichte ihres Volks. Es gab eine *lingua tertii imperii,* die der Professor Viktor Klemperer auf vorbildliche Weise studiert und dargestellt und durch seine Darstellung als das, was sie war, demaskiert hat: eine Barbarensprache. Und es gibt heute eine *lingua* der Bundesrepublik, so wie es eine der DDR gibt. Beide haben sie sich aus den unterschiedlichen sozialen Verhältnissen der beiden deutschen Staaten heraus entwickelt und aus den Einflüssen, welche die jeweiligen Besatzungssprachen noch in der Übersetzung auf das jeweilige Deutsch der Besetzten ausübten. Besonders deutlich wird das in offiziellen Verlautbarungen, in denen wir eine ganz wunderbare Mischung einerseits der Sprache des russischen Hofzeremoniells und andererseits des amerikanischen Bürokratenjargons mit dem alten preußischen Amtsdeutsch erleben können. Aber auch die Alltagssprachen der Großmächte haben mit ihrem Slang, ihren Fachausdrücken und vor allem ihrer Diktion das eigne Besatzungsgebiet durchdrungen, so daß es, Ost wie West, Wortwendungen gibt, die im jeweils anderen Teil Deutschlands der Übersetzung bedürfen. So zum Beispiel haben Sie hier im Westen ein ganz anderes Verhältnis zu Ihren Organen als wir in der Deutschen Demokratischen Republik; unsere laufen, meist in Zivil, auf der Straße herum, Ihre befinden sich irgendwie an oder in Ihrem Körper.

Trotzdem ist es immer noch *eine* deutsche Sprache, im Staat des real existierenden Sozialismus wie in dem des real existierenden deutschen Kapitalismus, und lassen Sie uns, wenn möglich, alles dafür tun, daß es *eine* deutsche Sprache bleibt. Diese eine deutsche Sprache schafft natürlich entsprechende Emotionen und entsprechende Haltungen; es ist etwas anderes, wenn einer, legal oder illegal, aus einem deutschen Staat in den anderen übersiedelt, als wenn, sagen wir, ein Tscheche sein Land verläßt. Der Tscheche geht ins Exil; der Deutsche, bei allen Unterschieden im täglichen Leben, geht von Deutschland nach Deutschland. Das ist übrigens einer der Gründe für die Existenz der Mauer, von der noch zu reden sein wird.

Diese eine deutsche Sprache führt uns aber auch zur Frage der einen deutschen Literatur.

In der Zeit, als man sich in der DDR von Amts wegen bemühte, ein Staatsbewußtsein zu schaffen, wurde diese Frage plötzlich akut; denn was ist das, bitteschön, für ein Staat, der keine eigene Literatur besitzt, besonders wenn er bereits eine ganze für Literatur zuständige Hauptabteilung in seinem Kulturministerium eingerichtet hat. Damals fanden in interessierten Kreisen der DDR zahlreiche Diskussionen statt, gelenkte meistens, in denen das Problem ventiliert wurde, und alle, die etwas auf sich hielten, sagten in schöner Übereinstimmung, es müsse, da für die ganze Welt sichtbar zwei deutsche Staaten bestünden, selbstverständlich auch zwei deutsche Literaturen geben, so etwa wie zwei deutsche Fußballnationalmannschaften.

Nun ist die Frage, ob es eine oder zwei oder, die Schweiz und Österreich eingerechnet, gar vier deutsche Literaturen gibt, nicht nur akademischer Natur; sie hat ihre politische Bedeutung, wenn man Punkte sammeln möchte für die Schaffung eines dem eigenen Staat gemäßen Staatsvolks. Und es gibt ja Parallelen in der Geschichte, wie etwa die allmähliche Loslösung der amerikanischen Literatur von der englischen. Und es ist ja auch wahr, daß eine Literatur immer und überall das Leben widerspiegelt in dem Lande, in dem sie geschrieben wird, die sozialen Verhältnisse und die ihnen eigenen Konflikte und Auseinandersetzungen. Und da diese, DDR-spezifisch, sich sehr wohl unterscheiden von denen in der Bundesrepublik, könnte man mit Fug und Recht auch von einer DDR-eigenen Literatur sprechen, und es gibt Werke aller Art, in DDR-Verlagen herausgebracht oder auch nicht, die man nur anzulesen braucht, um zu erkennen: Made in the German Democratic Republic.

Wie aber, wenn eines Tages die beiden deutschen Staaten sich doch wieder zusammenfügten – hätten wir dann wieder *eine* deutsche Literatur? Die Frage: „ein oder zwei deutsche Literaturen" ist also die Frage nach der Permanenz der deutschen Teilung, nach der Perspektive, die einer sieht für die zukünftige deutsche Geschichte. Was mich betrifft, so gilt: Beide deutsche Literaturen, die der Bundesrepublik wie die der DDR, sind in ein und derselben deutschen Sprache geschrieben und wirken aufeinander. In ihren einzelnen Werken mögen sie durch Thematik, Geisteshaltung oder auch stilistische Momente noch so sehr voneinander differieren, sie gehören trotzdem zu der gleichen deutschen Literatur, wie denn auch die in ihnen dargestellten Leiden und Freuden, Kämpfe, Siege und Niederlagen der Menschen in beiden deutschen Staaten Teil des gleichen deutschen Schicksals sind und durch ihre Darstellung Auswirkungen auf das Denken im jeweils anderen deutschen Staat haben. Letzteres wird auch dadurch erhärtet, daß heutzutage eine ganze Anzahl von Werken von DDR-Autoren zuerst in der Bundesrepublik erscheinen, in der DDR dagegen erst viel später oder gar überhaupt nicht.

Die Deutschen – wer zählt denn nun eigentlich zu ihnen in unserer Zeit?
Beide deutschen Staaten, die Bundesrepublik Deutschland wie die Deutsche Demokratische Republik, tragen in ihrem Namen das Attribut deutsch. Trotzdem scheint es, als hielten die Bundesrepublikaner, bewußt oder unbewußt, sich für die eigentlichen Deutschen. Man braucht nur einem Sportberichterstatter zuzuhören, wenn er – mit gerührter Stimme – von den deutschen Mädchen spricht, die gerade mal wieder die Hürden genommen haben, und dies, obwohl die genauso strammen, aber offenbar weniger deutschen DDR-Mädchen soeben als erste ins Ziel kamen. Der Mann macht das nicht absichtlich; ich glaube nicht, daß die bundesdeutschen Fernsehanstalten eine solche Sprachregelung haben; es kommt ihm aus seinem entsprechend konditionierten Herzen.
Und tatsächlich verwechseln viele Bundesrepublikaner den westdeutschen Teil des Landes mit dem Ganzen. Klar, ihre Vernunft sagt ihnen, daß auch jenseits der Elbe Deutsche leben und daß deren Staat auch irgendwie ein deutscher ist; aber im tiefsten Innern meinen sie eben doch, daß der bekanntlich so freiheitsliebende, demokratische und außerdem stets so selbstlos zahlende westliche Torso des ehemaligen Reiches der einzig legitime Erbe von Deutschlands Glanz und Gloria und der einzig wahre Träger des deutschen Namens sei; die andern, die Minderwertigen, können froh sein, wenn sie ein- oder zweimal im Jahr ihren Jacobskaffee und ihre Jeans erhalten. Dies Gefühl östlicher Minderwertigkeit wirkt ansteckend und hat sogar das Unterbewußtsein auch hochgestellter Genossen in der DDR infiziert; würden diese sonst mit so penetranter Beharrlichkeit das Andenken der Großen der deutschen Geschichte von Luther über Goethe und Schiller bis zu den Geschwistern Scholl für sich in Anspruch nehmen, ihrerseits nun deren einzig wahre Testamentsvollstrecker?
Der Irrglaube, Westdeutschland allein wäre Deutschland, erhält seine Nahrung unter anderem aus dem Grundgesetz der Bundesrepublik, welches ja besagt, daß jedem Deut-

schen, sei er selbst Bürger des transelbischen deutschen Staates, automatisch das Recht auf Bundesbürgerschaft zusteht. Aber in Wahrheit geht die Sache viel tiefer. In Wahrheit ist da ein Block in den Köpfen einer erklecklichen Anzahl sonst ganz verständiger Männer und Frauen, der verhindert, daß in den zugehörigen Gehirnen die Begriffe deutsch und kommunistisch oder auch deutsch und sozialistisch eine organische Verbindung eingehen können, und das, obwohl das Kommunistische Manifest ein deutsches Dokument ist und die grundlegenden Theorien der sozialistischen Arbeiterbewegung von drei Deutschen, nämlich Marx, Engels und Lassalle, entwickelt wurden. Das geht weit zurück, in die Zeiten von Goebbels, noch weiter sogar, auf die Dolchstoßlegende von 1918; wie soll denn, so spiegelt sich's in diesen Hirnen, ein Deutscher von echtem Schrot und Korn ein Internationalist sein, da stecken doch wieder die, Sie wissen schon, dahinter; und gar ein ganzer Staat von solchen Leuten – nein, so richtig deutsch sein kann der nicht. Dabei versichere ich Sie: vieles von dem, was an der SED und ihrem Staat zu bemängeln wäre, das militaristische Gehabe etwa, die ewigen Fahnen und Aufmärsche, die Allgegenwart der Polizei, stammt nicht aus sozialistischer oder kommunistischer, sondern aus deutscher Tradition. Kommen Sie nur einmal und beobachten Sie, wie gerade bei gewissen Vertretern der älteren Generation, egal ob west- oder ostdeutsch, bei Betrachtung der Wachparade Unter den Linden das Auge leuchtet.

Machen wir uns nichts vor: Es hat jede der deutschen Besatzungszonen das Regime bekommen, das ihnen ihre Besatzungsmacht aufprägte. Und weder die bundesdeutsche parlamentarische Demokratie noch die im Ostteil des Landes existierende Staatsform sind eine deutsche Erfindung.

Die Teilung des den Deutschen verbliebenen Gebiets in zwei Staaten ist eine der Folgen des Kriegs, den Hitler begann, und die nachkommenden Generationen haben damit zu leben.

Dennoch bezweifle ich, daß die drei Männer, die damals in Jalta beisammen saßen, es sich in der Art ausgedacht hatten, und selbst in Stalins Phantasie dürfte das Nachkriegsdeutschland sich nicht so ausgemalt haben, wie es dann wurde. Aber die Geschichte hat ihre eigene Logik; und war Europa einmal in Einflußzonen eingeteilt, die einander entlang der Elbe berühren, so war angesichts der sozialen Antagonismen zwischen den sowjetischen und amerikanischen Machtsystemen die Entstehung zweier gegensätzlich organisierter deutscher Staaten eigentlich vorprogrammiert. Angst des einen davor, durch den anderen vereinnahmt zu werden, begann die Szene zu beherrschen; Adenauer, dem sowieso eine Art Rheinbund vorschwebte, fürchtete, sein Staatswesen könnte in den Sog des von russischer Militärstärke getragenen preußisch-sozialistischen Ungetüms geraten, während man dort wieder, geplagt von Reparationsleistungen an die Sowjetunion, mit bänglichem Blick die Anziehungskraft der von Marshallplangeldern gespeisten beginnenden Wirtschaftsblüte des Weststaats zu ermessen suchte – bis dann die Ereignisse des 17. Juni 1953 blitzartig die Schwächen beider Seiten erhellte.

An diesem 17. Juni erwies sich, daß die westliche Schutzmacht – damals wenigstens – nicht bereit war, einen offenen Eingriff in die Einflußzone der anderen Großmacht und damit einen dritten Weltkrieg zu riskieren; andererseits zeigte sich aber auch, daß die von der Sowjetführung approbierten Leute nicht imstande gewesen waren, den zu der Zeit real existierenden Sozialismus, den stalinistischen also, breiteren Kreisen der Bevölkerung des Oststaats schmackhaft zu machen. Was nicht so erstaunlich ist angesichts der inneren Widerstände, die jene Bevölkerung, imprägniert noch von Goebbels, der Werbung um ihre deutsche Seele entgegensetzte, und angesichts des Verhaltens, welches Teile der sowjetischen Armee den Besetzten gegenüber an den Tag gelegt hatten. Das größte Hemmnis auf dem Weg der frühen DDR zu einem allgemein akzeptablen Sozialismus jedoch war, daß die Männer, denen der Job der Umbildung von Wirtschaft und Geist anvertraut worden war, ein eigenes Konzept weder hatten noch entwickeln durften; die, die's versuchten, wurden geschaßt. Es gab nur *ein* Modell, an das man sich halten konnte: das sowjetische; nirgendwo existierte ein anderer Sozialismus, der als Beispiel für den östlichen Teil Deutschlands hätte dienen können. Und – man muß sich in das Denken der Zeit damals versetzen: Dieser sowjetische Sozialismus war immerhin viril genug gewesen, die geballte Macht der Nazis abzuwehren, zurückzuwerfen und aufs Haupt zu schlagen; auf der Kuppel des Reichstags war die rote Fahne mit Hammer und Sichel gehißt worden und keine andere: nicht ein Symbol nur, ein deutlicher Hinweis auf das neue Kräfteverhältnis.

Rückblickend läßt sich sagen, daß angesichts all dieser Momente nicht allein die Teilung Deutschlands, sondern sogar schon die Mauer vorprogrammiert gewesen ist. Denn wenn auch mit militärischen Mitteln in jenen Jahren kein Krieg um Deutschland geführt wurde, ein Krieg mit Mitteln der psychologischen Kriegsführung fand sehr wohl statt, und da waren die Sowjets ebenso wie die damals führende Gruppierung der Sozialistischen Einheitspartei sehr im Nachteil. Sowieso waren sie mit ihrem bürokratischen Apparat schwerfälliger im Denken und Entscheiden, und von der Kunst der Public Relations hatten sie verzweifelt wenig Ahnung. Und was hatten sie denn anzubieten? Bessere und mehr Konsumgüter? Leichtere Arbeit zu höherem Lohn? Eine angenehmere Atmosphäre, vielleicht noch gewürzt mit einem Schuß Duft der weiten Welt? Nur ihre Ideologie hatten sie zum Anpreisen, und die war großenteils zu Schulbuchphrasen erstarrt. Und je mehr die östliche Führung sich und ihr Werk gefährdet sah, desto geringer wurden die Freiräume. Kein Wunder also, daß immer mehr DDR-Deutsche ihr Bündelchen packten und per S-Bahn, Auto oder zu Fuß über die sperrangelweit offene Grenze in den Westen zogen. Die Gefahr bestand und wurde immer größer, daß der längst totgesagte Imperialismus mit seinen Verlockungen zwar nicht das Territorium der DDR annektieren würde, wohl aber breite Teile der DDR-Bevölkerung.

In den Tagen, beginnend etwa mit dem Frühjahr 1961, wurde viel über Abhilfe nachgedacht und wie man das Loch schließen könne, durch das die Kraft, die menschliche und damit wirtschaftlich, des Staates ausfloß. Es gab Stimmen, die meinten, daß nur eine Reform an Haupt und Gliedern die Lage wandeln könne und daß nicht nur die Spitzenmannschaft, sondern auch deren Methoden verändert werden müßten. Dem wurde entgegengehalten, daß eine solche Umstellung, selbst wenn man sie – Schatten des 17. Juni! –

heil über die Bühne brächte, sich viel zu langsam auswirken würde, um der fast hysterischen Massenflucht ein Ende zu setzen. Und obwohl man damals schätzte, daß eine wirklich effektive Sperrung der Grenzen, besonders der Grenze nach West-Berlin hin, die Mannschaftsstärke von etwa drei einsatzbereiten Divisionen erfordern würde, blieb nur dieser Schritt, der dem Eingeständnis einer politischen Niederlage gleichkam.

So entstand die Mauer, die, obzwar ihre sämtlichen Einrichtungen der Abwehr nach innen dienen, aus den angegebenen Gründen dennoch eine Verteidigung nach außen darstellt.

Nun sieht es aus, als hätte sich alles stabilisiert. Bis auf gelegentliche Ballonfahrten, die die Phantasie des Publikums anregen, sind illegale Versuche, die Grenze zu durchbrechen, höchstens noch zehn Zeilen wert in der Westpresse; in der DDR finden sie nur Erwähnung, wenn bei dem Zwischenfall Mitglieder einer Fluchthelferorganisation gefaßt werden. Sogar ein recht eleganter Modus operandi hat sich entwickelt: für Summen, West natürlich, in einer Höhe, die Ihnen das zuständige Bonner Ministerium mitteilen kann, ist es möglich, Menschen freizukaufen, wie der Ausdruck lautet; man sieht also, alles ist nach Beamtenart geregelt und geht höflich und geschäftsmäßig vor sich. Die Nachkriegsgrenzziehung und die Teilung sind scheinbar fait accompli geworden, und nur noch an bestimmten Tagen im Jahr werden die landsmannschaftlichen Vereine, die Damen in urtümlichem Kostüm, und die zugehörigen Dialektsprecher aus den Reihen des Bundestags losgelassen und dürfen in irgendeiner westdeutschen Stadt ihren zumeist künstlich am Leben gehaltenen Heimatgefühlen Ausdruck geben.

Die Deutschen, und zwar ihre beiden Staaten, haben etwas Großes zustande gebracht: Sie haben in der Zeit nach dem Kriege die Millionen von Entwurzelten integriert, haben ihnen Arbeit, Brot und ein Dach überm Kopf gegeben und damit eine Tat für den Frieden geleistet, die Anerkennung verdient; denn hätten sie sich verhalten, wie die Araber ihren palästinensischen Brüdern gegenüber es taten, hätten sie die Geflüchteten nach ihrem Treck in irgendwelche primitive Lager gesteckt und sie dort Dutzende von Jahren vor sich hin brüten lassen, ihre jungen Männer aber militärisch gedrillt, wir hätten heute in der Mitte Europas eine Situation, verglichen mit welcher die im Nahen Osten ein Idyll wäre.

Überhaupt war ja in der Zeit nach dem Zweiten Weltkrieg die Hoffnung verbreitet, daß die nationale Frage, die das ganze 19. Jahrhundert und den ersten Teil des 20. in Atem hielt, an Gewicht verlieren werde; Vorgänge wie der Mord von Sarajewo oder der Disput um Danzig sollten endgültig Vergangenheit sein. Ein gut Teil der Deutschen, darunter einige der Besten unter ihnen, übersättigt von nationalistischer Propaganda, enttäuscht und des Ganzen müde, glaubte ehrlichen Herzens, daß im Lauf der Nachkriegsentwicklung die Bürger der Staaten Europas zu Europäern werden würden; auch die Deutschen würden dann Europäer sein, gleichberechtigt in der neuen Gemeinschaft, und was würden Grenzen dann noch bedeuten?

Aber der Glaube, so schön er war, trog. Gewiß, es gibt die Europäische Wirtschaftsgemeinschaft und, auf der anderen Seite, den RGW, den Rat für gegenseitige Wirtschaftshilfe. Es scheint jedoch, als verdeutlichten diese Körperschaften die Gegensätze zwischen den ihnen jeweils angehörenden Staaten noch und als bestünde ihre Haupttätigkeit in einer Umverteilung der Krisenlasten von den Schultern des einen auf die des anderen Mitglieds. Und selbst wenn die Bewohner der westlichen Gemeinschaft deren innere Grenzen ohne größere Formalitäten überschreiten können, es achtet nach wie vor ein jeder der Staaten höchst eifersüchtig auf seine Souveränität – außer der jeweiligen Schutzmacht gegenüber, die bissig knurrend ihren Tribut einfordert von ihrer Klientel und ihre Waffensysteme aufstellt, wo immer ihre Generalstäbe es für nötig erachten. Und sonst, wohin Sie auch Ihr Auge richten auf dem Globus, ein jedes, auch das kleinste Völkchen strebt danach, sein Schicksal selbst zu bestimmen, seine Grenzen selbst festzulegen; sie stehen in dumpfer Opposition zu dem Herrschervolk oder kommen, falls bereits vom Joche befreit, einander ins Gehege, führen Kriege miteinander und geraten dabei erst recht in Abhängigkeit von den Großen; und überall, ob West, ob Ost, tauchen Gruppen auf, die plötzlich ihre nationale

Identität entdecken oder wiederentdecken, und Terroristen, ungleich gefährlicher als der Dilettant Princip, der 1914 seine Pistole auf den österreichischen Thronfolger richtete, machen sich auf, um vermeintlich oder auch wirklich erlittene Unbill zu rächen. Und in diesem ganzen Wirrwarr, in dem alles in Bewegung ist und nichts bleibt, wie es gestern war, soll just die Zweiteilung Deutschlands mit der zweigeteilten Stadt Berlin auf immer festgeschrieben sein? Welch unmarxistischer Gedanke!

Der Schrägstrich durch Deutschland markiert eine offene Wunde; wir können noch soviel Antibiotika darauf streuen, sie wird weiter eitern. Zur Zeit wird nicht viel davon geredet, ob aus Denkfaulheit oder Furcht oder aus Gründen der Staatsraison, aber die Frage steht im Raum und wird dort stehen, solange zu beiden Seiten der Elbe die gleiche Sprache gesprochen wird. Wir mögen die Angelegenheit vor uns herschieben, wir mögen sagen, jetzt sei nicht der rechte Moment dafür und andere Dinge seien wichtiger, aber auf Dauer außer acht lassen können wir sie nicht – oder sie wird uns entrissen werden von Gruppen, mit denen keiner von uns gern zu tun haben wird, und zu einem Zeitpunkt, da wir am wenigsten darauf vorbereitet sind. Mit dem Kampf um die Raketen, der ein Kampf ums nackte Überleben ist, und mit den krisenhaften Entwicklungen im Wirtschaftsgefüge, Ost wie West, stehen uns Komplikationen ins Haus, deren Richtung und Ausmaße wir nicht einmal ahnen, die aber, weil dieses Deutschland nun einmal im Zentrum Europas liegt, im Kontext gesehen werden müssen mit der unerledigten deutschen Frage.

Einen großen Vorteil jedoch hat die deutsche Teilung: Keiner der zwei deutschen Staaten ist, von sich aus und auf sich allein gestellt, mächtig genug, noch einmal einen Krieg vom Zaun zu brechen; allerdings hat auch keiner der beiden, von sich aus und auf sich allein gestellt, die Kraft, einen Krieg zu verhindern; das könnten, bestenfalls, nur beide zusammen.

Die Teilung Deutschlands als ein vorübergehendes Phänomen betrachten, heißt, sich Gedanken darüber machen, wie denn diese Teilung zu überwinden wäre und wie denn das Deutschland, das in irgendeiner Zukunft wiedervereinte, auszusehen hätte. Eine gewaltsame Wiedervereinigung, das weiß jeder, bedeutet Krieg, unter den gegebenen Umständen Atomkrieg, in dem die Deutschen wohl wiedervereint wären, aber im Tode. Die Wiedervereinigung kann also nur stattfinden durch Übereinkunft, und zwar Übereinkunft nicht nur der beiden deutschen Staaten und ihrer Bevölkerung, sondern auch aller anderen betroffenen Staaten, West wie Ost, und es ist klar, daß einer solchen Übereinkunft ein langer Prozeß der Annäherung vorausgehen müßte. Heute, wo die zwei Großmächte sich verhalten, als wollten sie einander demnächst an die Gurgel gehen, mag das utopisch klingen, aber es gibt Entwicklungen, unabhängig vom Willen einzelner, die eine Annäherung herbeiführen könnten.

Diese Entwicklungen stehen in logischem Zusammenhang mit der Frage, was das für ein Deutschland sein würde, das uns, ein strahlendes Montsalwatsch, aus weiter Ferne zublinkt. Soll es eines im Gleichnis der Bundesrepublik sein, nur vergrößert um das Territorium und die Bevölkerung der DDR? Oder ein nach dem Muster der DDR organisiertes, nun aber auch die Bundesrepublik umfassend? Beides ist offensichtlich absurd. Aber irgendwo und irgendwann muß doch ein Leitbild sich finden, eine Perspektive, auf welche die Menschen in Deutschland und die andern Völker alle, die durch das deutsche Problem in Mitleidenschaft gezogen werden, sich einigen können.

Ich glaube nicht zu irren, wenn ich sage, daß sowohl die Form, die ökonomische und politische, in der die Bundesrepublik Deutschland heute existiert, als auch der real existierende Sozialismus in der Deutschen Demokratischen Republik vergänglich sind. Und man muß kein Hellseher sein, um zu erkennen, daß die Entwicklungen, von denen ich soeben sprach, bereits im Gange sein könnten und daß es Anzeichen gibt für Wandlungen in beiden deutschen Staaten.

Nehmen Sie als Beispiel die strukturelle Arbeitslosigkeit in der Bundesrepublik, die ja nichts anderes ist als gesellschaftlich erarbeitete Freizeit, mit der Sie nur leider nichts anzufangen wissen und die Sie höchst ungerecht verteilen. Die Wirtschaft der Bundesrepublik, ähnlich der anderer westlicher Industriestaaten, ist jetzt schon produktiver als nötig, um die Güter zu schaffen, die die Menschen brauchen, um ihre Arbeitskraft, ihre körperliche wie geistige, zu erneuern. Was wird erst werden, wenn die Geister von Silicon Valley, die Sie riefen, sich voll auszuwirken beginnen? Was wird, wenn die denkenden Roboter, deren Modelle an englischen und amerikanischen Universitäten bereits ausprobiert werden, in das wirtschaftliche Geschehen eingreifen? Was wird, wenn eines Tages, und der Tag muß kommen, der Rüstungswettlauf gestoppt wird, um am Ende verschrottet zu werden? Mit all dem werden Sie sich in naher Zukunft auseinanderzusetzen haben, und mit Mitteln der freien Marktwirtschaft allein werden Sie das Problem nicht lösen können. Schon heute, wo Sie auch hinhören in Ihren Landen, erschallt der Ruf nach dem Retter Staat, das heißt, nach gesellschaftlichen Maßnahmen. Solche Maßnahmen aber wirken systemverändernd.

In der DDR, ähnlich den übrigen Staaten des real existierenden Sozialismus, liegt die Sache anders. Zwar gibt es auch dort eine Arbeitslosigkeit, doch ist sie prozentmäßig geringer als bei Ihnen im Westen, und sie ist besser kaschiert, denn die Mehrzahl unserer Arbeitslosen ist voll beschäftigt – im Leerlauf unserer bürokratischen Apparate. Unsere ökonomische Misere hat andere Gründe als die Ihre: Sie ergibt sich aus der mangelnden Effizienz unserer Wirtschaft, aus ihrer Rückständigkeit auf vielen Gebieten und aus dem gesunden Gedanken der Arbeiterklasse, daß es besser ist, gemächlich zu arbeiten, und daß man seinen Job nicht durch übertriebenen Eifer überflüssig macht. Nimmt man das alles zusammen mit der Unfähigkeit der Bürokratie, rasch zu reagieren, und ihrer Unlust, Entscheidungen zu treffen, so haben Sie ein Bild, ein wenn auch unvollkommenes, der real existierenden Schwierigkeiten des real existierenden Sozialismus.

Und dennoch ist dieser Sozialismus gezwungen, mit dem Westen zu konkurrieren: aus politischen, ökonomischen, sozialen und psychologischen Gründen, kürzer gesagt, aus Gründen der Selbsterhaltung. Er ist gezwungen, so manchen über die Jahre liebgewonnenen Brauch aufzugeben und andersgeartete Methoden zu adoptieren, nämlich marktwirtschaftliche.

Auf der einen Seite also, der westlichen, eine Hinwendung zum Gesellschaftlichen, auf der anderen, zum Marktwirtschaftlichen. Ein Gott, der das Ganze von oben betrachtete, würde feststellen, daß die beiden Entwicklungslinien sich nicht erst, wie der Mathematiker von den Parallelen sagt, im Unendlichen treffen werden, sondern möglicherweise schon etwas eher. Und wenn jetzt der eine oder andere meiner Zuhörer sich denkt: Ha, da ist sie ja, die alte Konvergenztheorie! – dem sage ich: Herr Franz Josef Strauß, gewiß kein Sympathisant, eine Milliardenanleihe für die Regierung des Genossen Honecker einfädelnd, Herr Berthold Beitz, der kapitalistische Manager per excellence, den Doktorhut einer DDR-Universität in Empfang nehmend, das sind nicht die Träume eines Konvergenzlers, das ist bereits Wirklichkeit.

Nun könnte einer einwenden, so etwas sei eher unbedeutend, denn angesichts der ständig sich vertiefenden Krisen in beiden Deutschland handle es sich hier höchstens um einen Fall von einem Blinden, der einen Lahmen stützt. Aber jedenfalls stützen sie einander. Über alle weltanschaulichen Gegensätze hinweg, über alle bösen Worte in den Medien reicht die warme, brüderliche Hand der Bankiers, der schwarzen wie der roten.

Und das gibt Anlaß zu Hoffnung.

Vorausgesetzt immer, daß die Menschheit sich nicht selber ausgerottet hat, bevor die Keime einer deutsch-deutschen Annäherung einen ersten grünen Trieb hervorbringen konnten. Ein irrendes Flugzeug, ein irrender Computer, ein irrender Staatsmann – das genügt schon. Oder ein Divisionär, der den Gegner gerade in seinem Frontabschnitt durchbrechen sieht und seiner Artillerie den Befehl gibt, ein paar Runden mit atomarem Sprengkopf zu feuern.

Danach – die Hölle.

Und diese beiden Deutschland, von deren Vergangenheit und möglicher Zukunft hier die Rede war und die wenigstens dieses eine gemeinsame Interesse haben: zu überleben – diese beiden Deutschland liegen genau in der Mitte des Theatre of War, jener Bühne also, auf der, nach der Vorstellung gewisser Militärs, der Atomkrieg stattfinden soll. Diese beiden Deutschland, getrennt und doch vereint in dem einen Interesse, könnten sie, ja müßten sie nicht, ein jedes in dem Block, dem es zugehörig ist, darauf hinwirken, daß sie frei werden von Atomwaffen? Zwei atomwaffenfreie Deutschland – das wäre ein Anfang für vieles.

Zwei Deutschland aber, die von Atomwaffen starren ... Ich und Sie alle, wie Sie hier sitzen, sind Ziel des Erstschlags; der zweite Schlag wird schon nicht mehr viel zu treffen haben. Und da gibt es Narren, die glauben, ein solcher Krieg ließe sich begrenzen und sie selbst würden schon überleben irgendwo in Nebraska oder in Sibirien. Besonders Militärs neigen zu dieser Ansicht. Aber lassen Sie mich dagegen einen anderen Militär zitieren:

„Ich habe mein Leben damit verbracht, militärische Macht als Mittel der Abschreckung zu studieren und mich mit der Art der militärischen Mittel zu befassen, die notwendig sind, einen Krieg zu gewinnen. Das Studium der ersten dieser beiden Fragen mag immer noch nützlich sein, aber wir steuern rapide auf den Punkt zu, wo kein Krieg mehr gewinnbar ist. Krieg beinhaltet eine Art Wettstreit; wenn man soweit gekommen ist, daß der Krieg kein Wettstreit mehr ist, sondern die totale Zerstörung des Gegners bedeutet und den eigenen Selbstmord – eine Aussicht, die keine der beiden Seiten außer acht lassen kann –, dann ist das Gerangel um die genaue Menge der eigenen Kampfmittel im Vergleich zu denen der anderen Seite nicht mehr von Wichtigkeit.

Wenn wir einen Punkt in der Entwicklung erreicht haben, wie es eines Tages der Fall sein wird, an dem beide Seiten wissen, daß bei einem Ausbruch von Feindseligkeiten, überraschend oder nicht, die allgemeine Zerstörung gegenseitig und vollständig sein wird, dann werden wir hoffentlich genug Verstand haben, uns an den Konferenztisch zu setzen in der Überzeugung, daß die Ära der Waffen zu Ende gegangen ist und daß das Menschengeschlecht seine Handlungen dieser Erkenntnis anpassen muß, oder es wird untergehen."

Der General, der diese Zeilen im März des Jahres 1956 niederschrieb, hieß Dwight D. Eisenhower und war zu der Zeit Präsident der USA.

Nie wieder, so lautete der Schwur, nie wieder soll ein Krieg von deutschem Boden ausgehen.

Das Wort wird sich nur erfüllen lassen, wenn die Deutschen, West wie Ost, die dumpfe Untertänigkeit ablegen, die Thomas Mann ihnen nachsagte, und wenn sie, ein jeder in seinem Staat und dennoch gemeinsam, endlich handeln.

Dichtung und Wirklichkeit

Gespräch mit Günter Gaus in Frankfurt am Main

Oktober 1985

GÜNTER GAUS: Stefan Heyms Lebensgeschichte macht ihn zum kompetenten Zeitzeugen. Sein literarischer Gestaltungswille, seine literarische Gestaltungskraft berechtigen ihn darüber hinaus, über Dichtung und deren Beziehung zur Realität auszusagen.

STEFAN HEYM: Ich glaube, Herr Gaus, wir beide lieben es, uns als große Zeitgenossen darstellen zu lassen. Ich hoffe trotzdem, daß meine Befürchtung, heute abend möchte kein kontroverses Gespräch zwischen uns zustande kommen, sich nicht bewahrheiten wird. Ich hoffe, wir werden uns richtig streiten.

GAUS: Sie hatten mir schon beim Kaffee vorgeschlagen, wir sollten uns nicht nur Nettigkeiten sagen. Also: Stefan Heym hat fast nur Bücher geschrieben, die einen unmittelbaren politischen Bezug hatten. Seine Dichtung hat zweifellos politische Absichten. Und auf Ihrem Notizzettel, den Sie mir vor unserm Gespräch zeigten, las ich, Dichtung, im Gegensatz zu Nonfiction, verdichte politische Zustände in einer Weise, daß sie die Veränderung dieser politischen Zustände befördert – und zwar stärker befördert, als Non-fiction dies tun kann. Ist das korrekt so?

HEYM: Bevor ich zur Beantwortung Ihrer Frage komme, würde ich gern ein paar Worte sagen zum Verhältnis von Fiction und Realität. Realität existiert in millionenfacher Vielfalt und ist mit ihren unzähligen Verflechtungen dem menschlicher Geist in ihrer Totalität unfaßbar. Fiction aber, dem Diktionär zufolge etwas Erdichtetes, Erfundenes, ist beschränkt in ihrem Thema wie in ihren Mitteln und schon daher a priori irreal. Irreal aber auch im Detail: nehmen wir als Beispiel etwa die in der erzählenden Prosa so häufige Einfügung „er (oder sie) dachte", worauf dann der Gedanke der Person folgt, von der gehandelt wird. Woher will ich denn wissen, ich, der Autor, was diese Person, die notabene gleichfalls meiner Phantasie entstammt, sich dachte? In Wahrheit sind es meine

Gedanken und niemandes sonst, die da von meiner erdachten Person gedacht werden; aber der Leser akzeptiert sie als die realen Gedanken eines realen Menschen, als Wirklichkeit also, doch eine nun, die transparent ist und die er imstande ist zu begreifen. Dabei weiß er natürlich, daß ihm da etwas vorgegaukelt wird und daß er sich verführen ließ, wie schon am andern Tag von den Schatten auf der Leinwand, den schwarzen oder farbigen oder den bunt-beweglichen Figürchen in der nach einer Seite hin offenen Schachtel, die Bühne heißt. Irgend etwas in seinem Kopf ist bereit, die ihm über Buch, Bühne, Leinwand dargebrachte Fiction als Realität wahrzunehmen, eine Realität übrigens, die ihm realer erscheint als die Welt, in der er sich sonst bewegt, da er anderen, ihm begreiflicheren Gesetzen gehorcht. In dieser fiktiven Welt folgt eines aus dem anderen. Zufälle sind tabu; selbst das Unvollkommenste ist perfekter als im wirklichen Leben; von der Kartoffel gar nicht zu reden, die viel kartoffeliger ist als das verschrumpelte Ding auf unserm realen Teller. Es ist, als bestünde ein augenzwinkernder Kontrakt zwischen Publikum und Dichter: Du, Autor, gibst mir dein Erdichtetes, und ich, dein Leser, dein Zuschauer, obwohl ich's besser weiß, glaube daran.

GAUS: Es ist also die Macht der Fiction, die beweist: es gibt noch Richter in Preußen! Denn die Geschichte des Müllers von Sanssouci hat sich in Wirklichkeit ja ganz anders abgespielt als nach dem Klischee von der Großzügigkeit des großen Friedrich.

HEYM: Mein Beispiel wäre Richard III. Dieser Schurke, der sogar die armen kleinen Prinzen ermorden ließ im Tower von London, wie tief sitzt er in unsern Köpfen! Dabei war der Mann in Wahrheit gar nicht so gewesen, aber Shakespeare arbeitete nach einer Vorlage, die in bestimmter politischer Absicht verfaßt war und die, durch den Dichter zur fiktiven Wirklichkeit erhoben, bis heute uns beeinflußt.

GAUS: Sie sagen also, daß Fiction das Bewußtsein der Leute stärker prägt als die politische Berichterstattung?

HEYM: Mehr noch als das. Dichtung macht die Wirklichkeit transparent und schafft dadurch einen Anreiz zur Veränderung der Wirklichkeit.

GAUS: Mein Einwand – das kann so sein. Es kann aber auch sein, daß die Dichtung, in der Absicht, etwas zu verändern, nur ein Ausweg, eine Halbheit bleibt. In Ihrem „Ahasver" haben Sie geschrieben – dies ist kein wörtliches Zitat: Alle mißglückten Revolutionen entschuldigen ihr Versagen mit der Unvollkommenheit des Menschen. Nach einer solch guten Metapher ist man versucht, nicht weiterzudenken; politische Wirkung setzt jedoch erst ein, wenn man dann folgert: also der Mensch ist unvollkommen, deshalb glücken Revolutionen nicht, was kann ich trotzdem bewirken. Gerade das muß Non-fiction bringen, im Gegensatz zur Dichtung.

HEYM: Ich frage mich, ob der Dichter, der an ein neues Werk herangeht, nicht zunächst einmal, und noch bevor er an irgendwelche politischen Absichten denkt, sich sagen sollte: Ich will von Menschen schreiben, ihren Gefühlen, ihren Schicksalen. Und wenn dann, aus des Dichters Erleben und aus den Gedanken seiner Zeit, sich etwas Politisches herausschält, dann wird es auch auf die Leute wirken. Ich habe das schon bei „Hostages" erfahren, meinem ersten Roman, der in Deutschland jetzt „Der Fall Glasenapp" heißt. 1933 hatten die Nazis meinen Vater als Geisel verhaftet, als Geisel für mich. Das gab mir den Vorwurf zu diesem Buch, in dem ich, neben der kriminellen Seite der Sache, vor allem die Vorgänge in der Psyche einer Gruppe von Menschen unter dem besonderen Streß der Geiselhaft behandeln wollte. In der Zeit jedoch, in der ich das schrieb, machte sich im europäischen Untergrund der erste Widerstand gegen die Nazis manifest und verlangte nach Darstellung; zugleich entwickelten die amerikanischen Leute ein Interesse für derart Konflikte, und so wurde „Hostages" auf einmal auch politisch brisant.

Weiterer Vorteil des Dichters: Er kann sich der Utopie hingeben, viel eher als ein Autor von Non-fiction das vermag. Dem obliegt, sich strikt an die nüchterne Realität zu halten. Ich aber als Romancier kann mir leisten, ein „Schwarzenberg" zu schreiben, das zwar auf Fakten beruht – kurz nach dem Krieg existierte wirklich in einem Landkreis im Erzgebirge sieben Wochen lang ein unabhängiger deutscher Staat –

Zwischenruf aus dem Publikum: Herr Heym, davon weiß hier doch keiner! Aber Gott sei Dank haben Sie das Buch geschrieben ...

GAUS: Ich bestreite Herrn Heyms These entschieden. Aus unsrer Gegenwart ist die Kraft zur Utopie überhaupt verschwunden, aus der Dichtung wie aus der Non-fiction. Das ist einer der schweren Mängel unserer Zeit. Da, wo es noch Utopie gibt, ist sie zum Klischee entartet. Sehen Sie sich doch die sozialistischen Staaten an: Sie entsprechen in der Tat nicht der Utopie, welche die Menschen einst unter dem Begriff Sozialismus verstanden. Und hier im Westen wird sogar die Utopie verdammt, während man zugleich den real existierenden Sozialismus an der Utopie, die man gar nicht wahrhaben will, mißt.

Schwarzenberg war eine Sekunde der Weltgeschichte, und Sie haben, indem Sie den historischen Vorwurf aufarbeiteten, daraus Dichtung gemacht. Ein utopischer Entwurf ist es dennoch nicht. Sie sagen, Dichtung vermöge mehr zu bewegen als Non-fiction; ich sage Dichtung kann auch zur Verlegenheit werden. Die Dichtung kann meinetwegen Restbestände von Utopie noch aufarbeiten, die Non-fiction aber muß Fragen stellen auf der Basis der Realität, was Sie, Herr Heym, auch sehr scharf, korrekt und erkenntnisreich getan haben, wenn Sie über die DDR schrieben.

Die Dichtung kann mit der Metapher enden und das, was danach kommt, im Dunkel belassen. Ist es daher vielleicht ein Ausweichen, wenn Sie Romane schreiben, statt den Versuch zu machen, ein politisches Programm für eine Utopie zu entwerfen?

HEYM: Da bringen Sie mich in Verlegenheit ... Ich glaube, ich habe immer ein Doppelleben geführt, eines als Dichter und eines als Journalist. Das wurde mir auch oft genug angekreidet. Im Dichter fand man zu viele journalistische Züge, und den Journalisten nahm man nicht ernst, weil er ja eigentlich ein Dichter wäre. Aber das ging schon dem Heinrich Heine so und dem Dickens und vielen anderen.

Nein, ich benutze die Dichtung nicht als eine Art Ausweichgleis. Ich habe mich immer, wo nötig, ohne poetische Ziererei den Problemen gestellt, in Amerika als Redakteur, dann in Luxemburg, wo es darum ging, über den Sender zu den deutschen Soldaten zu sprechen, oder auch 1953, nach den Junitagen in der DDR, als ich mit „Offen gesagt", meiner Kolumne in der Berliner Zeitung, mich ebenfalls direkt an die Leute wandte, die von der Partei publizistisch im Stich gelassen worden waren. Erst als mir die Möglichkeit genommen wurde, in der Presse zu veröffentlichen oder in der Öffentlichkeit aufzutreten, zog ich mich zurück, der Not gehorchend und keineswegs dem Wunsche, auszuweichen, und wurde wieder hauptamtlicher Romancier.

GAUS: Karl Marx hat Non-fiction geschrieben und dennoch eine Utopie definiert. Kann Dichtung vergleichbar wirken?

HEYM: In der DDR hat man eine lange Zeit von der Literatur gefordert, daß sie Antwort auf die verschiedensten politischen Fragen gibt und Lösungen anpreist – am besten den von der Parteizentrale verkündeten analoge.

Ich habe das seit je für Unsinn gehalten. Der Genosse Stalin hat den Begriff „Ingenieur der menschlichen Seele" geprägt. Als ob die Seele eine Maschine wäre! Schreibe Vorbilder, wurde dem Autor gesagt, schreibe einen musterhaften Arbeiter, und alle Arbeiter werden musterhaft arbeiten. Ein Schriftsteller, der sich dazu hergibt, verprellt nur sein Publikum, und außerdem funktioniert die Methode nicht. Erinnern Sie sich an die Szene in Mark Twains „Tom Sawyer", wo die zwei Buben, Tom und Huck, aus dem Faß in Tante Pollys Laden saure Gurken stehlen – oder waren es Heringe? Hätte die Literatur wirklich Vorbildwirkung, dann müßten alle DDR-Knaben, die „Tom Sawyer" gelesen haben, saure Gurken stehlen.

GAUS: Es sind bei Mark Twain, glaube ich, saure Heringe, und die haben Sie in der DDR nicht immer im Angebot.

HEYM: Wenn bei uns gestohlen wird – und es wird reichlich gestohlen –, dann meistens von Erwachsenen. Mein Beispiel sollte nur zeigen, daß es mit der verändernden Wirkung der Literatur nicht ganz so einfach ist.

GAUS: Aber was tut die Dichtung dann eigentlich? Ruft sie Emotionen hervor, wo eigentlich Ratio angebracht wäre?

HEYM: Sie wirkt ja auch auf die Ratio: sie regt zum Denken an. Aber viel mehr noch bewegt sie den Menschen, indem sie, primär, Gefühle erzeugt. Dabei kann ihre Wirkung gut ebenso sein wie übel – nur eine direkte wird sie kaum je sein.

GAUS: Ich frage Sie jetzt: Wenn Sie die Dichtung als das Bewegendere bezeichnen, ist das nicht eine Art von Selbsttröstung, weil in manchen Herrschaftssystemen, dem in der DDR zum Beispiel, die dichterische Metapher das einzige ist, was dem Autor bleibt? Aus der persönlichen Situation heraus zwischen den Zeilen zu schreiben und Leser für Zwischen-den-Zeilen-Texte zu suchen – ein Trost für Sie?

HEYM: Seit je habe ich mich danach gesehnt, endlich ein Buch schreiben zu können, in dem alles nur erdichtet ist. Das Schicksal hat mir einen Strich durch die Rechnung gemacht: Es hat mir immer Themen serviert, denen ich mich nicht entziehen konnte – ob es der Krieg war, in dem ich zog, oder der 17. Juni, den ich miterlebte, oder anderes –, bis ich auf den König David kam. Dessen Geschichte, dachte ich, liegt wohl genügend lange zurück, da wird man so richtig darauflosdichten können; aber dann schlich sich doch, unvermeidlich, die Gegenwart ein.

Beim „Ahasver" war es nicht anders. Das Buch beginnt mit dem Engelsturz kurz nach der Erschaffung des Menschen, also wahrhaftig weit genug in der Vergangenheit, und endet mit Armageddon, jener Schlacht, in der alles enden wird und die nahe genug bevorstehen mag in unserer atomgeprägten Zeit. Und dann hat's mich doch gejuckt und ich habe die Gegenwart wieder eingeführt in Gestalt des Professor Dr. Dr. h. c. Siegfried Beifuß, den der Teufel direkt in den Westen holt. Der Witz ist: Man muß so schreiben, daß auch einer, der nicht den ganzen Hintergrund der Story kennt, kapiert, worum es geht. Was mir vorschwebt, ist so etwas wie ein integrierter Schaltkreis zwischen Realität und Dichtung. Auch Dichtung lichtet die Wirklichkeit irgendwie ab, wird sie aber, durch ihre überhöhte Sicht, so darstellen, daß der Leser daraus Erkenntnisse gewinnt, Erkenntnisse oftmals auch ganz anderer Art, als er aus Non-fiction gewinnen könnte.

GAUS: Ist die Dichtung nicht vielleicht die völlige Freisetzung der Subjektivität? Und ist nicht, anders als in der Non-fiction, die Reduzierung aller Probleme auf die eigene subjektive Sicht die wirkliche Chance der Dichtung?

HEYM: Ich frage mich, ob in der Non-fiction die Subjektivität sich nicht ebenso stark zeigt. Und überhaupt meine ich, daß die objektive Wirklichkeit, obwohl sie existiert, unserm Auge so ganz nie erkennbar sein wird.

GAUS: Jetzt zitiere ich aus einem Buch, an dem ich gerade arbeite: „Die Subjektivität der Mehrheit ist die herrschende Objektivität." Ich will damit unterstreichen, daß ich den Begriff Subjektivität als etwas Positives sehe.

HEYM: Das ist ein hübsches Aperçu, das man wünscht, selber geschrieben zu haben. Wenn Ihnen aber eine Dichtung gelingt, die so dicht ist, wie Dichtung sein sollte, dann wird sie als objektive Wirklichkeit erscheinen.

Bei der „Schmähschrift", einer längeren Novelle, die auf einem wahren Ereignis beruht, ist mir das, glaube ich, einmal geglückt. Da wurde doch, 1703, der Schriftsteller Daniel Defoe, in späteren Jahren Autor des Robinson Crusoe, wegen eines Pamphlets, das er anonym gegen kirchliche Doktrin und amtliche Tyrannei veröffentlichte, an den Pranger gestellt. Nun ist der Pranger, wenn das Volk sich gegen den Angeprangerten wendet, der da steht, Kopf und Hände in den breiten Balken geklemmt, und wartet, daß der stinkende Fisch und die faulen Tomaten, und härtere Geschosse noch, zu fliegen beginnen, tödlich. Im Falle Defoe aber nahm das Volk des Autors Partei – es jubelte ihm zu und schmückte den Pranger mit Blumen, und am Fuß des Prangers wurden eine Neuauflage seines Pamphlets verkauft und Exemplare eines Gedichts, von ihm im Gefängnis verfaßt, worin er die korrupten königlichen Beamten aufzählte, die eigentlich an den Pranger gehörten an seiner Statt.

Ich schrieb die Geschichte in der Form von Aufzeichnungen eines gewissen Josiah Creech, der den Auftrag hatte, den Autor des anonymen Pamphlets dingfest zu machen und vor den Richter zu bringen, und ich schrieb sie auf Englisch, dem Englisch Defoes; beim Studium seiner Arbeiten hatte ich mir seine Sprache so zu eigen gemacht, daß mir ihr Ton und Rhythmus wie von allein in die Feder kamen und sogar in der deutschen Übersetzung, die ich selber anfertigte, noch durchklangen. Und siehe, ein Professor an der Universität Oklahoma, ein Geschichtswissenschaftler, sandte mir einen Brief, in dem er anfragte, ob ich ihm nicht eine Fotokopie des Originalmanuskripts des Josiah Creech überlassen könnte; hätte ich doch in der Einleitung zu meiner „Schmähschrift" angegeben, dieses sei mir von einer Dame namens Agnes Creech nach einer während des Londoner Blitzes gemeinsam mit ihr verbrachten Nacht leihweise anvertraut worden und ich hätte es nur deshalb nicht retourniert, weil das Haus, in dem sie logierte, am Abend darauf schon nicht mehr da war.

Hier, scheint mir, erreichte Dichtung einen solchen Grad von Wirklichkeit, daß ein leibhaftiger Professor glaubte, er habe mit einem fiktiven Werk ein historisches Dokument vor sich.

GAUS: Wenn Sie die Wahl hätten, würden Sie dann lieber Leitartikel im „Neuen Deutschland" schreiben oder Romane?

HEYM: Wenn man mir eine wöchentliche Kolumne im „Neuen Deutschland" anböte, würde ich akzeptieren, denn das hieße doch, daß sich im Staate DDR etwas ganz Entscheidendes verändert hätte, das man sichern muß. Natürlich hätte ich, zur Zeitung zurückgekehrt, weniger Muße für meine literarische Arbeit, so wie damals, als ich „Offen gesagt" schrieb. Wie es jetzt ist, kann ich mich mit den Bürgern der DDR nur über das Westfernsehen verständigen; aber auch diese Auftritte reißen mich ja von meinem Arbeitstisch.

GAUS: Sie tun das, um politisch zu wirken?

HEYM: Ein Dichter soll auch das tun dürfen. Ich verweise auf den bereits erwähnten Heinrich Heine.

GAUS: Ich glaube, wir haben einen gewissen Punkt in unsrer Diskussion über Dichtung und Realität erreicht. Ich rekapituliere, was ich an einer Stelle bereits sagte: daß die Fähigkeit zur Utopie aus der Welt gegangen ist, in Dichtung wie Non-fiction. Aber wo ist denn der Utopieentwurf in der Dichtung?

HEYM: Utopie ist ein Traum. Die Menschheit muß ihre

Träume haben. Ich habe meinen Traum, Sie haben Ihren – oder vielleicht auch nicht, aber das möchte ich nicht annehmen.

GAUS: Deshalb sage ich ja, daß der Verlust der Fähigkeit zur Utopie einer der schwersten Mängel unserer Zeit ist. Ihr Roman „Schwarzenberg" ist für mich der entwaffnende, mich zutiefst rührende Versuch, sich an einer Utopie festzuklammern, die dort, wo sie den Schritt in die Realität getan hat, enttäuschen mußte. Das Schwarzenberg, das Sie geschildert haben, war für mich ein Nachtrag, ein subjektiver, traurig stimmender Nachtrag zu einer Utopie, die bei der Umsetzung in die Wirklichkeit Ihren Ansprüchen nicht standgehalten hat.

HEYM: Natürlich bin ich enttäuscht, daß die Träume meiner Jugend in der Form, in der meine Gesinnungsgenossen und ich sie einst träumten, nicht Wirklichkeit geworden sind. Auch die Männer, die heute bei uns an der Macht sind – ein paar von ihnen wenigstens –, hatten am Beginn ihrer politischen Bemühungen, vermute ich, Ideale.

Doch Ihre letzte Aussage, Herr Gaus, spielt wohl auf das Ende des Romans „Schwarzenberg" an – die Szene in dem Seminarraum der Universität Leipzig, da es um just den Punkt Utopie geht. Der Utopist im Buch, Wolfram heißt er, ist, rehabilitiert nach dem zwanzigsten Parteitag, aus einem sowjetischen Lager in der DDR zurückgekehrt und hat einen Posten als Dozent erhalten, und in dem Seminar, das er abhält, kommt die Rede auf die Ereignisse in Schwarzenberg, an denen er als Mitglied des Aktionsausschusses, der zeitweiligen Regierung dort, beteiligt war. Und nun, Jahre später, deswegen von einem Studenten befragt, muß er entscheiden: sagt er dem jungen Mann, wie wenig seine, Wolframs, Utopie in der Realität taugte – oder was rät er ihm? Schließlich sagt er, halt dich an deine Träume. Das ist die Weitergabe der Stafette, die wir alle einmal getragen haben, Herr Gaus; und wenn es Sie rührt, um so besser.

GAUS: Und Sie glauben an die Veränderbarkeit des Menschen?

HEYM: Im „Ahasver" ist dies sogar das zentrale Thema. Ahasver, der ewig wandernde Jude – er glaubt daran.

GAUS: Aber glaubt es auch Stefan Heym?

HEYM: Ich habe erlebt, wie Menschen sich verändern – nicht alle, und völlig kaum einer von ihnen, aber manche doch, ein wenig. Genug, um ins Gewicht zu fallen.

GAUS: Genug, um die Wirklichkeit zu transformieren? Genug zur Durchführung der Utopie?

HEYM: Genug … Wieviel ist genug? Wie viele Menschen, die die Dinge verändern möchten, werden gebraucht, um sie verändern zu können? Hängt das nicht auch von der Zeit ab, in der etwas geschieht? Als die Französische Revolution kam, waren plötzlich genügend viele solcher Veränderer da, und sie stürmten das große Gefängnis. Umsprung von der Quantität in die Qualität, Hegelsche Dialektik – wir erfahren es immer wieder.

GAUS: Aber die wirkliche Frage stellt sich doch erst danach. Nach dem Sturm auf die Bastille und der Freilassung der Gefangenen kam der Bonapartismus, kam der Kaiser, und dann wieder, bis 1830, die eher konterrevolutionär gesinnte Bourgeoisie. Gründet sich Ihr Glaube an die Veränderbarkeit des Menschen nur auf den Bastillesturm oder auch auf die Zeit danach und daß auch da noch die Kraft da war, um Utopie zur Wirklichkeit werden zu lassen?

HEYM: Lesen Sie nach der „Rouge et Noir"; Stendhal wird Ihnen bezeugen, daß trotz der regierenden Reaktion die durch die Revolution geänderten gesellschaftlichen Strukturen bleiben.

GAUS: Wenn Sie soweit gehn, dann frage ich Sie nun doch: Vorausgesetzt, es gibt keinen Krieg, wo wird sich nach Ihren Vorstellungen die DDR in zwanzig Jahren befinden?

HEYM: Da ich das kaum mehr erleben werde, kann ich mir jede Prophetie leisten. Aber ich will trotzdem vorsichtig sein. Ich würde sagen: bei allem, was dagegen spricht, es könnte aus der DDR doch noch etwas werden. Es haben sich bei uns neue Strukturen gebildet, nützliche, aber natürlich auch solche, die man raschestmöglich wieder beseitigen sollte; und auch bei Ihnen in der Bundesrepublik hat sich mancherlei geändert. Jawohl, ich bin der Meinung, es geht vorwärts in der Geschichte. Und nun können Sie mir sagen, ich sei ein Utopist.

GAUS: Ich möchte wissen, in welcher Richtung es geht. Was für Chancen sehen Sie da?

HEYM: Nehmen wir an, Sie hätten mich vor zwanzig Jahren befragt. Hätte ich Ihnen voraussagen können, was allein die Mikroelektronik und die sogenannte High-Tech heute leisten würden und was es noch alles an neuen Entwicklungen geben und wie das die Ökonomie beeinflussen würde und die menschliche Arbeit und die Stellung des Menschen in der sozialen Ordnung – und das Militärische? Wie soll ich Ihnen da heute prophezeien, was in weiteren zwanzig Jahren sein wird? Aber eines läßt sich sagen: Die Veränderungen der objektiven Faktoren – als da sind Technik, Wirtschaft, Kommunikation – werden soziale Veränderungen erzwingen. Welches die sein und wie sie aussehen werden, weiß der Teufel, aber daß die Dinge in zwanzig Jahren anders sein werden als heute, erscheint mir als sicher.

Frage aus dem Publikum: Herr Gaus, glauben Sie denn gar nicht an die Veränderbarkeit des Menschen?

GAUS: Nein, daran glaube ich nicht. Ich beklage das, denn ich würde gern daran glauben. So muß ich ohne die Utopien auskommen, die mir wohltäten, wenn ich an sie glauben könnte.

Frage aus dem Publikum: Wie etwa könnte denn die DDR in zwanzig Jahren aussehen?

GAUS: Erheblich anders als jetzt. Die DDR ist ja heute schon nicht mehr dieselbe wie im Jahre 1974, als ich die Ständige Vertretung der Bundesrepublik dort eröffnete. Die Menschen, besonders in der evangelischen Kirche, trauen sich heute vieles, was sie sich damals zu sagen und tun nie getraut hätten. Vorausgesetzt, es gibt in Europa keine schweren Verwerfungen – aber ich befürchte, es wird sie geben, ich bin da Pessimist –, dann wird die DDR sich den Menschenrechten des 19. Jahrhunderts stärker als bisher angenähert haben. Aber Stefan Heym sollte die Frage doch besser beantworten können als ich.

HEYM: Das weiß ich nicht. Sie hatten Gelegenheit, den Staat DDR zugleich von außen und von innen zu beobachten; mein Hauptblickfeld lag innen. Doch meine auch ich, es wird mehr Freiheit geben – und nicht nur Reisefreiheit –, sobald die Ernennung der Beamten kein Akt der Willkür mehr ist und die Machtorgane durch das Volk kontrolliert werden können und Presse, Funk und Fernsehen ihren eigentlichen Zwecken entsprechen. Es gibt bei uns, glaube ich, sogar auch im Apparat Leute, die in dieser Richtung drängen. Aber vergessen Sie nicht: so wie Sie hier in der Bundesrepublik von Ihrem großen Bruder abhängen, sind auch wir abhängig von unserem. Verändert sich in der Sowjetunion etwas, und es gibt deutliche Anzeichen dafür, dann könnte es auch bei uns zu größeren Änderungen kommen – nur sollte man tunlichst vermeiden, daß dabei etwas explodiert.

GAUS: Ich möchte hinzufügen: was auch in der DDR sich verändert, eines wird es, glaube ich, nicht geben – eine Mehrheit der Bevölkerung, welche die alten kapitalistischen Eigentümer und deren Erben in ihre früheren Rechte wieder eingesetzt sehen will. Dieser Illusion sollte sich niemand in der Bundesrepublik hingeben. Das Verlogene bei der Diskussion, die bei uns über das Selbstbestimmungsrecht beiderseits der Elbe geführt wird, ist ja gerade, daß man stets vermeidet, Farbe zu bekennen: sollen die alten Besitzverhältnisse wiederhergestellt werden oder nicht? Erst wenn man in dieser Frage ganz klar Stellung bezieht, kann aus dem in erster Linie für westdeutschen Hausgebrauch bestimmten Gerede von Wiedervereinigung ein Beitrag zu einem ernst zu nehmenden Gespräch über die beiden Deutschland werden.

Das ist, glaube ich, kein schlechter Gedanke zum Ende unsres Gesprächs. Wenn das Publikum einverstanden ist, dann haben Sie jetzt das Schlußwort, Herr Heym.

HEYM: Ich würde lieber auf ein Schlußwort verzichten. Nur noch eine Frage – an Sie, Herr Gaus: Warum schreiben Sie nicht auch einmal einen Roman?

GAUS: Ich schreibe gerade ein Buch über die Bundesrepublik.

HEYM: Fiction – oder Realität?

Ein deutsches Bauwerk

Einführende Bemerkungen eines Reiseführers vor
einem Reststück der Mauer

August 1986

Meine Damen und Herren!

Das Reststück der berühmten Mauer, vor dem wir uns befinden, wird Ihnen einen angemessenen Eindruck von dem
Gesamtbauwerk vermitteln, über das seinerzeit soviel geredet und geschrieben wurde und das, besonders wenn wieder ein armer Mensch es zu durchbrechen versuchte und
dabei scheiterte, so vielen Politikern Anlaß zu fulminanten
Ansprachen gab und so viele Zeitungen zu Leitartikeln voll
moralischer Entrüstung. Der internationale Touristikver-
band, als dessen Gäste auch Sie heute hier sind, scheut keinerlei Aufwand und Kosten, um die Anlage in dem Zustand
zu erhalten, in dem sie sich befand, als sie noch ihrem ursprünglichen Zweck diente; und die uns erhaltenen Vorla-
gen, nach denen das Ganze in den sechziger Jahren des vorigen Jahrhunderts konstruiert und in den folgenden
Jahrzehnten immer weiter vervollkommnet wurde, werden
auch von uns noch als Anleitung benutzt.

Wie Sie selber sehen, war die Mauer, vom Ästhetischen
her, ein eher anspruchsloser Bau; im Gegensatz zu den
Triumphbögen und Siegessäulen der Vergangenheit war sie
ja auch nicht Symbol eines Erfolges, sondern einer Niederlage. Sie war das, was man unter Architekten und deren
Auftraggebern als Zweckbau bezeichnet; sie entstand aus
der Not heraus, wie ein Deich oder andere Schutzwälle der
Art, und keiner ihrer Erbauer dachte auch im entferntesten
daran, ihr angenehme Proportionen oder reizvolle Formen
zu verleihen; mit ihren Vor- oder besser gesagt Hinterbefe-
stigungen beeindruckt sie uns heute nur noch durch ihre
Ausmaße.

Versuchen Sie, meine Damen und Herren, sich einmal vor-
zustellen, was mit den Mengen von Beton, Stahl, Draht,
Holz und anderen Materialien, die für die Mauer ver-
braucht wurden, Schöneres und Nützlicheres hätte geschaffen werden können und für wieviel bessere Zwecke die Ar-

beiter, die sie erbauten, und die Tausende von Soldaten, die den Bau nach seiner Vollendung in seiner ganzen Länge bewachen mußten, ihre Kräfte genutzt haben könnten, und Sie werden erkennen, wie verworren die Zeiten gewesen sein müssen, in denen dieses Bauwerk mit seinen Wachttürmen, Schutzstreifen, Stacheldrahthindernissen, Minenfeldern, Hundelaufbahnen et cetera, et cetera errichtet wurde. Ferner darf ich Sie auf eine weitere Eigenheit unseres Exponats aufmerksam machen: Die zusätzlichen Einrichtungen der Mauer nämlich befinden sich samt und sonders auf der dem Territorium der ehemaligen Deutschen Demokratischen Republik zugekehrten Seite; die Mauer ist also ein sozusagen nach innen gerichtetes Bollwerk, weniger gedacht, die Haufen von außen anstürmender Feinde abzuwehren, als von innen her nach außen drängende Individuen oder Gruppen zurückzuhalten. Diese Art der Anlage hatte ihre guten politischen Gründe, von denen ich Ihnen alsbald berichten werde.

Aber zunächst: Wer waren die Baumeister, wer inspirierte, verursachte, veranlaßte die Errichtung eines so einzigartigen Werkes moderner Bautechnik? Der Schriftsteller Stefan Heym, der die Gelegenheit hatte, die Gründe des Mauerbaus von Amerika wie von Deutschland aus zu erforschen und auf dessen Gedanken meine Ausführung hier und da Bezug nehmen, nennt in diesem Zusammenhang vornehmlich Adolf Hitler, Harry Truman, Konrad Adenauer und auf östlicher Seite Josef Wissarionowitsch Stalin und den seit je an städtebaulichen Fragen interessierten Walter Ulbricht; er fügt jedoch hinzu, wie die Geschichte denn überhaupt nur in begrenztem Maße von Einzelpersonen gemacht werde, seien auch hier größere Kräfte im Spiel gewesen, denen die Genannten untertan waren.

Vereinfacht gesagt, und damit Sie, meine Damen und Herren, sich ein Schema machen können: ohne Hitler kein Krieg und ohne Krieg kein Vorrücken der Sowjetmacht bis in die Mitte von Deutschland; ohne Hitler also keine Teilung Deutschlands in ein östliches und westliches Besatzungsgebiet. Die Anfänge der Mauer liegen demnach in jener Nacht im Januar 1933, als auf der Wilhelmstraße in Berlin SA und SS fackeltragend an ihrem Führer vorbeimarschierten und dieser sie vom Fenster der Reichskanzlei herab mit graziös erhobener Rechten zurückgrüßte. Trumans Bombe über Hiroshima dann vermittelte allen Beteiligten die Botschaft, daß Amerika sich die im Krieg errungene Überlegenheit für den Rest des 20. Jahrhunderts zu erhalten gedachte, und zum Teufel mit den Ansprüchen anderer; worauf Josef Wissarionowitsch Stalin beschloß, das Vorfeld, das ihm seine Armee erkämpft hatte und das vom Flusse Bug bis zur Elbe reichte – erinnern Sie sich, meine Damen und Herren, an die rote Fahne auf dem Reichstag –, fest in der Hand zu behalten.

Wenn es sich nun bei den beiden großen Kontrahenten um zwei einigermaßen gleichartig organisierte Mächte gehandelt hätte, wäre es nicht gar so schwierig gewesen, zu einem Agreement zu kommen und das beschnittene Deutschland Deutschland sein zu lassen. Die Weltgeschichte aber wollte es, daß das gesellschaftliche System der einen Großmacht auf kapitalistischer, von ihren Apologeten freiheitlich-demokratisch genannter Grundlage beruhte, während Großmacht Nummer zwo sich als kommunistisch bezeichnete und Herrschaftsstrukturen hatte, die sich von denen der ersten in mehreren Punkten grundsätzlich unterschieden; in beiden Systemen aber fühlten die Oberen sich dauernd bedroht von den Unteren und befürchteten, letztere könnten im jeweils anderen System nachahmenswerte Züge entdecken. So schotteten sie sich voreinander ab; Adenauer, von Ulbricht auf deutsche Einheit hin angesprochen, organisierte mit Hilfe der westlichen Alliierten in größter Hast einen deutschen Teilstaat, die ehemalige Deutsche Bundesrepublik, und Ulbricht, verschreckt durch die Ereignisse des 17. Juni 1953 in seinem Machtgebiet, suchte daraufhin seinen Laden ebenso dicht zu machen.

Herr Stefan Heym erinnert sich einer Sitzung in der zweiten Junihälfte 1953 im Gästehaus der Regierung am Thälmannplatz in Ost-Berlin, an der einige in der Deutschen Demokratischen Republik lebende Schriftsteller und von Regierungsseite der Ministerpräsident Grotewohl sowie, als Vertreter der Sowjetunion, der Hohe Kommissar Semjonow teilnahmen. In dieser Sitzung, erzählt Herr Heym, habe auch er in der Debatte das Wort ergriffen und von dem Wettlauf um die deutsche Seele gesprochen, der da zwischen West und Ost stattfinde und in dem es mitzuhalten gelte, wollte man nicht noch Unangenehmeres erleben als die Ereignisse der vorhergegangenen Tage. Darauf habe der Genosse Grotewohl sehr pikiert dreingeblickt, Wladimir Semjonowitsch Semjonow aber sei aufgesprungen und habe schon den Begriff des Wettlaufs um irgendwelche Seelen als höchst unmarxistisch bezeichnet. Herr Heym, damals noch wenig erfahren im Umgang mit hochgestellten Persönlichkeiten, habe ihm trocken erwidert, marxistisch oder nicht, die sowjetischen Genossen, und die deutschen erst recht, würden mitlaufen müssen, ob sie es wollten oder nicht.

Aber konnten sie denn mitlaufen? Lahmten sie denn nicht, meine Damen und Herren, auf beiden Füßen? Die Revolution 1917 in Petersburg war, wie wir heute wissen, ein problematisches Unternehmen gewesen; Marx und Engels, ihre Urväter, hatten sie anderswo erwartet, nämlich in einem industriell entwickelten Land wie England oder den USA, zur Not auch in Deutschland. Bei allem Heroismus und Opfermut blieb es doch bei der Verteilung der Pauvreté, vor der Engels schon gewarnt hatte; statt aus dem vollen schöpfen zu können, mußte man mit weniger als nichts beginnen, und es entfaltete sich in Rußland und nach 1945 auch in den Gebieten zwischen Bug und Elbe das, was die Zeitgenossen als real existierender Sozialismus bezeichneten: eine einmalige Mixtur aus richtigen Einsichten und falschen Folgerungen, die dazu führten, daß, wer konnte, nach den Privilegien der Macht strebte, während die, die an die Größe der Idee glaubten, sich einen Infarkt zuzogen oder gar ins Gulag gerieten.

Trotzdem, erklärt Herr Heym, sei dieses System à la longue immer noch das hoffnungsvollere gewesen, verglichen mit dem, was da westlich der Elbe herrschte; aber eben à la longue; auf kürzere Perspektive habe der Westen, besonders was die Ansprüche der Deutschen betraf, die Trümpfe in der Hand gehabt. Zum einen wirtschaftlich: Der Drang nach Privatprofit schuf höhere Effektivität der Arbeit, mit entsprechendem Angebot an allem, was dem Menschen das Herz im Leibe lachen ließ; und dann das Psychische. Die dilettantische und zugleich unsensible Weise, auf die man im Osten Denken und Empfinden der Menschen zu lenken unternahm, die Gebetsmühlenmethode, Wahrzeichen unfruchtbaren Sektenwesens, vergraulte die Leute, während die Macher im Westen vor den Augen des pp. Publikums die schillerndsten Seifenblasen tanzen ließen. Und es war unmöglich, der Bevölkerung der ehemaligen Deutschen Demokratischen Republik den Zauber der westlichen Welt zu verhüllen: Auch durch den dichtesten Vorhang, die dickste Mauer drang das Elektron und brachte das Wort der Verführer ans Ohr der unzufriedenen östlichen Massen und bunte, verlockende Bilder vor ihr Auge.

Das Spiel wurde gespielt zwischen den Public-Relations-Experten der Madison Avenue in New York und deren gelehrigen Schülern in Frankfurt, Hamburg und Köln auf der einen und den auf ihre stalinistische Phrasen eingeschworenen Agitationsbüros in Moskau und Ost-Berlin auf der anderen Seite; und je deutlicher die Parteifunktionäre spürten, daß sie ins Hintertreffen gerieten, desto ängstlicher wurden sie und desto härter ihre Maßnahmen.

Kein Wunder, daß ihnen immer größere Teile der Bevölkerung davonliefen über die offene Grenze; jeder riß den nächsten mit, eine fast panikartige Fluchtbewegung entstand; im August 1961 war es soweit, daß ein Werkleiter im Osten nicht mehr wußte, wie viele Arbeiter er am nächsten Morgen noch im Betrieb haben würde.

Bei Herrn Heym sprach in jenen Tagen ein ranghoher Genosse von der sowjetischen Botschaft vor und verlangte zu wissen, ob er als Schriftsteller, der sich von Berufs wegen mit dem inneren Wesen der Menschen beschäftige, einen Vorschlag hätte, wie sich dem Treiben Einhalt gebieten ließe. Nach einigem Nachdenken, das auch die Folgen für seine Person betraf, falls seine Antwort in den falschen Gehörgang geriet, antwortete Herr Heym, da müßte man wohl gewisse Strukturen von Grund auf ändern und vor allem eine andere Sprache im Umgang mit der Bevölkerung finden und ein anderes, weniger von dem Gefühl eigener Macht geprägtes Verhalten; doch werde es auch dann seine Zeit dauern, bis derart Reformen sich auswirkten. Der Genosse von der sowjetischen Botschaft, berichtet Herr Heym, habe traurig in sein Glas Tee geblickt und geseufzt, der Vorschlag, so richtig er auch sein möge, sei unter den obwaltenden Umständen leider nicht durchführbar, und man werde sich da wohl eine Maßnahme einfallen lassen müssen, die unmittelbar greife.

Sie sehen also, meine Damen und Herren, daß die Mauer, wie ich Ihnen zu Anfang bereits darlegte, aus der Not geboren war und nicht aus irgendwelcher bösartiger Willkür; sie diente dazu, den real existierenden Sozialismus in der ehemaligen Deutschen Demokratischen Republik vor dem Zusammenbruch zu bewahren, einem Zusammenbruch, der hier, an der Nahtstelle zwischen den beiden Machtblöcken jener von Atomraketen geprägten Zeit, mit großer Wahrscheinlichkeit zu kriegerischen Verwicklungen geführt hätte.

Zugleich aber ermöglichte sie es einer Minderzahl von gescheiten, tapferen, geduldigen Leuten, den Versuch zu unternehmen, aus dem real existierenden einen erträglichen, den Menschen zum Nutzen gereichenden Sozialismus zu machen, einen Sozialismus etwa, wie ihn die beiden Urväter und ein jüdischer Kaufmannssohn mit Namen Lassalle und die nie genug gewürdigte Genossin Luxemburg erträumt hatten. Daß just das lange Zeit nicht gesehen wurde, ist nicht die Schuld dieser durchaus von gutem Willen geleiteten Leute, ebensowenig wie man gerade sie verantwortlich machen kann für die bedauernswerte Tatsache, daß von 1961 bis zur endlichen Abschaffung des Bauwerks, dessen Reststück Sie vor sich sehen, meine Damen und Herren, das Gesamtbild des Sozialismus durch die Mauer entstellt war und daß hinter der Mauer Millionen von Menschen in Frustration lebten, weil ihnen die Aussicht und der Ausflug „nach drüben", wie man es damals nannte, versperrt war.

Die Mauer, Herrn Heym zufolge, war nichts als der dreidimensionale Ausdruck der Zweiteilung Deutschlands, mehr noch, der Welt; in dem Moment, da auf beiden Seiten die Zustände verändert wurden, die die Teilung bedingten, fiel auch die Mauer, und es blieb nur die Aufgabe, zur Belehrung besonders der Jugend, aber auch älterer Herrschaften, die sich nicht mehr so deutlich erinnern, unser Reststück als Andenken an die komplizierten Verhältnisse einer nicht gar so fernen Vergangenheit vor dem Verfall zu bewahren.

Hinzufügen darf ich noch, meine Damen und Herren, daß die Mitarbeiter des internationalen Touristikverbandes, Reiseführer, Fahrer, Reinigungskräfte und meine Wenigkeit,

die Ihnen den Besuch dieser Gedenkstätte so angenehm wie möglich zu machen suchen, für jede Anerkennung dankbar sein werden; im Kiosk neben dem Eingang finden Sie, käuflich zu erwerben, Ansichtskarten, Diapositive und andere Souvenirs sowie einschlägige Literatur.
Ich danke Ihnen.

Der Spiegel

Schreiben nach Auschwitz

Rede in der Paulskirche in Frankfurt am Main

Oktober 1988

Nichts ist mehr, nach Auschwitz, so wie es vorher war. Der Rauch aus den Öfen hat das Blau des Himmels für immer getrübt; der Gestank des Orts wird über uns hängen bis ins dritte und vierte Geschlecht.

Nicht daß ich Anklage erhöbe gegen die, denen der Dr. Kohl die von ihm entdeckte Gnade der späten Geburt zugute kommen läßt. Es ist nicht meine Aufgabe, heute und hier, Anklage zu erheben; und wer bin ich, mit Steinen um mich zu werfen, die wohl die Richtigen treffen würden, man kann sie gar nicht verfehlen – aber doch auch Falsche.

Die Anklage möge jeder gegen sich selber erheben. Jeder möge sich prüfen: Wo stehe ich, mit Namen Soundso, und geboren nach Auschwitz, an diesem Herbsttag des Jahres 1988, und wo hätte ich damals gestanden, als die Opfer zusammengetrieben und auf die Reise geschickt wurden zu den Rampen des Dr. Mengele? Hätte ich mich erhoben in Protest? Hätte ich auch nur versucht, eine Rinde Brotes durch die Vergitterung der Güterwaggons zu schieben beim Halt der traurigen Züge auf irgendeinem der Bahnhöfe, durch die sie kamen? Oder mich abgewandt, mit geducktem Kopf, nur nichts sehen und hören – oder hätte ich mitgehöhnt gar und mitgeschrien?

Denn Auschwitz wird auch noch sein, ein Menschheitsalpdruck, nachdem der letzte verscharrt ist, der sich mitschuldig gemacht hat durch sein Reden und Tun, und durch sein Schweigen – durch Schweigen die Mehrzahl. Unseres ist das Jahrhundert der Massengemetzel; Auschwitz ragt nur besonders hervor, weil es mitten in Europa geschah und sich gegen eine gänzlich unschuldige und dazu noch wehrlose Minderheit richtete und mit solch deutsch-bürokratischer Gründlichkeit durchgeführt wurde, in Zeitlupe sozusagen, jede Brutalität vorbedacht bis ins Detail. Gulag war anders, da schlugen welche um sich, besessen von Machtgier und Furcht zugleich, und es traf, wen es traf, einzelne

227

oder Gruppen oder ganze Völkerschaften; Hiroshima, atomare Bluttat, war ein Schlag, eine gewaltige Explosion, und das Napalm, das in Vietnam vom Himmel fiel und den fliehenden Kindern die schutzlose Haut vom Leibe sengte, ein System ohne System; und das stumme, verbissene Morden allüberall, Bürger gegen Bürger, mit Hunger und Folter und Chemie und Bakterien als Waffe, und als Losungswort immer noch Rasse und Religion: Wer zählt die Opfer. Aber das alles – andere taten's ja auch, mein Herr, meine Dame, höre ich immer, und sogar die Juden tun's jetzt, und *wir* haben die Lager ja nicht erfunden! –, dies ganze grausame Register ist keine Entschuldigung für eignes Versagen.

Und man darf es nicht gelten lassen als Entschuldigung, weil wir die letzte Generation sind, die fähig und in der Lage, der Gefahr eines noch größeren Auschwitz zu begegnen, eines Armageddon radioaktiven oder gentechnologischen oder ökologischen Ursprungs; die nach uns werden schon nicht mehr da sein, wenn es uns nicht gelingt, dies weltweite, allem ein Ende setzende Superauschwitz zu verhindern.

*

Auch das Schreiben ist, nach Auschwitz, nicht mehr, was es einst gewesen. Wohl gibt es Frühling noch und das Lächeln junger Frauen, und die Schönheit von Maß und Proportion; aber über allem liegt, wie ein blutig getönter Rauhreif, das Gedenken an das Furchtbare, das Menschen Menschen getan und jederzeit wieder tun mögen.

Es ist viel geschrieben worden über die deutschen Konzentrationslager, über Auschwitz besonders – Erlebnisberichte, Zeugnisse, Dokumente; wer kennt die Fotos nicht, Haufen von Kleidern, Kinderschuhen, Menschenhaaren; die Folterinstrumente, die Schubkarren, die Öfen; und die Skelette, mit dünner Haut bezogen und in den Augen kaum noch ein Glimmer von Leben – und all das gedruckt uns vorliegend oder sogar gefilmt, eine ganze riesige Bibliothek von Sachliteratur, Literatur zu dieser Sache. Hier aber stoßen wir an die Grenzen der Wirkung von Literatur: ein Toter, zehn oder meinetwegen auch fünfzig, sind dem Begriffsvermögen erfaßbar, aber Tausende, Zehntausende, Millionen? Das wird zur Abstraktion, und die Abstraktion vermag nicht, ans Herz zu greifen, der übergroße Schrecken schreckt nicht mehr.

Selbst die Frage, wie es zu Auschwitz kommen konnte, ist nie zur Genüge beantwortet worden. Die Fage zu stellen schon heißt Abgründe aufzureißen, vor denen die meisten schaudernd sich abwenden. Was für Abartigkeiten sind da verborgen im Menschen, genauer gesagt, unter den Deutschen, daß dieser von Paragraphen gesäumte Kannibalismus ungehindert sich ausbreiten durfte? Was für Beamte was für eines Staates sind das, die, gutbürgerlich gekleidet oder in maßgeschneiderten Uniformen, in einer Villa im Westen Berlins sich versammeln, um so etwas wie die Endlösung zu besprechen, die grausigen Einzelheiten geschäftsmäßig abhakend? Welche Paranoia ergriff da wie viele, und wie war das möglich? Dr. Jekyll and Mr. Hyde als Massenerscheinung, was ist die Erklärung?

Darum das Auge des Dichters zu Hilfe, eines mitunter, der selber Zeuge war des Fürchterlichen und überlebte, und der zu gestalten weiß, soweit sich der Schrecken gestalten läßt. Da sind Bruno Apitz' „Nackt unter Wölfen" und Jurek Beckers „Jakob der Lügner" und Hainar Kipphardts „Bruder Eichmann" und Werke anderer in Israel oder in Polen, und Filme wie „Shoah" und „Holocaust". Aber auch hier hat man oft das Gefühl, als riefen welche in die Wüste; der Verdrängungsprozeß, der schon einsetzte, als die Greuel geschahen, hat sich fortgesetzt über die Jahrzehnte hinweg und wurde zum inneren Zwang: Wie soll man auch leben mit Auschwitz, also vergessen wir's.

Man redet von Vergangenheitsbewältigung: ein deutsches Modewort, Ost wie West. Bei uns in der DDR haben wir die Vergangenheit so famos bewältigt, daß wir uns mit Fleiß zu den Siegern der Geschichte zählen; befreite Befreier, wer eigentlich war bei uns ein Gefolgsmann Hitlers gewesen? Bei Ihnen in der Bundesrepublik ging es anders, fast möchte man sagen, offener zu: Nach ein, zwei Jahren im Bußgewande zog man das alte, braune Kleid wieder hervor: was Scham, was Sünde wider den Geist – wir wollten ja nur wieder stolz sein dürfen auf Deutschland, hieß es, und gab uns Hitler nicht Grund genug zu solchem Stolz; nur das mit den Juden, das war ein Fehler gewesen, das hätte er nicht tun sollen.

Und weder hier noch dort eine gründliche Erforschung der eigenen Psyche, der Antriebskräfte, die, um mit Hainar Kipphardt zu sprechen, den Bruder Eichmann in uns wirksam werden ließen. Weder hier noch dort ein echter Neubeginn, selbst wenn viele, ich selber unter ihnen, glaubten, er habe stattgefunden. Ein Neubeginn hätte neues Denken erfordert, neue Gefühle, neue Beziehungen der Menschen zueinander; Versuche gewiß, wurden unternommen, und es war viel die Rede vom neuen Menschen, dem sozialistischen gar, und von wahrer Demokratie; aber nach ein paar Jahren stellte sich heraus, daß es trotz aller Bemühungen wieder ein Oben gab und ein Unten, und zu sagen hatten die einen, zu gehorchen die anderen, und die schönen Worte, Extrakt der besten Ideen der besten Geister über Jahrhunderte hinweg, erstarrten zu leerem Formelkram, Gebetsmühlengeratter; und die häufigste Geste, wie oft wiederholt jeden Tag, war das Achselzucken, das eigene und das des Nachbarn, das hilflose Heben der Hände: Was kann denn ich tun. Und wenn wir uns wundern über den Mangel an Begeisterung unserer Kinder für die großen Ideen der Revolution, der von 1789 wie der von 1917, und über das wilde Wesen der Jugend, ihre Abwendung von der Norm, ihre schrillen Töne und Farben, den Ausstieg in Drogen und Alkohol, die Flucht in Gewalt und Terror, und in Anbetracht solcher Schrecken zu gackern beginnen wie Hennen, die ein Schock Enteneier ausgebrütet: Was anderes empfangen wir da als die Quittung für das, was von den Großvätern verschwiegen und von den Vätern verdrängt wurde?

Der Auseinandersetzung mit Auschwitz, dem von damals und dem künftigen, dauernd ausweichen zu wollen, geht nicht an; dieser Fluch wird, solange die Feuer nicht gelöscht sind, der fettige Rauch nicht vertrieben, fortzeugend Böses gebären.

*

Was aber wurde aus dem Antisemitismus, dessen übelste Frucht und Ausgeburt die deutschen Judengesetze waren und eben jenes Auschwitz, das uns immer noch beschäftigt und uns das traurige Thema zu unsern Betrachtungen heute, in diesem traditionsreichen Raume, liefert?

Es streiten sich die Gelehrten über den Zeitpunkt, der den Anfang unsres modernen Antisemitismus mit all seinen einzigartigen, stets jedoch mörderischen Eigenschaften markiert. Juden wurden ja, wie jedermann weiß, bedrückt und verfolgt schon in biblischen Zeiten; weshalb sonst hätte Gott seine zehn Plagen gegen Ägypten geschickt und sein Volk mit viel List nach Kanaan gebracht, vierzig Jahre Wanderschaft durch Meer und Wüste; und das Exil an den Wassern Babylons war auch kein Zuckerschlecken, noch das Joch Roms und der Tod durch das Schwert und am Kreuze nach der Zerstörung des Tempels durch Titus. Doch waren die Juden damals ein Volk, ein kleines zwar, das darum seine Niederlagen erlitt, aber auch Siege erfocht, ein Spielball eben der sozusagen normalen Geschichte.

Aber danach? Beginnt der Antisemitismus etwa mit der Diaspora, der Zerstreuung dieses kleinen Volkes über die damals bekannte Welt, und wodurch beginnt er und weswegen – weil diese Juden sich weigerten, aufzugehen in ihren Gastvölkern, weil sie, zäh an ihren Riten festhaltend und ihren Büchern, an ihren einen, unsichtbaren und unnennbaren Gott selbst dann noch zu glauben vorzogen, als eine Tochterreligion der ihren zur herrschenden wurde unter dem Kaiser Konstantin und dessen Nachfolgern und sie sich's hätten leichtmachen können: Was lag schon daran, ein Stück Waffel essen und einen Schluck Wein trinken und bekennen, daß der Rabbi Joshua aus Nazareth der ersehnte Messias gewesen wäre! Die Kreuzzüge, die mit der Ermordung der Juden in den Ghettos der deutschen Städte begannen, waren sie schon Antisemitismus oder doch eher Glaubenskriege, Juden, Heiden und Ketzer in eine Reihe getan und darum verfolgenswert und zu vernichten? Die grausamen Vertreibungen der Juden aus Spanien, aus England und aus wie vielen Ländern noch: bereits Antisemitismus oder simpler Haß und tumbe Abwehr gegen das Fremdartige, Geheimnisvolle, das sich den anderen zu öffnen und ihnen sich anzupassen ablehnte?

Der moderne Antisemitismus, dem es nicht so sehr um Christ gegen Jud' geht, sondern um Rasse, was für Füß' einer hat und welche Form von Nase, und um Über- und Unterlegenheit, des Blutes, aber ökonomische auch, die sogar vor allem, also um Klasse – dieser moderne Antisemitismus, glaube ich, hängt unterschwellig zusammen mit der modernen Geldwirtschaft und tritt auf zugleich mit ihr und entwickelt sich in schöner Parallelität zu ihr. Das fängt an in der Lutherzeit, deutlich, nachdem den Juden, die sonst nichts betreiben durften, kein Handwerk, keine Landwirtschaft, nur das Hausieren blieb und der Geldverleih, und es ist Luther selber, der die neuen Töne findet und die neuen Inhalte: erstlich, daß man ihre Synagogen und Schulen mit Feuer anstecke und ihnen nehme ihre Betbüchlein und Talmudisten und ihren Rabbinen verbiete zu lehren, und zum anderen, daß man den jungen starken Juden in die Hand gebe Flegel, Axt und Spaten und sie arbeiten lasse im Schweiß ihrer Nasen; wollen sie's aber nicht tun, so soll man sie austreiben. Von jenen kraftvollen Sätzen ist es ein gerader Weg zur Kristallnacht, zur großen Beraubung, und zur Austreibung, nach England oder Amerika, wenn einer Glück hatte, oder nach Auschwitz.

Und doch ist auch das Ökonomische nicht die ganze Erklärung. Der Antisemitismus, Auschwitz, hat sich verabsolutiert; er nährt sich auch ohne historischen Boden; nach Auschwitz sind die Juden in Deutschland an den Fingern weniger Hände zählbar, in der Bundesrepublik gibt es weder Großbanken in jüdischem Besitz noch Warenhäuser wie einst in Weimar, weder Zeitungen noch Theater, die von Juden beherrscht würden; von der DDR, wo das alles sowieso Staatseigentum, gar nicht zu reden; man sollte annehmen, der Antisemitismus müßte verschwunden sein mangels Masse; aber man braucht nicht lange zu kratzen, und da ist er wieder, dicht unter der Haut. Über die Jahrhunderte hinweg hat er sich eingefressen; dem primitiven Hirn, das auf der Suche ist nach den Schuldigen für eigenes Mißbehagen, fällt noch immer am leichtesten ein: der Jud'. Es sind, sagen sie wieder ganz offen, noch zu wenige vergast worden damals. Und die das verkünden, sind nicht etwa nur die Greise, die sich zurücksehnen nach der Zeit, da sie Europa unter dem Stiefel hatten und einbrechen konnten, wo sie wollten, und den Menschen ins Gesicht treten; das sind sogar ganz Junge, die so reden; sie haben sich das faschistische Wortgeklingel zu eigen gemacht und sich uniformiert, kahlschädlig, mit Lederzeug und stahlbeschlagenen Stiefelspitzen und Schlagwaffen, und gehen aus auf Terrorzüge so schlimm wie einst die SA, unter eigner Disziplin, und mit eigener Ideologie, keiner neuen, beileibe, es ist die uralte Hitlersche, die da Urständ feiert. Und das geschieht in ganz Deutschland, nicht etwa im Westen nur, wo derart Gedankengut nie ausgerottet wurde; nein, auch bei uns in der DDR, wo man sich einbildete, damit ein für allemal aufgeräumt zu haben, zeigt es sich; immer wieder kriecht das aus dem anscheinend ewig fruchtbaren Schoß.

Und warum auch nicht? Ist nicht Auschwitz, die aufs gründlichste organisierte Vernichtung menschlichen Lebens, Ordnung, Ordnung per se, tödlich zwar, aber dennoch den dumpfen Köpfen eine Antwort auf das Chaos, mit dem sie, die Träger dieser Köpfe, nicht fertigwerden auf lebensbejahende Art? War nicht der Nazismus die deutsche Antwort gewesen auf das deutsche Chaos am Anfang der dreißiger Jahre? Und stecken wir nicht inmitten eines neuen, allumfassenden Chaos, die alten Ordnungen in Auflösung begriffen, die alten Werte fragwürdig geworden, Ost wie West?

Manchmal kommen sie zu mir und befragen mich, junge Menschen, die sich nicht mehr zurechtfinden in dem Gestrüpp der Verlautbarungen und Thesen, der Anpreisungen und Reize, und der Bedrohungen. Dabei frage ich mich selber: Was für eine Welt hinterlassen wir ihnen denn? – unbeherrschbares Atom und Raketen, bald in der Hand eines jeden Condottiere, der sich im Drogenhandel betätigt; Killerviren, künstlich geschaffen, die von dir zu mir wandern in Samen und Blut; brennende Wälder, stürzende Berge, verpesteter Boden, gestorbene Meere; Wasser, das nicht mehr zu trinken, Luft, die kaum noch zu atmen ist, und im schützenden Ozon oben ein stets sich vergrößerndes Loch, das wir selber erzeugen und das uns vernichten mag in unferner Zukunft.

Und selbst die kleine Hoffnung, die Israel einst war für den oder jenen, was ist aus ihr geworden?

*

Es gab, vor nicht allzu langer Zeit, in der DDR einen Streit, weil ein paar Schriftsteller meinten, sie seien verpflichtet, für jene zu sprechen, die angesichts der aufgetürmten Probleme nicht, oder nur schlecht, sich artikulieren konnten. Den Schriftstellern wurde vorgehalten: Welche Arroganz! Es gebe doch, hieß es, die von der Geschichte sichtbarlich erwählte führende Schicht der führenden Klasse, und ihr obliege das Sprechen sowie das Denken, das dem Sprechen vorherzugehen habe; und diesem mit Gesetzesmacht vorgetragenen Postulat folgten Jahre eines Dialogs von Stummen mit Tauben. Bei Ihnen hier in der Bundesrepublik kam es der Mehrzahl der Schriftsteller gar nicht erst in den Kopf, für irgend jemanden sprechen oder gar die Zustände im Lande verändern zu wollen durch Forderungen, soziale, politische, ethische; wer hätte die Schriftsteller auch ernst genommen, bei solchem Tun, ihr Fach war das U und das E, aber beileibe nicht das V, V für Verantwortung; außerdem gab es der Sprecher zu viele schon in jedem Verein, jeder Partei, jedem Sender und jedem Verlagshaus; in der Flut der Worte ertrank das Wort.

Ich will nicht sagen, daß irgendwelche Schriftsteller, mich eingeschlossen, Patentlösungen hätten für das, was uns quält und was die jungen Menschen von uns entfremdet und jedem quäkenden Rattenfänger nachlaufen läßt. Aber sie sind, die Schriftsteller, durch ihr Handwerk prädestiniert, das Unbehagen und die Ängste, und die Gefahren, die daraus erwachsen, zunächst einmal in lesbare Sätze zu fassen und die Fragen zu formulieren, mit denen nach Auschwitz Regierende wie Regierte konfrontiert sind; die Suche nach den Antworten aber wird ein gemeinsames Unternehmen sein müssen, denn alle sind wir betroffen, gleich welcher Hautfarbe und Konfession und welchen Alters und Vermögens, Männer wie Frauen, Bekannte wie Unbekannte.

Das will nicht heißen, daß nach Auschwitz und angesichts der Welt, wie sie durch Auschwitz geprägt, sämtliche Schriftsteller, die deutschen besonders, in ihren Büchern und Stücken, ihren Storys und Versen und worin auch immer, in regelmäßiges Wehklagen ausbrechen müßten und in Gejammer, oder in gräßlichen Warnungen sich ergehen: Regimenter computerisierter Kassandren. Aber wissen müssen sie, was gewesen ist, und es muß gegenwärtig sein in ihrem Hinterkopf bei jedem Wort, das sie schreiben, eine immerwährende Wachsamkeit sich selbst gegenüber und den

Eindrücken, die täglich und stündlich die Nerven bestürmen und das Herz – dann wird das Werk, ganz gleich, wovon es handelt und welche Form es hat, dem Anspruch genügen, der heute an jeden gestellt wird, dessen Wort imstande, andere zu rühren, und wird das Vermächtnis erfüllen, das die hinterließen, die im Rauch über Auschwitz verschwanden. Und wird so, vielleicht, zu verhindern helfen, was uns bedroht.

Über eine Ethik von morgen

Rede bei den Römerberggesprächen in Frankfurt am Main

Juni 1989

Mit dem Alter kommen die Zweifel. Das wird manch einem so gehen; was hat man alles geglaubt und lauthals verkündet – und nun? Und die Versuchung naht sich: Laß es doch gut sein, verkriech dich im Sessel und halt dir die Füß' warm.

Nur wie dann reagieren, wenn Menschen zu dir kommen, jüngere vor allem, und wissen wollen, wie *sie* leben sollen in dieser Welt, die du und deinesgleichen geformt haben für sie, und wenn sie Antworten erwarten von dir auf die großen Fragen der Zeit? Weißt du denn so genau, welches diese Fragen sind und wie sie sich dem einzelnen stellen – in puncto Ethik zum Beispiel, speziell einer Ethik von morgen?

Wahrscheinlich kannst du nicht viel mehr tun als die Erfahrungen zu vermitteln suchen, die du selber gemacht hast, und die Gedanken, die dich veranlaßt haben, so oder so zu handeln, und dann in gemeinsamer Bemühung mit ihnen, den jüngeren, danach streben, Verhaltensweisen zu finden, die ihren und deinen Nöten, den seelischen wie den sozialen, abhelfen könnten.

*

Es ist ein Unbehagen unter den Leuten.

Nicht daß die zweigeteilte Welt, die sich nach der Zerschlagung des tausendjährigen Reiches herausgeschält hat im Zeichen des Atoms, so geruhsam und in Harmonie mit sich selber gewesen wäre – kein einziges Jahr seither, in dem nicht irgendwo geschossen und gebrannt und gebombt, gefoltert und getötet wurde. Die Besitzenden, wie eh und je, beuteten die aus, die nichts hatten, und die Mächtigen saßen im Nacken der Schwachen; verweht die Träume, von einigen Narren geträumt nach Hitlers ruhmlosem Tode. Aber ein Gleichgewicht hatte sich gebildet, das wenigstens

Allianzen mit Heeren, die, atomwaffenstarrend, einander gegenüberstanden, und herrschte nun, auch wenn es ein Gleichgewicht des Schreckens war; obwohl gefährlich schwankend bei jeder, auch der kleinsten Krise, erschien es den Menschen stabil, und sie bauten ihr Leben auf dieser irrsinnigen Konstruktion: Riesige Städte errichteten sie, ganze Industrien mit völlig neuen Techniken; sie landeten auf dem Mond, ein kleiner Schritt nur, durchrasten die Länder, erschufen künstliche Gedächtnisse, ihre Kinder schon lernten das Zeug zu bedienen, sie steigerten Handel und Wandel zu schwindelerregenden Profiten und brachten die tödlichste Pest aller Zeiten über Luft, Erde, Meere.

Wie großartig: der Mensch als sein eigner Vernichter, Macht und Eigennutz seiner Götter, Irrsinn und Unmoral in Permanenz, Mafiosi in den Regierungen, ja, die Regierung selber eine einzige Mafia oft; nur einen Vorteil bot das Ganze, es war berechenbar, die Zustände anscheinend unveränderlich, man konnte sich darin einrichten, und zahllose Menschen taten das auch, sie lebten dahin, was sonst sollten sie tun, und hielten die seelischen Unkosten so niedrig wie möglich; in der Sowjetunion erfand man dafür das schöne Wort Stagnation, aber es galt, mutatis mutandis, für anderswo gleicherweise.

Auf einmal jedoch, wer weiß genau, wann es begann und wo, knistert und knackt's im Gefüge; in Ost wie West, Nord und Süd, gerieten Strukturen ins Wanken, die soeben noch für mehr oder weniger solide galten oder gar als unerschütterlich; der Feind, auf dessen ewige Feindschaft man sich verlassen zu können glaubte, streckt plötzlich die Hand aus und sucht Partnerschaft, das Reich des Bösen wird zur touristischen Attraktion, sogar der Vorhang über der bis dato sorgsam geheimgehaltenen eignen Vergangenheit wird vorsichtig gelüpft. Aber mehr noch als das, die Veränderung geht tiefer, hinein ins Psychische: Die Autoritäten von gestern verlieren an Autorität, der Mensch, eben noch ängstlich geduckt, hebt den Kopf und blickt in bisher verbotener Richtung, die Stimmen der Diktatoren tönen zwar noch aus den Lautsprechern, aber ihre Gebote schrecken nicht mehr, und die Masse, zurückflutend vor den Knüppeln der Organe des Staats, sammelt sich wieder und kehrt zurück, Lieder auf den Lippen; es ist, als hätte ein kleiner Junge irgendwo gerufen: Der Kaiser ist nackt! Was ist geschehen?

Woher die Tollkühnheit, anders läßt sich das nicht bezeichnen, mit der ein paar hundert oder tausend junger Leute, Hand in Hand miteinander, dazu Frauen mit Babys in Kinderwagen und ein paar schütterbärtige Pfarrer und Professoren, den wohlgeordneten Reihen gepanzerter Polizisten trotzen? Woher die unauffällige Zähigkeit, mit der sonst durchaus nicht mutwillige Menschen Tempo und Weise ihrer Arbeit nach Maßgabe selbsterkannter Notwendigkeiten einrichten und nicht nach Trommel und Pfeife ihrer Aufseher? Woher die vielerlei listigen Wege, auf denen das Wort, das freie und kritische, die Ohren des Volkes erreicht, trotz Schere und Paragraph, Verbot und Verdammung?

Dabei war doch alles so herrlich eingerichtet gewesen nach erprobtem Schema, hier wie dort. Da waren, wie im Kinderspiel, die Guten und die Bösen, und wir waren immer die Guten, obwohl wir irgendwie ahnten, daß die Blumen des Bösen auch bei uns wucherten, und keineswegs nur im Verborgenen. Aber daß, trotz alledem, wir die Guten waren und unsere Führer, bis sie in irgendeiner Versenkung verschwanden, von ganz besonderer Güte, das stand fest; es hielt uns zusammen, dieses Bewußtsein, und gab uns das Recht, die anderen, die nicht unseres Typs waren und, weil zu anderen, minderen Kategorien gehörig, weniger gut als wir, zu piesacken, auszurauben, vertreiben und, wenn sich die Gelegenheit ergab, möglichst qualvoll zu töten; und selbst wenn diese anderen, Minderen, sich umkehrten und uns aufs Haupt schlugen, hingen wir, schon damit unsre Welt auch weiterhin in Ordnung blieb, dem Glauben an unsere Überlegenheit trotzig an.

Was, zum Teufel, erschütterte das Schema – wenigstens bei den einigermaßen Sensiblen? Ist es, weil der Mensch ein Mensch ist und etwas in sich trägt, das ihn, trotz all seiner Faulheit und feigen und kleinlichen Charakterzüge, zwingt, sich immer wieder mit sich auseinanderzusetzen? Weil er, seit er die erste Steinaxt schuf, den ersten Funken schlug, ein Forscher war, voll dumpfer Ungeduld und Unzufriedenheit mit dem Bestehenden?

Revolutionen, geboren aus den Hoffnungen der Utopisten, verkrusten, so bestätigen uns die Historiker, sehr bald, und die Gipfelstürmer von ehemals wandeln, wir belächeln es selber täglich, gemäßigten Schritts die ausgetretenen Pfade der Täler. Doch die Hoffnung bleibt und die Utopie, ein geheimes Rinnsal unter dem trockenen, sandigen Boden, das, wenn alles am ödesten und bedrückendsten, plötzlich hervorquillt und neues Grün emporschießen läßt. Ein solcher Moment, scheint mir, ist wieder gekommen: Es ging ja nicht mehr, wie es so lange Zeit ging; der Faden drohte zu reißen, an dem unser Globus in unsichrem Gleichgewicht hing. Und ob auch der tödliche Schmutz am Himmel wolkenweis wirbelt und vor unsren Augen ein blutiger Krieg nach dem anderen stattfindet und für blutigere noch gerüstet wird – eine Sehnsucht nach Frieden bricht sich Bahn und ein Hunger nach Luft, die sich atmen läßt; der Feuerfunkenschläger von einst sucht seine Schöpferkraft besser zu nutzen als in der Zerstörung des Lebens.

*

Nicht daß einer von uns die Patentlösung wüßte für das Tohuwabohu von Problemen, die uns beim Aufstehen schon des Morgens in ständig wachsender Zahl umlagern. Ich wiederhole: Bei all dem Jammer bleibt uns nur eines, die gemeinsame Suche, und unverzüglich, denn die Zeit drängt – die Suche nach Klarheit zunächst, und wenn diese gefunden, nach der bestmöglichen, der praktikabelsten Antwort.

Wenn das uns zum Pragmatiker stempelt, so sei es; der Logik des Denkens hängt stets etwas Pragmatisches an, man weiß das, und bevor man zum Höhenflug ansetzt, will erst der Ballon gefüllt sein. Denn, täuschen wir uns nicht, die Höhen, nach denen wir streben müssen, werden, in ihrer schrecklichen Endlosigkeit, schwieriger zu erreichen sein oder gar zu durchfliegen als was uns erreichbar und erreichenswert schien in vergangenen Dezennien: von den größten Galaxien am fernsten Himmel zur Helix des kleinsten Gens in unsern Gonaden – je mehr wir zu erkennen lernten, desto verwirrender wurden die Rätsel.

Auch jene Rätsel, welche die Beziehungen der Menschen zueinander uns aufgeben. Wie einfach war das doch gewesen mit den schon von Rasse aus überlegenen, die nicht nur das Recht, sondern die Pflicht auch hatten, eine irdische

Hackordnung zu schaffen je nach der Pigmentation der Haut oder der Plattheit des Fußes. Oder das mit den Klassen und der Zugehörigkeit zu diesen je nach Besitz an Produktionsmitteln, welch Klassen dann, fest etablierten Regeln folgend, den Lauf der Geschichte bestimmten. Man teilte die Menschen ein ungefähr wie die Liliputaner selig es taten: danach ob einer sein Ei am schmalen Ende öffnete oder am breiten; worauf der Krieg beginnen konnte und in der Tat auch begann.

Es hat sich erwiesen, innerhalb weniger Generationen nur, daß die alten Einteilungen nicht mehr wie vorgezeichnet stimmten. Zwar gibt es tatsächlich Einteilungen, ganz deutlich: sonst würde der eine nicht unter der Brücke schlafen, unter deren Bogen die Jacht hindurchfährt, auf welcher der andere mitsamt seinen Damen geeisten Scotch sippt; aber die Teilungslinien und die Relationen zwischen den solcherart eingeteilten verschiedenen Gruppen verlaufen doch etwas komplizierter als bisher gemeinhin angenommen; und wie sich das reflektiert in den Köpfen der Eingeborenen der diversen Vater- und Mutterländer harrt auch noch einer gründlicheren Erforschung.

Ich plädiere für ein intensiveres Studium der Psychologie der Gruppierungen, ob Clan oder Stamm, ob Sekte oder Belegschaft, ob Parteiapparat, Kirche, Klasse, Nation, unter besonderer Berücksichtigung der Wirkungen, die der von seinen Ängsten, seinen Haßgefühlen getriebene einzelne durch das Charisma, so er eines hat, sowie durch seine Worte und Taten auf diese alle ausübt. Es ist müßig, über Ethik, und die von morgen gar, zu reden, ohne sich vorher im klaren zu sein, unter welchen Gegebenheiten, welche Gemeinschaft und welcher ihr Zugehörige auf welche Weise sich ethisch verhalten sollen. Denn da drohen schlimme Mißverständnisse, und oft liegt eine Handbreit nur zwischen Gottes Gebot und dem gräßlichsten Verbrechen. Von den Kreuzfahrern bis hin zur SS und zu Pol Pots roten Khmer, sahen sie sämtlich sich nicht, besonders wenn trunken, als Weltverbesserer? Die größten Scheusale der Geschichte, von Caligula über Hitler und Stalin bis Khomeini, hielten sie sich nicht für Beauftragte der Fügung, für das Weltgewissen in Person, und ihre Taten für im höchsten Sinne sittlich?

Und trotzdem glaube ich, es gibt eine objektiv faßbare Ethik, wie sie bei den Griechen schon galt und heute erst recht, ein Moralgesetz, ordentlich kategorisch formuliert von dem alten Immanuel Kant: Handle so, daß die Maxime deines Willens jederzeit zugleich als Prinzip einer allgemeinen Gesetzgebung gelten könne – oder gemeinverständlicher: Was du nicht willst, daß man dir tu, das füg auch keinem andern zu.

Nun unterdrücken Sie bitte die höhnische Frage, wieso just in diesem Spruch von vorvorgestern die Ethik von morgen enthalten sein solle. Vielleicht nennen Sie mir ein System, kapitalistisch, sozialistisch oder sonstwie, dessen allgemeine Gesetzgebung nicht das Gegenteil der Kantschen Forderung beinhaltete, oder zeigen mir eine staatliche Ordnung, die bei allen Reden ihrer Vertreter von Demokratie und Gemeinwohl nicht doch auf Gewalt beruhte und auf Korruption, geistiger wie materieller. Und jetzt stellt sich heraus: Die Erde erträgt das nicht mehr, die einzige, die wir haben, oder, wenn Sie so wollen, Gottes Zorn ist über uns gekommen. Der Punkt ist erreicht, wo die Ichsucht, sei es die des einzelnen oder die der Interessenverbände, gepaart mit den Möglichkeiten des Atoms und der Genforschung und ungezügelt durch kollektive Vernunft, die Katastrophe heraufbeschwört, und wo, selbst ohne das große endgültige Höllenfeuer, die Art, wie wir leben, rücksichts- und verantwortungslos, alles Leben vernichtet. Es stimmt nicht, daß erst das Fressen kommt und dann die Moral – nein, wenn nicht die Moral sein wird, zuerst und allzeit von nun an, wird es nichts mehr zu fressen geben, und nichts mehr zu atmen.

Die Menschen spüren das auch und fangen an auf neue Weise zu denken. Einige wenige zunächst, einander bei den Händen fassend, zogen sie aus, und jetzt sind es ihrer schon eine Menge, und es liegt etwas in der Luft, überall, und überall anders, noch kein Sturm, der alles reinigte, aber ein Windstoß hier und dort, das welke Laub aufwirbelnd und Schrecken verbreitend unter den Würmern. Vielerorts geht es den Leuten ja gar nicht so schlecht; von den Tafeln der Reichen fallen noch Krumen ab für den Rest der Bevölkerung, manchmal sogar in beträchtlicher Zahl, und soziale Netze wurden gespannt von besorgten Behörden, und die himmelschreiendste Not ist gebannt in ferne Länder, auf die der zivilisierte Bürger so genau nicht hinblickt. Und trotzdem diese Unzufriedenheit, die die Menschen umtreibt, in immer neue Sensationen, bis in die Drogenszene und Mord und Totschlag – nur heraus aus dem bedrückenden Alltag, aus Sinnlosigkeit und Überdruß. In Ost und West gleichermaßen, so scheint es, hat das Gesetz von der schwindenden Geduld zu wirken begonnen, welches da lautet: je länger die Dauer eines Zustands, desto geringer die Geduld. Wir stehen vor großen Umwälzungen.

Umwälzungen, mit oder ohne Gewalt je nach Fall, welche der Grenzen der Reiche nicht achten und zu einer einzigen Revolution zu verschmelzen sich alsbald anschicken werden. Die Machtverschiebungen, natürliche Folge solchen Prozesses, sind von sekundärer Bedeutung dabei; wichtiger, ja, überlebenswichtig aber werden die Wandlungen sein, die im Verlauf des Geschehens im Denken der Menschen entstehen dürften, in ihrer Psyche, ihren moralischen oder auch, bitte sehr, religiösen Haltungen. Und diese Revolution, die letzte, entscheidende, bei der eben die Ethik, von der zu sprechen wir anfangs uns vornahmen, zur Waffe wird, die Ethik von morgen, die dennoch die uralte ist – diese Revolution muß gelingen, bei Strafe des Untergangs von uns allen in Barbarei, in einem globalen Holocaust.

Ich kann mir ein Leben ganz ohne Ironie nicht vorstellen

Antworten in der Talkshow III nach neun

November 1988

FRAGE: Stefan Heym, wir wollen nicht mehr viele Worte verlieren über Jenningers Rede, aber unter den vielen Kommentaren dazu ist mir das, was Sie gesagt haben, doch aufgefallen, nämlich: Er hätte eine Auszeichnung verdient für seine Offenheit. Wie haben Sie das bitte gemeint?

STEFAN HEYM: Ich habe noch mehr gesagt. Ich habe gesagt, mir sei die Rede vorgekommen als läge da einer auf der Couch des Psychiaters und redete aus seinem Inneren heraus. Und darum verstehe ich auch, warum sie den Herrn Jenninger so unter Druck gesetzt haben und warum er von seinem Posten als Bundestagspräsident zurückgetreten ist. Der wirkliche Grund dafür ist doch nicht, daß er nicht genügend projüdisch gesprochen und den paar überlebenden Juden nicht genug Streicheleinheiten verpaßt hätte, sondern daß er ein Tabu gebrochen hat. Jenninger hat als Kronzeuge gesprochen und hat ausgesagt: Die waren alle dabei, die haben alle mitgemacht, die waren alle dafür. Das mögen sehr viele Leute selbst heute, fünfzig Jahre danach, immer noch nicht gerne hören. Und darum, glaube ich, hat Herr Jenninger eher Anerkennung verdient als Bestrafung.

FRAGE: Wollen Sie damit auch andeuten, daß noch mehr Deutsche vielleicht auf die Couch gehörten?

HEYM: Insofern, als sie endlich anfangen sollten, sich mit sich selber auseinanderzusetzen und sich einmal selber zu fragen, was damals wirklich mit ihnen war. Und die, die damals nicht dabei waren – die also die Kohlsche Gnade der späten Geburt haben – die sollten sich fragen: Wie hätte ich mich denn damals verhalten; oder, was täte ich denn heute in einer ähnlichen Situation? Würde ich mich ducken und den Kopf einziehen und schweigen? Oder würde ich wagen, dagegen zu sprechen? Würde ich es wagen, hinzugehen zu einem jener vergitterten Güterwaggons und eine Kruste Brot hineinwerfen zu denen, die da irgendwohin in den Tod gekarrt werden?

Das ist doch die Frage, die man sich stellen muß, eine Frage der menschlichen Ethik, eine Frage des aufrechten Ganges.

FRAGE: Im Grunde genommen waren Sie schon als Schüler gezwungen, sich solche Fragen zu stellen. Als Schüler haben Sie sich angelegt – ich sage es etwas allgemein – mit dem militaristischen Gefühl im deutschen Volke, und mit den Nazis: durch ein Gedicht. Was war das für ein Gedicht, und wie kamen Sie darauf, ein solches Gedicht zu schreiben?

HEYM: Es war kein sehr gutes Gedicht. Aber es war ein sehr gut gemeintes Gedicht, und es ging an den Nerv jener Leute, die damals schon vorbereitet haben, was dann zum Untergang des „Reiches" geführt hat.

FRAGE: Das war vor 1933. Sie waren Oberprimaner, als Sie das Gedicht schrieben?

HEYM: Ja. Und ich wurde von der Schule relegiert und mußte aus Chemnitz nach Berlin übersiedeln; und dies Gedicht war dann auch der Anlaß dafür, daß ich schon 1933 in die Emigration nach Prag gehen mußte. Doch das sind alte Geschichten. Und sie geschahen nicht eigentlich durch meine persönliche Entscheidung; ich hatte es nicht so gewollt. Als ich das Gedicht schrieb und veröffentlichte, habe ich ja nicht geahnt, was daraus werden würde. So ist es übrigens in meinem Leben sehr oft gewesen. Ich konnte nicht vorausberechnen, was mit mir passieren wird. Wer von uns kann schon vorausberechnen, wenn er Entscheidungen trifft, wohin sie führen werden. Ich rede hier nicht von der Hand Gottes. Ich rede davon, daß im Leben sich eines aus dem anderen ergibt und daß wir von einem gewissen Punkt an eben nicht mehr selber entscheiden können: Die Entscheidungen werden vom Leben für uns getroffen. Über diese Zusammenhänge habe ich dann geschrieben, und es war interessant für mich, einmal festzustellen, wie es denn eigentlich gewesen war und wie es gekommen ist, daß ich der wurde, der ich bin, und daß ich überhaupt überlebt habe.

FRAGE: Ihre Eltern haben Ihnen geraten – so habe ich in Ihrem Buch gelesen: untertauchen, nicht auffallen, Tarnkappe auf, Zurückhaltung üben. Haben Sie auf diesen Rat gehört und wenn nicht, warum nicht?

HEYM: Ich habe nicht darauf gehört – einmal aus Opposition, und zum andern, weil mir schien, daß man gewisse Dinge doch nicht schweigend hinnehmen kann. Ich glaube, ein Teil der Gründe für die Vernichtung so vieler Menschen in Deutschland war eben, daß man zu viel und zu lange geschwiegen hat. Das ist auch heute noch so. Man muß reden, wenn man etwas erkennt, was falsch und schlecht ist, und in solchen Fällen ist der Rat, um Gottes willen nichts zu sagen, nicht aufzufallen, sich zurückzuhalten, kein guter Rat.

FRAGE: Würden Sie es für legitim halten, wenn Leute geschwiegen haben, weil sie – um Sie zu zitieren – ohne Angst leben wollten?

HEYM: Ich habe großes Verständnis für solche Menschen. Ich erinnere mich an Verhöre von deutschen Kriegsgefangenen, die versucht haben, mir zu erklären, warum sie nichts taten, warum sie alles akzeptierten, und so dazu beitrugen, daß das deutsche Volk in das große Unglück hineingeriet. Das kam eben von diesem Nichts-Sehen, Nichts-Hören, Nichts-Sagen.

FRAGE: Ja, und dann kehrten Sie in amerikanischer Uniform zu uns zurück, unter anderem nach Bad Nauheim, auf den Kurrasen.

HEYM: Die Szene kennen Sie?

FRAGE: Ich möchte Sie sogar bitten, sie jetzt zu erzählen!

HEYM: Das war irgendwie gespenstisch. Ich weiß nicht, wie viele von unseren Zuschauern Bad Nauheim kennen. Da ist der Kurpark, und da ist der große Rasen, jetzt wieder sehr gepflegt; damals, 1945, war er nicht so gut gepflegt. Aber es war ein Schild da: Betreten verboten. Und da waren zwei Bübchen, die spielten auf dem Rasen. Und es kam ein Mann daher – Sie müssen sich das vorstellen, gerade ist der Krieg aus, gerade ist die Wehrmacht geschlagen, und da kommt einer in einer grünen Uniform, so richtig prächtig, ich weiß nicht, was er war, ob Oberforstrat oder Polizeiobermeister oder irgendwas der Art – und will die kleinen Kerlchen da verjagen. Ich kam vorbei, ich wollte eigentlich auf die andere Seite vom Kurpark, wo ich zu arbeiten hatte, ich war in amerikanischer Uniform, und ich sagte ihm: „Was ist das? Warum wollen Sie die Kinder vertreiben? Warum sollen die dort nicht spielen?"

Er wies auf das Schild auf dem Rasen: Betreten verboten. Da sagte ich ihm dann: „Das gilt alles nicht mehr von jetzt an, all die Verbote, all diese Gesetze, weg damit, sie gelten nicht mehr. Lassen Sie diese Jungen da spielen." Der Mann war völlig von den Socken. Das hatte er nicht erwartet, und das konnte er sich nicht vorstellen, daß seine Welt durch die Niederlage der Nazis zugrunde gegangen war. Das wollte er nicht anerkennen – es gibt Leute, die das heute noch nicht anerkennen möchten. Ich hatte eigentlich erwartet, daß die Bübchen nun wirklich auf den Rasen laufen würden, aber nein, sie gehorchten dem Mann in der grünen Uniform und verschwanden. Ich weiß nicht, ob man das als Symbol betrachten kann für das heutige Deutschland – zu beiden Seiten der inneren Grenze – aber sehr häufig scheint es mir so zu sein.

FRAGE: Aber Sie haben es ja doch geschafft, den Oberforstmeister, oder wer er war, in seine Schranken zu weisen.

HEYM: Nun ja, aber das Ganze war schon ekelhaft, verstehen Sie: Man wollte etwas Neues, Besseres schaffen, und das Alte kam an allen Ecken und Enden immer wieder hoch. Und so ist es auch in diesen Tagen wieder hochgekommen, genauer am 9. November 1988, zum Jahrestag der sogenannten Reichskristallnacht.

FRAGE: Thema: kalter Krieg. Sie waren ja inzwischen längst amerikanischer Bürger. Und dann haben Sie sich auch in den USA wieder nicht zu Hause gefühlt und sind von dort weggegangen.

HEYM: Das Zuhause hatte sich geändert. Ich war Amerikaner geworden in Roosevelts Amerika, einem fortschrittlichen, demokratischen Amerika, das gegen die Nazis, gegen den Faschismus, gegen die Tyrannei, gegen die Unterdrückung kämpfte. Doch das änderte sich fast schlagartig nach dem Kriege. Die Regierung glaubte, zu Recht oder Unrecht, gegen die Sowjets Front machen zu müssen, und das bedeutete dann eine völlige Änderung der innenpolitischen Haltung der führenden Schichten. Die marschierten nach rechts, wurden nicht nur konservativ, sondern fast faschistisch.

Ich bin ja nicht der einzige damals, der aus den USA wegging. Chaplin verließ die USA, Brecht, Thomas Mann und und und … Und da ging ich weg aus Amerika, ursprünglich nicht einmal, um draußen zu bleiben, sondern eigentlich, um zu überwintern. Aber dann kam es eben so, wie es gekommen ist, und nun lebe ich seit vielen Jahren in der DDR und schreibe dort meine Bücher – und habe dort meine Probleme.

FRAGE: Und werden von Kollegen gelegentlich als kaputter Typ bezeichnet.

HEYM: Ja. Aber auch das ist schon ein paar Jahre her, und die Leute, die das gesagt haben – sie sind vergessen. Lassen wir sie vergessen bleiben.

FRAGE: Es gibt auch nicht mehr die Leute, die von Ihnen die „Aufklärung eines Tatbestandes" verlangen, wie sich das nannte, wenn wieder mal die Sicherheit sich bei Ihnen meldete.

HEYM: Bitte, stellen Sie es nicht dar, als wäre ich ein besonderer Märtyrer gewesen. Nein, ich habe einfach geschrieben und getan, was ich für richtig hielt, und wenn einigen das nicht gepaßt hat, dann haben sie halt Gegenmaßnahmen ergriffen. Das verstehe ich durchaus. Ob diese Maßnahmen immer fair waren, ist eine andere Frage. Und ich hab' mich dann wieder dagegen gewehrt und so hat sich das dann entlanggeschaukelt.

FRAGE: Nicht Märtyrer, aber Störenfried.

HEYM: Ach, wollen wir doch keine solchen Kategorien schaffen. Auch in der Literatur hat man immer versucht, mich irgendwie einzuordnen in eine bestimmte literarische Schule oder Gruppierung. Es ist nie gelungen.

FRAGE: War das wirklich auch der Grund dafür, daß führende Persönlichkeiten der DDR doch immer wieder Kontakt zu Ihnen gesucht haben? Zum Beispiel hat auch Walter Ulbricht Sie ganz überraschend einmal angerufen, eine Geschichte, die ich sehr kurios finde, und die Sie in Ihrem „Nachruf" erzählt haben.

HEYM: Der Anruf hatte einen anderen, ganz direkten Grund. Ich glaube, Ulbricht hatte wirklich die Absicht, genau das zu tun, weshalb er mich anrief: nämlich unters Volk zu gehen, und ich sollte mit ihm gehen und dann über die Sache schreiben. Und dann hat er es doch nicht getan. Irgendwie hatte er Angst – keine physische Angst, das nicht, so war er nicht – aber irgendwie glaubte er wohl, nachdem er schon unterwegs war, so ein Ausflug möchte doch nicht so ganz das Richtige sein, politisch gesehen. Den Harun al Raschid spielen – das sollte ein so hoher Funktionär der Partei doch lieber nicht tun. Obwohl ich glaube, es hätte ihm sehr genützt – wie ich denn überhaupt der Meinung bin, daß es gut wäre, wenn Angehörige dieser Schicht bei uns, und besonders ihre Frauen, auch öfter einkaufen gingen, wo die anderen Menschen alle einkaufen müssen, und wenn sie sich auch anstellen müßten, wo man sich bei uns anstellen muß, und wenn sie mal erlebten, wie das Leben in der DDR wirklich ist. Das wäre ganz notwendig und würde dann auch sehr gute Folgen zeitigen. Aber das geht Sie hier in der Bundesrepublik ja nichts an, das ist unsere Angelegenheit in unserem real existierenden Sozialismus.

FRAGE: Hat sich Herr Honecker denn auch gelegentlich bei Ihnen gemeldet? Reden Sie mit dem?

HEYM: Ich habe auch das in meinem Buch erwähnt. Wir hatten eine recht interessante und, wie ich glaube, für beide Teile aufschlußreiche Unterhaltung.

FRAGE: Das klingt jetzt aber wie ein Kommuniqué von Politikern.

HEYM: Die Details können Sie in meinem Buch nachlesen.

FRAGE: Aber es muß Sie doch gefreut haben. Honni ruft an, der will was von mir.

HEYM: Freude ist da nicht das richtige Wort, eher Interesse. Eben die Frage, was will er denn nun eigentlich? Und was er wollte, war eigentlich: Fühlung nehmen. Und das war ganz wichtig. Ich glaube, für beide Beteiligten.

FRAGE: Thema: 17. Juni 1953. Sie haben einen Roman darüber geschrieben, „5 Tage im Juni". Damals sagten Sie ungefähr: Sie möchten mithelfen, die Verhältnisse wieder vom Kopf auf die Füße zu stellen. Wenn wir jetzt zurückdenken und uns vergegenwärtigen, wie lange das her ist, und wenn Sie die Verhältnisse heute in der DDR betrachten: Wieviel von dieser Arbeit ist denn schon geleistet, von diesem Vom-Kopf-auf-die-Füße-Stellen der Verhältnisse?

HEYM: Vom-Kopf-auf-die-Füße-Stellen ist eine Bewegung in senkrechter Linie. Aber die Weltgeschichte geht eben nicht nur in senkrechter oder waagerechter Linie, sondern komplizierter, mit vielen Kurven und Ecken und Querstrichen. Ich habe es ja immer wieder erlebt, daß man nicht nur geradeaus marschieren kann.

FRAGE: Der dickste Querstrich ist zur Zeit Gorbatschow. Auch für Sie?

HEYM: Der ist kein Querstrich.

FRAGE: Er streicht aber einiges durch.

HEYM: Aber ist doch selber kein Querstrich. Er zieht vielleicht durch anderer Leute Rechnungen Querstriche, doch insgesamt gesehen ist er eine der interessantesten Erscheinungen unserer Zeit, und für mich – ich hab' das auch schon irgendwo geschrieben – ist die Frage, wie ein Mensch wie Gorbatschow aus einem solchen Apparat, wie der sowjetische es war oder zum großen Teil sogar noch ist, herauswachsen konnte. Und wenn ich das historisch betrachte, dann gibt mir das eigentlich auch Hoffnung für andere Teile der sozialistischen Welt.

FRAGE: Das heißt, Sie meinen, daß vielleicht in der SED, wenn auch noch nicht im Politbüro, aber doch in irgendeinem dritten Glied, auch schon einer existiert ...

HEYM: Nicht einer, denn auch Gorbatschow ist nicht nur einer. Gorbatschow ist wohl der herausragende Gipfel dieser Entwicklung. Doch um die großen Gipfel herum, wenn Sie sich ein Gebirge mal ansehen, sind ja immer viele kleinere. Der ist keine Einzelerscheinung. Und so glaube ich denn, daß auch bei uns und überall solche Menschen existieren. Sie entstammen dieser Entwicklung. Der Mensch wächst ja nicht zufällig, nicht willkürlich, sondern die Verhältnisse formen ihn, sein Sein bestimmt sein Bewußtsein, und wenn gewisse Dinge sich so und so entwickeln, dann werden Menschen sich so und so zeigen, und für den Schriftsteller ist es dann eine wunderbare Gelegenheit, wenn er so etwas beobachten und eventuell sogar darüber schreiben kann.

FRAGE: Sie haben geschrieben. Hier liegt Ihr „Nachruf". Achthundertfünfzig Seiten über Ihr Leben. Es werden ja noch ein paar folgen.

HEYM: Ein paar Was?

FRAGE: Seiten.

HEYM: Ach so, ich dachte, noch ein paar so dicke Bücher. Ja, gut, ich hoffe, „Nachruf" ist kein Abschluß. Das Buch ist für mich ein Meilenstein. Ich hab' darin zu sagen versucht, was ich zu sagen hatte. Ich würde es gern sehen, wenn mir noch etwas Zeit bliebe, noch ein paar kleine Sachen zu schreiben. Mit einem bißchen Bedeutung, wenn's geht.

FRAGE: Mit vielleicht noch verschärfter Ironie? Denn mit wachsendem Alter, so kann man sich vorstellen, wächst die Ironie zum eigenen Leben.

HEYM: Ich kann mir ein Leben ganz ohne Ironie nicht vorstellen. Die Ironie ermöglicht die Distanzierung von der eigenen Person. Man kann sich doch nicht immerzu hundertprozentig ernst nehmen, und man kann auch den andern nicht immer ernst nehmen.

FRAGE: Zu wieviel Prozent nehmen Sie sich ernst?

HEYM: Schwer zu sagen. Jedenfalls nicht hundertprozentig, das kann ich Ihnen garantieren. Aber neben der Ironie muß es auch noch andere Gefühle geben. Doch war die Ironie mir immer eine große Hilfe. Manchmal wäre ich viel trauriger gewesen, hätte es die Ironie nicht gegeben. Und wenn die Menschen so um einen herum sterben, dann ist es eben schwer.

FRAGE: Reden wir mal vom realen Leben. Sie haben ja dieses Buch durch Ihren Verlag auch an Erich Honecker schicken lassen, mit Ihren Empfehlungen – so habe ich irgendwo gelesen?

HEYM: Stimmt.

FRAGE: Hat er schon geantwortet?

HEYM: Nein, und ich habe das auch gar nicht erwartet.

FRAGE: Wird er das Buch lesen?

HEYM: Müssen Sie ihn fragen. Ich nehme an, wenn er mal eine freie Stunde hat, wird er vielleicht darin blättern. Also ich weiß das nicht. Die Zusendung war eine Geste der Höflichkeit und der Freundlichkeit.

FRAGE: Schönen Dank, Herr Heym.

Warten auf Perestroika

Interview mit „L'Unita", Mai 1989

FRAGE: 1974 wurde Ihr Roman „5 Tage im Juni" zum erstenmal in deutscher Sprache gedruckt – aber nicht etwa in dem Lande, in dem Sie leben und in dem im Juni 1953 die Ereignisse sich abspielten, von denen Ihr Buch handelt, sondern in der Bundesrepublik. Nun endlich soll das Werk, wie wir hören, auch in der Deutschen Demokratischen Republik erscheinen. Welche Bedeutung messen Sie dem bei?

STEFAN HEYM: Ich setze voraus, daß der Veröffentlichung der „5 Tage" nicht noch einmal, wie sooft schon, neue Hindernisse entgegengestellt werden. Aber wenn das Buch dann wirklich da ist – und wenn die Menschen es auch tatsächlich im Laden kaufen können –, dann wäre das ein erster Versuch der führenden Genossen der DDR, über ihren eigenen Schatten zu springen, ein erster Versuch, die Vergangenheit, die einigen von ihnen so schwer am Bein hängt, zu bewältigen.

FRAGE: Wie ließe sich, vierzig Jahre nach dem Entstehen der zwei deutschen Staaten, deren gegenwärtiger Zustand charakterisieren? Welches halten Sie für die positivste, überzeugendste Seite der Bilanz eines jeden der beiden? In Ihrem Essay in der Zeitschrift „Stern" erwähnen Sie, daß es in der DDR keine Arbeitslosigkeit gibt, wohl aber soziale Sicherheit, kostenlose Gesundheitsfürsorge und dergleichen manches noch; wieso aber wiegt das die Anziehungskraft des anderen Deutschland nicht auf, wieso streben so viele Bürger der DDR hinüber in die Bundesrepublik, was zieht sie dorthin?

HEYM: Da vereinen sich mehrere Momente. Nehmen wir zunächst das Materielle. Tagtäglich erfahren die DDR-Bürger, was so alles im Westen zu haben ist und in welcher Auswahl und Qualität, und das Wasser läuft ihnen im Munde zusammen beim Anblick all der Farben und Formen und bei dem Augenaufschlag der hübschen, jungen Hausfrauen und ihrer fröhlichen Familien auf dem Fernsehschirm, die diese Köstlichkeiten jederzeit genießen dürfen. Außerdem waren inzwischen DDRler genug im Westen, um das Angebot persönlich bestätigen zu können; und, handgreiflicher noch, es sind diese Waren ja auch bei uns in ihrer ganzen Pracht zu betrachten, zu betasten und sogar zu kaufen – allerdings in gewissen Geschäften nur, Intershops genannt, und nur für hartes, kapitalistisches Geld.

Was die Menschen in der real existierenden Deutschen Demokratischen Republik jedoch am meisten verlockt, ihrem Staat den Rücken zu kehren, ist der Mangel an Bewegungsmöglichkeit, der dort herrscht. Die Freiheit, immerhin ein wertvolles Gut der Menschen, bedeutet in den Hirnen der Mehrzahl der DDR-Bürger weniger die Freiheit, sagen zu können, was ihnen beliebt, oder sich vereinigen zu dürfen zum Zweck der Veränderung real existierender Verhältnisse; Freiheit ist ihnen vielmehr die Freiheit, reisen zu können wann, wohin und wie lange es ihnen gefällt, soweit das Geld eben reicht. Und gerade diese Freiheit wird ihnen polizeilich beschnitten. Um seinen Staat Richtung Westen verlassen zu können, muß der DDR-Bürger entweder ein Alter erreicht haben, in dem das Herumkutschen eigentlich keinen Spaß mehr macht, oder er muß Familienangehörige auf der anderen Seite der Mauer besitzen, die gerade runde Geburtstage erleiden oder Kindstaufen veranstalten oder soeben gestorben sind. Und dann muß auch noch seine Kaderakte, in die er notabene niemals Einblick erhält, blitzsauber sein – keine schwarzen oder auch nur graugetönte Flekken darin.

Kein Wunder, daß besonders junge Menschen sich da frustriert fühlen. Kommt hinzu noch das Machtgehabe, der bürokratische Hochmut, welche die Behörden hierzulande den Bittstellern gegenüber an den Tag legen. Überall fühlt der Mensch sich amtlicherseits bevormundet. Es mögen durchaus solche psychologischen Gründe sein, welche mehr noch als die materiellen die Menschen veranlassen, zu sagen: genug, Schluß jetzt! Sie sind leider schlechte Psychologen, die Regierung der DDR und die Funktionäre der SED. Ein Blick nur in unsere Zeitungen oder in irgendeine politische Sendung des Adlershofer Fernsehens, und man erkennt, wie schlecht.

FRAGE: Die ausländische Presse betrachtet die DDR als beinahe das letzte Bollwerk des Stalinschen sozialistischen Systems. In der Tat werden die Umwälzungen in anderen östlichen Ländern, in Polen, Ungarn, der Sowjetunion etwa, in den Medien der DDR mit fast so etwas wie Gleichgültigkeit behandelt; man beschränkt sich, meist kommentarlos, auf den Abdruck kurzer, von den amtlichen Agenturen übernommener Kommuniqués. Die Intellektuellen – Sie selber ausgenommen – schweigen ebenfalls. Wieso eigentlich? Wollen die Herren und Damen, des Ausgangs der Entwicklung nicht sicher, einfach noch abwarten, bevor sie sich äußern? Schweigen sie und tun unbeteiligt, um die eigene relativ privilegierte Position zu schützen? Und ist es wirklich günstiger für den einzelnen, sich der offiziellen Haltung anzupassen, die ihrerseits abwartend, wenn nicht gar dem Neuen gegenüber ablehnend ist?

HEYM: Die DDR-Medien dienen bekanntlich nicht der Orientierung der Menschen; sie sind Organe zur Bekanntgabe offizieller Verlautbarungen. Schon aus dem Grunde wird bei uns über die neuen Dinge im Osten nur höchst begrenzt berichtet; außerdem scheint es, als befürchte die Regierung, Perestroika und Glasnost könnten ansteckend sein. Aber eine solche Nachrichtenpolitik ist sehr unklug. In einem Lande, dessen Bevölkerung von den elektronischen Medien des Westens direkt erreicht wird, ist es unsinnig, wichtige Entwicklungen verschweigen zu wollen oder auch nur den Versuch zu unternehmen, die Informationen darüber nach Gutdünken zu beschneiden. Besser wäre es, die Informationen zu geben und dann den eigenen Standpunkt dazu klarzumachen.

Natürlich mögen Gründe vorhanden sein, relativ gute sogar, weshalb man hier nicht alles nachmacht, was andere sozialistische Regierungen tun. Was in Polen, in Ungarn, in der Sowjetunion geschieht, ist noch keineswegs abgeschlossen, und wir wissen nicht, was dabei herauskommen wird. Die ökonomische Lage in der DDR ist in vieler Hinsicht immer noch besser als in den genannten Ländern, und die Konservativen bei uns argumentieren unter der Hand: Laßt uns, was wir haben, nicht gefährden; der Spatz in der Hand ist besser als die Taube auf dem Dach. Und bei einem Volk wie dem deutschen, so ruhe- und ordnungsliebend, kommt man damit auch an; die Leute sehen doch den Wirrwarr in den Ländern der Perestroika, den Mangel an Gütern, der unstreitig größer ist als unser Mangel. Und gewisse Erscheinungen, Straßenschlachten etwa wie in einigen Regionen der Sowjetunion oder große Streiks wie in Polen, könnten wir an der Nahtstelle der zwei Weltsysteme uns einfach nicht leisten – das würde binnen kurzem zu internationalen Verwicklungen führen.

Die Genossen an der Spitze von Partei und Regierung der DDR könnten also ganz gute Argumente für ihre Haltung anführen, aber sie tun es nicht; sie scheuen sich überhaupt, zu argumentieren. So beschwören sie selber das Chaos herauf, das sich an allen Ecken ankündigt, und schaffen die Verwicklungen, die sie vermeiden möchten.

Daß aber die Intellektuellen hier so still vor sich hinschwiegen, stimmt nicht ganz. So mancher hat sich geäußert – Stephan Hermlin zum Beispiel oder Christa Wolf, um nur ein paar der Prominentesten zu nennen. Und darf ich an die Resolution des PEN-Klubs der DDR erinnern, einstimmig beschlossen, die von der Regierung in Prag die Freilassung des Schriftstellers Vaclav Havel forderte? Zwar wurde diese Resolution, nach bekannter Regel, in Ost-Berlin nicht veröffentlicht; dennoch tat sie, da sie anderenorts bekanntgegeben wurde, ihre Wirkung.

FRAGE: Ist es möglich, daß das Gefühl, wirtschaftlich in einer besseren Lage zu sein als etwa die Sowjetunion, zu jener Distanzierung von den sowieso nie sehr beliebten Russen geführt hat, die wir schon erwähnten? Macht sich da eine Art DDR-Nationalstolz bemerkbar, nach dem Muster etwa: „Endlich sind wir von euch unabhängig, und wir machen mit unsern Tapeten, was *wir* wollen!"?

HEYM: Es mag derart Stimmungen geben, besonders in Kreisen von Funktionären, die bisher immer gezwungen waren, den russischen Maßgaben zu folgen. Aber in der Bevölkerung, meine ich, habe ich noch nie ein solches Interesse an der Sowjetunion gefunden wie jetzt, ja, sogar eine Zuneigung zu den Sowjets, besonders zu Gorbatschow. Wenn ich eine Überschrift zu finden hätte für das Denken und Fühlen zum jetzigen Zeitpunkt hierzulande, dann würde ich vorschlagen, *Warten auf Perestroika.* Und je mehr unsere Behörden die Wartezeit verlängern, desto schwieriger wird der Wandel später werden und um so radikaler werden dann die Forderungen sein.

FRAGE: Bei der Demonstration am 1. Mai hier in Ost-Berlin wurden 1989 im Zug keine Porträts sowjetischer Führer mehr mitgeführt – übrigens auch keine von Funktionären der SED. Auch in den Losungen zum 1. Mai, die sämtlich im „Neuen Deutschland" veröffentlicht worden waren, tauchte die „unverbrüchliche Freundschaft" zur Sowjetunion nicht mehr auf. Hat dieser im Vergleich zum Vorjahr doch recht neue Aspekt eine besondere Bedeutung?

HEYM: Wenn schon nichts anderes, dann hat Perestroika das zum mindesten bei uns hervorgebracht. Eine Phrase weniger und ein paar Ikonen, die das Auge nicht mehr belästigen, mögen nicht viel sein; aber auch aus kleinen Anfängen kann sich Größeres ergeben.

FRAGE: Ich arbeite seit geraumer Zeit schon als Korrespondent der Unita, des Zentralorgans der Kommunistischen Partei Italiens, in der DDR, und immer war ich überzeugt, daß die Regierung dieses Staates, schon aus Gründen der Geographie, nur eine begrenzte politische Selbständigkeit besitzt. Ich folgere daraus, daß selbst eine so geringfügige Entscheidung wie das angeblich vom Postministerium der DDR verhängte Verbot der deutschen Ausgabe der sowjetischen Zeitschrift „Sputnik" nicht ohne Wissen und Billigung der Sowjets getroffen werden konnte. Oder täusche ich mich da?

HEYM: Zu dem Punkt kann ich Ihnen keine authentische Auskunft geben. Klar ist, daß die DDR, schon als Mitglied des Warschauer Pakts und als immer noch besetztes Land, in vieler Hinsicht abhängig ist. Aber anscheinend läßt man in Moskau, aus wie immer gearteten Gründen, den Genossen im Politbüro der DDR zur Zeit eine gewisse Handlungsfreiheit bezüglich Perestroika. Am Ende jedoch, denke ich, werden die demokratischen Reformen, die in Glasnost und Perestroika enthalten sind, auch in der DDR sich so stark auswirken, daß selbst hier Veränderungen kommen werden – fragt sich nur, welcher Art und wann.

FRAGE: Was ist nun Ihre Meinung zur Beschlagnahme des „Sputnik"? Scheint es nicht, als hielte die Regierung der DDR, trotz ihres angeblichen Vertrauensverhältnisses zu ihrer Arbeiterklasse, diese Klasse für nicht reif genug, zu lesen, was jeder sowjetische Bürger, jeder Italiener, jeder Berliner auf der anderen Seite der Mauer in aller Ruhe lesen, diskutieren, kritisieren kann? Wie läßt sich dieses Mißtrauen dem Volk und dessen Urteilskraft gegenüber erklären?

HEYM: Gewöhnlich machen die Menschen ihre Dummheiten selber. Ich nehme also an, das das „Sputnik"-Verbot nicht von sowjetischen Stellen veranlaßt oder auch nur gebilligt wurde, sondern ein DDR-Produkt ist. Aber Sie haben recht: Woher, wirklich, das Mißtrauen, von dem Sie sprachen?

Ich glaube, das geht weit zurück in die Geschichte der Partei – nicht nur der SED, nicht nur der alten Kommunistischen Partei Deutschlands, aus der die SED hervorwuchs, sondern auch der Kommunistischen Partei der Sowjetunion. Sämtlich sind diese Parteien Parteien besonderer Art, Eliteparteien, und sie regieren sich als solche; die Mitgliederzahl tut da nichts zur Sache; die eigentliche Elite ist die verhältnismäßig kleine Schar ihrer Vorkämpfer, sind ihre Kader, ihr Apparat, die Nomenklatura, mit ihrem Führungsanspruch über die Massen – bei aller gleichzeitigen Distanz zu diesen –, über die Massen der Parteimitglieder, des Proletariats, ja, des Volkes überhaupt. Das gerade war ja das Wesentliche an jener im Grunde nur für die Durchführung einer Revolution getrimmten Schöpfung Lenins: der kleinen, verschworenen Partei, die, kaum mehr als eine Sekte, alles zu wissen meint und alles entscheidet und Macht beansprucht über alles, und die beschließt, was sie den Massen an Informationen vermittelt. Wenn man es bösartig ausdrücken will: eine Partei von Gouvernanten.

Gouvernanten aber praktizieren keine Demokratie; sie führen Aufsicht und strafen die Unbotmäßigen; und so nützlich sie auch eine Weile lang sein mögen, sie sind nicht fürs ganze Leben brauchbar. Vor allem gerät man mit den Methoden der Gouvernanten in einen bösen Widerspruch zum Zweck der Sache: Von ewig am Gängelband gehaltenen, kleinen Kreaturen kann man bestenfalls unkritischen Gehorsam erwarten, nicht aber, daß sie etwas so Kompliziertes wie den Sozialismus erfolgreich erbauen – der Sozialismus, hat sich herausgestellt, ist eine Aufgabe für denkende Bürger, nicht für eine Klasse Unmündiger. Zur Lösung dieses Widerspruchs wird in der Sowjetunion jetzt der Versuch unternommen, andere, demokratischere Strukturen einzuführen; das ist der wirkliche Sinn von Perestroika, ihr Wesen und Inhalt.

FRAGE: Sie haben sich mehr als einmal als Kommunist bezeichnet, obwohl Sie nie eingeschriebenes Parteimitglied waren. Daher eine Frage an Sie zur Politik meiner, der italienischen Kommunistischen Partei. Deren Generalsekretär, der Genosse Occhetto, hat kürzlich erklärt: „Der sogenannte real existierende Sozialismus hat zu einem totalen historischen Fiasko geführt. Im Osten wurden die wahrhaft sozialistischen Kräfte niedergehalten, und die Vorherrschaft wurde von einer bürokratischen Kaste übernommen, die den Sozialismus verzerrt hat. Jetzt geht es darum, eine vollständige Demokratisierung einzuleiten." Besonders scharf wandte Occhetto sich gegen das Regime von Ceausescu und das in der Tschechoslowakei, welche beide ablehnen; diese Regime seien, sagte er, nicht nur nach den Normen des Sozialismus, sondern auch nach den Bestimmungen der Schlußakte von Helsinki zu verurteilen. Wie werten Sie Occhettos Einschätzung?

HEYM: Ich höre die Worte des Genossen Occhetto zum erstenmal. Sie scheinen mir nicht unberechtigt zu sein. Trotzdem – als Schriftsteller bin ich verpflichtet, alle Fakten, soweit sie mir zugänglich, in Betracht zu ziehen, unter anderem, daß selbst vom real existierenden Sozialismus einiges Gute geleistet wurde; die Menschen haben ja gearbeitet, wenn auch unter unnötigen Mühen und Schmerzen. Und es gab ein Stalingrad in dieser Zeit: ein welthistorisches Verdienst des sowjetischen Volkes, das man nie, nie vergessen darf.

Doch wenn ich mir andererseits ansehe, wie sehr die Welt dieses real existierenden Sozialismus auf wirtschaftlichem, technischem und vielen anderen Gebieten gegenüber der kapitalistischen Welt zurückgefallen ist, muß ich mich natürlich fragen, woher das kommt. Und dann richten sich meine Gedanken fast automatisch auf unsere Bürokratie. Dann überlege ich mir: Wer eigentlich geht denn unter die Bürokraten? Offenbar doch keiner, der selber schöpferisch ist. Ein schöpferischer Mensch wird lieber arbeiten und etwas Neues schaffen wollen, als hinter einem Schreibtisch sitzen und Papiere hin und her schieben. Also scheint es, daß die Unschöpferischen, die Talentlosen, die geistig Beschränkten dazu neigen, auf den Amtsesseln Platz zu suchen.

Ich weiß nicht, ob Ihnen der Name Parkinson vertraut ist. Der Engländer Cyril Northcote Parkinson stellte das nach ihm benannte Gesetz auf, demzufolge jeder bürokratische Apparat ständig in geometrischer Progression wächst. Denken Sie nur einmal an einen dieser armen Menschen an seinem Schreibtisch, wie er, im tiefsten Herzen seiner Überflüssigkeit bewußt, Tag um Tag sitzt und aller Welt seine Existenzberechtigung beweisen muß – beweisen muß, daß er sein nicht eben niedriges Gehalt zu Recht bezieht. Welch ungeheure Aktivitäten muß der Mann entwickeln! Eine Anordnung nach der andern muß er erlassen, eine Tagung nach der andern besuchen, ein Referat nach dem andern ablesen, und vor allem muß er sich vermehren. Er muß ja aufsteigen, will er nicht heruntergestoßen werden von der Stellage, auf der er nach oben klimmt. Ist er Abteilungsleiter, muß er dafür sorgen, daß er Hauptabteilungsleiter wird; das kann er aber nur werden, wenn er aus seiner Abteilung mindestens zwei neue Abteilungen gebiert, mit jeweils einem neuen Abteilungsleiter, der seinerseits nun wieder Anordnungen erläßt, Tagungen besucht, Referate abliest und Unterabteilungen schafft und so weiter ad infinitum.

Mit Stolz sagt man hier in der DDR, wir hätten keine Arbeitslosigkeit. Das stimmt auch: Nur wie viele unsrer Arbeitslosen hocken in den Ämtern und tun, als arbeiteten sie, besonders jene, die sich damit beschäftigen, Informationen über ihre Mitbürger zusammenzutragen zum Schutz des Staates und dessen Sicherheit? Aber die Sicherheit eines Staates besteht in der Loyalität seiner Bürger; nur wenn diese zufrieden sind und die Regierung unterstützen, sind Staat und seine Ordnung wirklich sicher.

Selbstverständlich wirken die Verhältnisse in den Ländern des real existierenden Sozialismus sich auf die Popularität der kommunistischen Parteien im Westen aus und auf die Linke überhaupt. Die Elektronik hat alles transparent gemacht, und man beobachtet im Westen sehr wohl, was bei uns geschieht, ob unsre Wirtschaft stagniert, unsere Literatur, unsere Kunst, und ob die Menschen in Frieden miteinander leben oder aufeinander einprügeln oder gar schießen. Genosse Stalin konnte vieles noch kaschieren, er hatte das Glück der frühen Geburt und in seinem Herrschaftsbereich viele Landstriche, die zu seiner Zeit nur schwer einsehbar waren. Die DDR kann nicht einmal ihre Statistiken richtig fälschen; ein Gang durch die Straßen, ein Besuch im Gemüseladen, ein paar Gespräche – und jedermann weiß, wie es um uns steht. Und Ihre italienischen Arbeiter erfahren es natürlich auch und denken sich ihr Teil und wählen entsprechend. Vielleicht sollte man, wenn man hier in der DDR politische Entscheidungen trifft, diesen Gesichtspunkt nicht außer acht lassen.

Keine Angst, von mir geschieht Ihnen nichts

Antworten nach einer Lesung im VEB Ingenieur-Hochbau

Berlin, Februar 1989

STEFAN HEYM: Wenn Sie jetzt Fragen haben, ich stehe Ihnen zur Verfügung – aber fragen Sie mich nicht, wie man zu schreiben lernt; das kann ich Ihnen nicht beibringen. Und haben Sie keine Angst, von mir geschieht Ihnen nichts.

FRAGE: Wann und wo ist der Artikel über die „Aktuelle Kamera", den Sie uns vorgelesen haben, veröffentlicht worden?

HEYM: Vor etwa zwölf Jahren schon, in der Zeitschrift „Stern" in Hamburg. Die Veröffentlichung hat hier keinerlei Folgen gehabt. *(Heiterkeit.)*

FRAGE: Und warum haben Sie diesen Artikel geschrieben?

HEYM: Weil der „Stern" ihn bestellt hat. Aber man kann so eine Sache nur beschreiben, wenn man sich intensiv mit dem Gegenstand beschäftigt. Und da habe ich es auf mich genommen, vier Wochen lang nur DDR-Nachrichten zu sehen, nur unsere „Aktuelle Kamera", jeden Abend von 19.30 an. Machen Sie das mal und beobachten Sie, wie sich Ihr Blutdruck entwickelt. *(Heiterkeit.)* Zum Schluß habe ich mir die Texte, die ich auf Tonband aufgezeichnet hatte, noch einmal im Zusammenhang angehört. Nur durch solche Intensivarbeit kann man erkennen, wie so etwas wie die „Aktuelle Kamera" zustande kommt, und die schönen Details herausfinden, die ich Ihnen vorgelesen habe, die ständigen Wiederholungen, die Formeln, die rituelle Sprache. Schade, daß die Leute in der DDR den Artikel damals nicht lesen konnten; vielleicht hätte sich ein solches Gelächter im Lande erhoben, daß die für die Sendung Verantwortlichen gezwungen worden wären, Änderungen zu veranlassen. Aber vielleicht hätten die Menschen hier auch nur, wie sooft, mit der Achsel gezuckt und gesagt, bei uns ändert sich doch nichts.

FRAGE: Stimmt es Sie nicht traurig, daß etwas wie Ihr Artikel über die „Aktuelle Kamera", den Sie vor zwölf Jahren schon geschrieben haben, heute noch genauso aktuell ist wie damals?

HEYM: Natürlich bin ich enttäuscht. Aber was mehr kann ich tun, als über die Sache zu schreiben und mich dann in Geduld zu üben? Mir und meinesgleichen gehört der Sender ja nicht. Im übrigen ist es nicht die exklusive Schuld der Mitarbeiter des Fernsehens in Adlershof, daß ihre Nachrichtensendungen so tödlich langweilig sind. Die Armen kriegen ihre Texte ja vorgeschrieben, noch dazu von zentraler Stelle. Und wenn diese Stelle sich heute noch in dem Glauben wiegt, daß das, was sie dem DDR-Publikum über die Mattscheibe an Informationen zukommen läßt, irgendeine Wirkung hat, außer der, daß die Leute abschalten – um so schlimmer für sie.

Das Merkwürdige im real existierenden DDR-Sozialismus ist ja, daß es so schwer ist, etwas daran, und sei es eine Nachrichtensendung, zu verändern. Dabei lebt ja die sozialistische Ordnung, die sozialistische Philosophie, erst durch Veränderung; sie sollte, den großen Klassikern zufolge, revolutionär sein, und Revolution heißt bekanntlich Umwälzung. Aber bei uns wird nur sehr wenig umgewälzt, und vor allem nicht Zustände, von denen jeder weiß, daß sie nichts taugen.

FRAGE: Letztlich ist doch die zentrale Stelle, von der Sie da sprechen, die gleiche, die auch über das Erscheinen Ihrer Bücher befinden. Oder nicht?

HEYM: Nein, das sind zwei verschiedene Abteilungen, jede mit einem anderen Mann an der Spitze – im selben Büro allerdings.

FRAGE: Erwarten Sie nicht eigentlich eine kreative Reaktion von seiten Ihrer Leser oder Zuhörer?

HEYM: Was verstehen Sie unter „kreativer Reaktion"? Meinen Sie, man sollte miteinander diskutieren? Das tun wir doch bereits.

FRAGE: Ich meine nicht nur Reden, sondern mehr noch Handeln, aktive Beteiligung. Worüber Sie geschrieben haben, das ist doch unser Leben!

HEYM: Jetzt verstehe ich Ihre Frage. Aber natürlich kann das nicht sein, daß sofort Hunderte von jungen Leuten in

Aktion gehen, nachdem ich hier ein Märchen vorgelesen habe oder auch etwas Ernsteres. Wo wollten Sie denn hingehen, was für Aktionen wollten Sie denn unternehmen?

Ich habe jedoch immer wieder erlebt, im Osten wie im Westen, daß schon ein paar Anregungen ausgingen von Lesungen und Gesprächen und daß Leute nachzudenken begannen über gewisse Vorgänge in ihrem Leben, und daß sie durch meine Worte vielleicht etwas mehr Klarheit erhielten oder gar einen Anstoß zum Handeln. Das heißt nun nicht, daß alle meine Zuhörer männlichen Geschlechts, nachdem sie mein Märchen vom Glück in der Liebe gehört haben, sich schleunigst zum Flug hinauf zu dem Feenschloß aufmachen sollten in der Absicht, die einzige männliche Fee unter vierhundertundvierundvierzig weiblichen zu werden – das wäre auch für die Tüchtigsten unter Ihnen wohl zu anstrengend.

Dennoch glaube ich, daß da aus dem Kopf des Autors etwas überspringt zu seinem Publikum. Gewöhnlich läuft das über sein Buch, sein Theaterstück, sein Hörspiel, seinen Film. Da aber bei uns gewisse Werke nur unterm Ladentisch zu haben sind und andere gar nicht, mag die Lesung wenigstens als Ersatz dienen – ein Ersatz jedoch mit dem Vorteil, daß ich Sie dabei sehe. Sonst sehe ich meine Leser ja kaum. Aber der Kontakt mit den Lesern ist wichtig für einen Schriftsteller, und daher war ich recht froh, hierher zu Ihnen kommen zu dürfen, das erste Mal nach langen Jahren wieder in einen DDR-Betrieb; in all der Zeit konnte ich nur in Kirchen lesen und nur dort zu den Menschen sprechen. Ich hoffe, daß diese Beschränkung nun aufgehoben ist; auch der Mißtrauischste, glaube ich, wird nicht behaupten können, daß unser heutiger Abend den Staat erschüttert haben könnte. Oder meinen Sie? *(Heiterkeit.)*

FRAGE: Kürzlich wurde in Halberstadt eine Rockoper nach Ihrem „König-David-Bericht" aufgeführt. Wie ist das zustande gekommen?

HEYM: Das ging einen langen und ziemlich komplizierten Weg, der aber auch seine komischen und rührenden Seiten hatte. In Budapest gründeten ein paar recht jugendliche Musiker und Theaterleute das erste Rock-Musical-

Theater im Sozialismus, ohne eigenes Haus zunächst. Als erstes führten sie, wenn ich mich recht erinnere, „Evita" auf. Dann kamen sie zu mir: Ob ich ihnen die Rechte zum „König-David-Bericht" geben würde, sie wollten eine Rockoper daraus machen.

Damals hielt ich Rockmusik für etwas Wildes und Scheußliches; das ist bei alten Spießern so. *(Heiterkeit.)* Trotzdem sagte ich, gut, macht das, es könnte interessant werden. Dann luden sie mich nach Budapest ein und legten mir eine Konzeption vor und ließen mich die ersten Stücke Musik hören – beides entsetzlich und unbrauchbar. Das sagte ich ihnen auch. Darauf nahm der Leiter des Theaters, ein junger Mann namens Miklos, die Sache in die Hand, schrieb selber einen neuen Text und besorgte zwei neue Komponisten.

Was dabei herauskam, wurde in Budapest auf einer Freilichtbühne uraufgeführt – die Felsen eigneten sich hervorragend als Kulisse der judäischen Wüste. Für mich war diese Aufführung ein Erlebnis, obwohl mir der ungarische Text unverständlich war. Aber die Dramaturgie verstand ich schon, und die Musik war wie eine Offenbarung. Das war nicht das Geklingel und Gepauk, das ich gefürchtet hatte, das waren Töne, die mir ans Herz gingen. Die Ungarn prägten dann eine Platte, die ich hier in Berlin dem Intendanten der Komischen Oper höflich überreichte; aber der zeigte kein Interesse.

Und dann passierte folgendes: Der Sohn des Dramaturgen am Theater in Halberstadt, bei uns in der DDR, hatte eine Freundin, mit der er nach Budapest fahren wollte, aus erotischen Gründen, nehme ich an *(Heiterkeit)* – das Mädchen löste das Verhältnis aber kurz vor der Reise, und der Junge saß da mit seinen zwei Fahrkarten. Der Vater nun, es gibt solche Väter, wollte ihn in dieser Lage nicht allein lassen und sagte, komm, ich fahr' mit dir mit. Sicher war der Vater kein vollgültiger Ersatz, aber auf die Art gerieten die beiden in eine Aufführung des „König-David-Berichts", und nachdem sie wieder daheim waren, rief der Vater, jetzt in seiner Eigenschaft als Dramaturg, mich an und fragte, ob ich gestatten würde, daß sie da in Halberstadt diese Rockoper übernähmen. Ich sagte, aber ja, gerne. Die Schwierigkeiten, bei einem so kleinen

Theater, waren beträchtlich; der Text mußte aus dem Ungarischen rohübersetzt und dann der Musik entsprechend nachgedichtet werden; Herr Demmler, der Liedermacher, den manche von Ihnen kennen werden, besorgte das. Die Musik mußte auf Band aufgenommen werden, denn bei der komplizierten Instrumentalisierung des Rock singen sie in Halberstadt nicht begleitet von ihrem Orchester, sondern von einer Konserve.

Endlich fuhr ich dort hin, zur Erstaufführung. Natürlich war das nicht mein Roman, den ich da zu sehen und hören bekam. Die Bühne, und die Opernbühne erst recht, hat ihre eigenen Gesetze, die sich von denen der Erzählkunst sehr unterscheiden. Und doch hat die Aufführung mich berührt, und dann war da der große Beifall – die im Publikum hatten verstanden.

Nun hat sogar das „Neue Deutschland" eine Meldung über die Premiere gebracht, ein paar Zeilen nur, aber immerhin. Laßt uns hoffen, daß, nachdem in der hintersten Provinz das Eis gebrochen wurde, auch in der Hauptstadt *(Heiterkeit)* ein Theater sich finden wird für den „König-David-Bericht", und daß Sie hier die Oper sich selber anschauen und, wichtiger noch, anhören können.

Noch Fragen? Müssen Sie nicht bald nach Hause gehen? Sie sind doch nach Ihrer Arbeitszeit geblieben?

FRAGE: Wie werden Sie damit fertig, daß Ihre verbotenen Bücher, die ja so oder so über unser Leben berichten, niemals – oder nur über Schleichwege – die Leute in diesem Lande erreichen und von ihnen gelesen werden können?

HEYM: Als mir das zum erstenmal geschah, war ich etwas schockiert, denn ich hatte mein Buch ja in der Absicht geschrieben, uns hier – soweit ein Schriftsteller das überhaupt tun kann – voranzuhelfen. Wenn so ein Buch dann unterdrückt wird, versteht man das zunächst als eine Art Kritik; man fragt sich, was habe ich falsch gemacht, wenn die das nicht drucken wollen? Man überprüft, prüft auch sich selber, man ändert – meinen Roman über den 17. Juni, der jahrzehntelang tabu war und den mein Verleger hier nun doch drucken möchte, habe ich praktisch zweimal geschrieben; aber das Buch wurde nicht konzilianter, eher schärfer in seiner revidierten Fassung. Ein paar andere Titel von mir, zuerst verboten, durften Jahre nach ihrer Erstveröffentlichung im Westen schließlich hier erscheinen, und so hoffe ich, daß auch die jetzt noch verbotenen irgendwann doch noch herauskommen werden. Den genauen Zeitpunkt kann ich Ihnen nicht sagen.

Sie kriegen doch regelmäßig Ihre Schulungen in Marxismus. Wie bitte? Jetzt nicht mehr? Sie gehen nicht mehr hin? Nun, wie auch immer – wenn Sie je einen solchen Unterricht genossen haben, dann wissen Sie, der Marxismus lehrt, daß sich alles verändert. Das ist nicht einmal so neu, die Griechen haben das schon gesagt. Und da auch ich ein bißchen vom alten Marx gelesen habe, glaube ich zu wissen, daß auch die DDR-Art von geistiger Gängelung nicht von ewiger Dauer sein wird. Die Änderung muß ja nicht unbedingt gewaltsam vonstatten gehen. Aber vonstatten gehen wird sie.

FRAGE: Wo sehen Sie Ihren Platz in unserer Gesellschaft?

HEYM: Der Platz, den ich hier einnehme, ist in gewisser Weise einzigartig. Zwar gibt es auch andere Schriftsteller in der DDR, die reisen und im Ausland reden dürfen, obwohl Bücher oder Stücke von ihnen hier geächtet sind; aber ich bin, glaube ich, in dieser Kategorie der Dienstälteste.

Was meine Bücher betrifft, auch die hier verbotenen: Wir leben in der Mitte von Europa, im Zeitalter der Elektronik. Hier Zensur zu machen, wie es noch einem Metternich möglich war, geht heute nicht mehr; das Westfernsehen, das Westradio transportiert alles Verbotene sofort herüber zu uns. Eine dreistündige Lesung mit Texten aus meinem letzten Buch wurde im vergangenen Jahr von einem Westsender ausgestrahlt; viele Menschen hier haben das gehört. Und dauernd gehen Leute hin und her über die Grenze, mit Büchern in der Tasche oder im Büstenhalter. *(Heiterkeit.)* Oft, auch nach Lesungen, legt man mir Bücher vor zum Signieren, darunter die verbotenen. Also kommen sie doch ins Land.

Meine Stellung ist wahrscheinlich besser als die von Schriftstellerkollegen, die nie etwas geschrieben haben, was bei der Behörde unliebsam vermerkt wurde. Ich glaube zu wissen, daß es hier eine Menge Menschen gibt, die mich mögen. Ich laufe unbehütet herum im Wald und auf der Heide, ich fahre in meinem Wagen, ohne vor und neben und hinter mir andere Wagen zu haben zu meinem Schutze; mein Haus ist zwar zur Nachtzeit verschlossen, aber nirgends sind Gitter oder Panzerglas. Ich benutze auch unsere öffentlichen Verkehrsmittel, und die Leute erkennen mich ja. Sie erkennen mich auch in den Kneipen. Das ist der einzige Nachteil: Nirgendwo kann ich unbemerkt sündigen. *(Heiterkeit.)*

FRAGE: Was sehen Sie als die Triebkraft unseres Sozialismus an?

HEYM: Das ist die Frage, die man im amerikanischen Fernsehen oder im Radio dort als die Sixty-four Dollar Question bezeichnet, die Frage, die als letzte gestellt wird, die schwierigste also, für deren richtige Beantwortung man den Hauptpreis, vierundsechzig Dollar, erhält. Da lassen Sie mich eine Gegenfrage stellen. Was verstehen Sie denn unter Sozialismus? *(Keine Antwort.)* Sehen Sie: wenn Sie beobachten, was heute in der Sowjetunion gesagt, geschrieben und getan wird, werden Sie erkennen, daß das ein ganz anderer Sozialismus ist als der, den wir vor zehn oder fünfzehn Jahren dort vorfanden. Demnach wäre es schon wertvoll, sich zunächst einmal zu überlegen, was Sozialismus eigentlich ist und wie er aussehen sollte, bevor wir daran gehen, seine Triebkräfte zu erforschen.

Meiner Meinung nach – und vielleicht werden Sie mir da vorwerfen, ich sei nichts als ein übler orthodoxer Marxist – entstammen diese Triebkräfte den Widersprüchen, die sich aus der gesellschaftlichen Produktion ergeben: Einige wenige Menschen sind Herren über die Produktionsmittel, die andern müssen ihre Hand oder ihren Kopf an die Herren der Produktionsmittel verkaufen, damit sie überhaupt leben können. Das ist einer dieser Widersprüche, die ich erwähnte, und zwar einer, der auch bei uns, im real existierenden DDR-Sozialismus, noch besteht, was zur Folge hat, daß auch die Entfremdung des Menschen von seiner Arbeit hier weiterlebt. Sagen Sie mir bitte: Betrachten Sie Ihren Betrieb, VEB Ingenieur-Hochbau, als Ihr Eigentum? Schauen Sie sich ins Herz! Oder denken Sie nicht eher von denen, die hier das Sagen haben, als *die*, und von sich, die durchführen, was ihnen gesagt wird, als *wir*?

Da ist er, der Widerspruch, oder einer davon, und an so etwas leidet der Mensch, leidet, wie Sie selber feststellen können, die Produktion, leidet die ganze Gesellschaft, und aus derart Leiden entsteht der Wunsch, die Zustände, die das Leiden verursachen, zu ändern, zu bessern, entsteht das Streben nach einer Ordnung, in der solche Widersprüche aufgehoben sind: nach Sozialismus also, einem Sozialismus, in dem wir nicht mehr das Gefühl haben, das gehört denen, irgendeiner anonymen Gruppe, meinetwegen dem Staat, sondern das gehört uns, das sind Wir, wir großgeschrieben, das ist unsere Sache. Dann werden Sie bald sehen, wie die Produktivität zunimmt und wie darüber nachgedacht wird, was man und wie man es besser machen kann, denn all die Mühen und Gedanken kommen dann ja nicht mehr irgend jemandem zugute, sondern uns selber.

So war der Sozialismus ja ursprünglich auch gedacht. Aber dann geschahen ein paar Dinge, die diese schöne Konzeption entstellten. Immerhin meine ich, daß wir hier, die wir in unserm real existierenden Sozialismus hocken, eine bessere Chance haben, am Ende einen richtigen Sozialismus zu machen, als die drüben, die noch in ihrem Kapitalismus festsitzen, so bunt und verlockend der sich auch darstellt, äußerlich.

Aber ich kann mich, was die künftige Entwicklung betrifft und wer da eher ins Ziel kommt und wie das Ziel im einzelnen aussehen wird, auch täuschen – die Weltgeschichte hat die Eigenheit, sich nicht nach den Theorien auch der höchstgerühmten Geistesheroen zu richten. Die Leute, die Ihnen erzählen, sie wüßten, wie es gehen wird, und es gäbe da Gesetze und dergleichen, nach denen sich Wirtschaft und Gesellschaft entwickelten, die sollen sich mal fragen, wieso alles so mangelhaft nur funktioniert bei uns, trotz ihrer Gesetze und trotz ihrem Wissen und ihren Doktrinen.

Ich versuche, meinen Kopf offenzuhalten gegenüber dem Geschehen in unsrer Welt, und mir eine eigene Meinung darüber zu bilden. Das würde ich auch Ihnen empfehlen. Versteht sich, daß Ihre Meinung nicht immer richtig sein wird; keiner hat die Weisheit alleine gepachtet, und meist wird man mit anderen reden müssen und sie fragen, was sie von der oder jener Sache halten. Vielleicht kommt man so auch zu gemeinsamen Erkenntnissen, die etwas nützen. Klar ist jedoch, daß der Formelkram, der immer so hartnäckig gepredigt wurde, in der Form, in der er gepredigt wurde, kaum noch brauchbar ist.

Wenn ich rückblickend die Bücher durchblättere, die ich geschrieben habe, dann erkenne ich, daß ich mich seit längerem schon mit diesem Problem befaßt habe – eigentlich schon in Amerika, als ich über die Bergarbeiter dort schrieb und über den Krieg. Ich finde Gedanken in diesen frühen Büchern, die mir heute noch eigen sind – nur stehen sie jetzt unter anderen Vorzeichen und sind vertieft durch neue Erfahrungen. Doch kommen Sie mir jetzt bitte nicht auf die Idee, was für ein toller Bursche ich wäre, tapfer und weise und wortgewandt und was nicht alles. Gewiß, ich habe gelernt, mit dem Wort umzugehen, aber ich bin weder viel tapferer noch viel klüger als Sie.

Und lesen Sie mal ein Buch von mir, sollte hier eines zu haben sein. *(Heiterkeit, Beifall.)*

Interview mit der ARD

Gespräch mit Dr. Claus Richter für den Bericht aus Bonn

August 1989

FRAGE: Der Ausreisedruck steigt. Man hat fast den Eindruck, daß immer mehr Leute einfach raus wollen, um jeden Preis. Was ist Ihre Einschätzung?

STEFAN HEYM: Ich kann Ihnen da keine Einschätzung geben. Ich kann nur sagen, daß das ein fürchterliches Phänomen ist. Das droht die ganze DDR zu vernichten. Wenn ich mir vorstelle, daß in diesem Jahr – ich rede jetzt gar nicht von Botschaftsbesetzungen, von der ungarischen Grenze und von all diesen Dingen, sondern ich rede davon, daß in diesem Jahr bereits an die fünfzigtausend Menschen ganz legal die DDR verlassen haben, daß es am Ende des Jahres dann hunderttausend sein werden und in fünf Jahren, wenn es so weitergeht, eine halbe Million. Welches Land kann das ertragen? Und auf der anderen Seite ist das genauso bei Ihnen: Sie sitzen fest mit Ihrem Grundgesetz, Sie können nicht sagen, wir schließen die Grenzen und Sie müssen die alle nehmen. Und das hat innenpolitische Folgen, besonders, wenn Sie bedenken, daß da auch noch die Polendeutschen und Rußlanddeutschen und weiß ich was noch dazu kommt – keine Wohnungen werden sie mehr haben können, Jobs und so weiter und so fort. Das wird außerordentlich kompliziert.

FRAGE: Wie ist es denn – Ihrer Meinung nach – zu dieser Krise in der DDR gekommen, was sind die Ursachen?

HEYM: Es geht um Frustration, es geht darum, daß Menschen es satthaben, behandelt zu werden wie minderjährige Kinder, denen man Anweisungen gibt und die diese zu befolgen haben. Ich glaube, die Leute sind reifer geworden in diesen Jahren.

FRAGE: Haben Sie den Eindruck, daß die Staats- und Parteiführung dieses Landes – der DDR – begriffen hat, in welcher Lage sich Ihr Land befindet?

HEYM: Ich kann nur aus dem, was ich im „Neuen Deutschland" und in den anderen Zeitungen lese, schließen, daß sie es nicht in seinem vollen Ausmaß begriffen haben. Sonst würden sie nicht diese Art von Pressepolitik machen. Sonst würden sie nicht die einfachen Fakten verschweigen.

FRAGE: Sehen Sie im Augenblick konkrete Möglichkeiten, die Fluchtwelle einzudämmen?

HEYM: O ja! Ich glaube, wenn man jetzt – Leute, die also autoritativ sprechen können – vor die Menschen hier hinträte und ihnen sagte, hört zu, Genossen, Freunde, wir sehen, was läuft, wir glauben auch zu wissen, woher es kommt, und wir bemühen uns zu ändern und nicht mit kleinen Heftpflästerchen und „Balliativmittelchen" und ob nun noch eine Schwiegermutter da sein muß, zu der man reisen kann und so was. Nein, es geht um das Prinzipielle, um das Grundsätzliche. Und das wollen wir jetzt lösen. Ich glaube, wenn die Menschen das zu hören bekämen, dann wäre die Möglichkeit, das fast schlagartig die Ausreisegeschichte stoppt; denn ich bin überzeugt, daß ein ganz großer Teil der Leute hier ja Sozialismus will, bloß diesen autoritativen, von oben her gemachten und auch noch schlecht gemachten Sozialismus, den wollen sie nicht. Sie wollen auch eine gewisse Freiheit haben, sie wollen überhaupt Freiheit haben, Demokratie. Sozialismus braucht Demokratie. Ohne Demokratie, ohne Initiative schaffen wir das nicht, da wird immer der Kapitalismus überlegen sein.

Neue Hoffnung für die DDR

Oktober 1989

Noch nie in der Geschichte ist ein Staat auf so lächerliche Weise in die Krise geraten wie die DDR. Kein Reformator verkündete neue Thesen, kein General ritt ein in der Hauptstadt an der Spitze seiner Panzer; nein, die akute Notlage ist entstanden durch Absentierung der Bevölkerung; statt Barrikaden, Massenauszug; statt Streiks und Demonstrationen, Botschaftsbesetzung; statt Zusammenstößen mit der Polizei, Ungarnreisen. Zurück blieben eine Partei ohne Orientierung, eine Vielzahl gefräßiger Behörden, Medien, die unentwegt amtliche Phrasen kundgeben, und an der Spitze dieses allen eine Regierung, die ihr Gesicht nur deshalb nicht mehr verlieren kann, weil sie es schon lange verloren hat.

Und die Gegner höhnen, Marx ist tot; und weisen, mit Recht übrigens, auf die Rückständigkeit und den Verfall im Land und die geistige Öde, den Schmutz in den Städten und Flüssen, den Mangel, außer an Schnaps, an so gut wie allem, was das Leben bunt und vergnüglich macht, und auf die tagtäglichen Rechtswidrigkeiten, die Vettern- und Privilegienwirtschaft und die Willkür der Mächtigen, mit welcher diese den Leuten vorschreiben, was sie zu tun und zu denken haben und wohin sie sich bewegen dürfen und wann. Dazu die Schau am gläsernen Schirm, Abend für Abend, von einer reicheren Welt, einer Welt ohne Grenzen, die dem Tüchtigen gehören soll; und als ob die Genossen oben das Bild noch selber bestätigen wollten, ihr Intershop, in dem, sichtbar, fühlbar und schmeckbar, dem armen DDR-Bewohner die Überlegenheit westlicher Güter und westlicher Währung regierungsamtlich vorgeführt wird. Kein Wunder, daß die Menschen des Landes bei der erst besten Gelegenheit sich davonmachen.

In Wahrheit aber ist nicht Marx tot, sondern Stalin, und fehlgeschlagen ist nicht der Sozialismus, sondern nur dieser besondere, real existierende; der andere, bessere, in dessen Namen so viele tapfere Menschen ihre Ideen gaben und ihr Blut, steht noch aus. Und der Gedanke liegt nahe, jetzt, da sich der Wandel anbahnt im Umfeld der Republik, dem wirklichen Sozialismus, in dem die Menschen Brüder werden und Hand in Hand, in Freiheit und Gerechtigkeit, ihr Leben gestalten, auch hier zum Durchbruch zu verhelfen und dem Staate DDR einen neuen Inhalt zu geben.

*

Wieso eigentlich ist, was einst so hoffnungsvoll begann, so sehr mißlungen?
Am Anfang stand der Weltkrieg, der Erste, auf den die Revolution folgte in Rußland. Damals warnte Rosa Luxemburg, die Revolution könne auf die Dauer nur gelingen, wenn sie zugleich sozialistisch und demokratisch wäre, und Lenin und seine Genossen glaubten, der Erfolg ihrer Revolution hänge ab von einer zweiten, die der ersten zu Hilfe kommen müsse, der deutschen nämlich. Aber die deutsche versandete bald nach ihrem Ausbruch, und die russische blieb isoliert in ihrem rückständigen Lande und geriet zu einer Diktatur, nicht des Proletariats, sondern des Staats- und Parteiapparats: zum Stalinismus.
Der Zweite Weltkrieg, der mit der Zerschlagung des Reiches endete und seiner Besetzung durch die Alliierten, brachte im östlichen Drittel Deutschlands eine Ordnung, die, in ihren Strukturen und ihrem Verhältnis von oben zu unten, ein Abklatsch war von jener, die sich in der Sowjetunion entwickelt hatte. Wie anders hätte es auch sein sollen? Welch anderes real existierendes Muster gab es denn, nach dem die deutschen Genossen sich hätten richten können? Und da sie ihre Macht ja nicht selber erobert, sondern als Geschenk erhalten hatten von den sowjetischen Freunden, konnten sie auch, selbst wenn sie es gewollt hätten, keinen Anspruch auf einen eigenen, nach eigenen Entwürfen und für das eigene Land gezimmerten Sozialismus erheben.
Eine Geschichte mit von vornherein eingebauter Tragik – die Explosion des Juni 1953 und die Massenflucht des Sommers 1961 bezeugen es. Die Mauer, die der Flucht ein Ende setzte, war eine Tat der Verzweiflung. Sie hatte nur einen Vorteil: Jetzt konnte die Bevölkerung sich dem Werben von Partei und Regierung nicht mehr entziehen; jetzt wäre Zeit und Gelegenheit gewesen für Veränderungen, genügend

Zeit und Gelegenheit, um aus dem real existierenden Sozialismus der DDR einen Sozialismus zu machen, dem die Menschen sich zuwenden würden, statt von ihm zu fliehen: achtundzwanzig Jahre Zeit. Doch die Jahre verflossen ungenutzt: Im Schatten des antifaschistischen Schutzwalls ließ sich's gut träumen, daß das sozialistische Leben in der DDR heil sei und in Ordnung; die da die Partei und den Staat führten verschlossen Augen und Ohren gegenüber den Gedanken und Gefühlen der Menschen im Lande und beharrten auf ihren verfehlten Methoden und Schlagworten – bis dann die Perestroika des Genossen Gorbatschow auch im Ostteil Deutschlands die Herzen ergriff und in Ungarn sogar den Grenzzaun durchlochte, die verlängerte Mauer der DDR, und das Loch zum Fluchtweg wurde, und anderswo die bundesdeutschen Botschaften sich in Fluchtburgen verwandelten für Tausende, die lieber in ihrem Dreck aushielten als auch nur für ein paar Wochen zurückzukehren unter die Fittiche ihrer Regierung.

Dabei ist zu notieren, daß die Verlockung, die DDR zu verlassen, nicht nur von den größeren Fettaugen auf den westlichen Fleischtöpfen herrührt. Sind doch die Menschen, die der Republik den Rücken kehren, ob per Ausreiseantrag oder illegal, in ihr aufgewachsen und erzogen worden, und man hat ihnen oft genug von den Idealen des Sozialismus' gesprochen, von Solidarität und Gemeinbesitz, von gerechtem Lohn und gerechter Behandlung, und die Kirche hat das Ihrige hinzugetan, so daß man annehmen möchte, etwas davon wäre haften geblieben in den Gehirnen und zumindest bei einigen der Ausgereisten könnten neben dem Fressen auch edlere Motive eine Rolle spielen.

So oder so, der große Aderlaß wird weitergehen, es sei denn, die Regierung ändere ihre Haltung – oder sie siegle die Grenzen ab, vollständig und hermetisch: keine Ausreise mehr für irgend jemanden, keine Besuche irgendwo, nichts mehr. Diese gewaltsame Lösung, durchaus denkbar, würde jedoch Gegengewalt erzeugen, und dann gnade uns Gott.

*

Ist die DDR noch zu retten? Wichtiger noch, ist sie es wert, daß man sie rettet?

Der Staat leidet an innerer Auszehrung. Er litt schon daran, als damals die Mauer hingebaut wurde, eine Art Korsett für den zerfallenden Körper; nur stellte der Arzt sich nie ein, leider, der in der Zeit seither, mit vernünftigen Methoden und Weisheit und Toleranz, die Krankheit therapiert hätte.

Was aber heute tun und jetzt, angesichts der Katastrophe und der offenbaren Unfähigkeit höherenorts zu Umstellung und Reform? Drei Kreuze machen und die DDR, oder was davon noch nicht weggelaufen sein wird, der Bundesrepublik zu treuen Händen übergeben? Aber welche europäische Nation und welche außereuropäische wünscht denn nach den geschichtlichen Erfahrungen der letzten hundert Jahre ein neues Großdeutschland? Und, dies aus tiefster Seele gesprochen: Soll denn das noble Experiment des Sozialismus' hier im Herzen Europas, nur weil es so lange mit unzulänglichem Gerät und falschen Zutaten probiert wurde, so gänzlich aufgegeben werden? Es gibt, das ist unbezweifelbar, genügend Menschen im Lande, die bleiben würden, um den Versuch unter neuen, demokratischen Bedingungen noch einmal zu unternehmen. Und es gibt längst schon, selbst in der SED und ihrem Umkreis, Einzelpersonen und Institute, die Modelle entwickelt haben für einen brauchbaren Sozialismus und die bereit sind, die neuen Programme, zusammen mit allen Bürgern, zu verwirklichen.

Eine Deutsche Demokratische Republik, aber eine bessere als die real existierende, ist notwendig, schon als Gegengewicht gegen die Daimler-Messerschmitt-Bölkow-Blohm-BASF-Hoechst-Deutsche-Bank-Republik auf der anderen Seite der Elbe; notwendig ist ein sozialistischer Staat auf deutschem Boden, der seinen Bürgern wahre Freiheit und alle Rechte garantiert, die freien Bürgern zustehen. Und nicht nur um der Menschen willen, die in der DDR leben und in ihr auch ausharren möchten; ein vernünftig funktionierender DDR-Sozialismus wäre vonnöten auch für die außerhalb der Republik, denn überall in der Welt leidet die Linke unter dem Fiasko des SED-Staates, überall höhnen die Reaktionäre: Was, Sozialismus! Schaut ihn euch doch an, diesen Sozialismus, dem das eigne Volk in Scharen davonläuft!

Es ist höchste Zeit, sich von dem alten Schema zu lösen und aus dem real existierenden Sozialismus in der DDR einen wirklichen zu machen, trotz alledem.

*

Auf so gut wie allen Gebieten des menschlichen Zusammenlebens, ob Wirtschaft und Verwaltung, ob Kultur, Medien, Erziehung, Gesundheitswesen, Verkehr, Umweltschutz und, nicht zu vergessen, Militär und Polizei, müßten da neue Gedanken gefunden werden, neue Einstellungen, neue Methoden, neue Werte und Worte; mehr noch, neue Beziehungen müßten sich bilden zwischen den Menschen, demokratische, ein neues Verhältnis zwischen denen oben und denen unten, mit Kritik und Debatte, jedermann verantwortlich gegenüber den andern, wählbar und abwählbar. Zu diesen Bemühungen um Veränderung müßte ein jeder Bürger seines beitragen, und er müßte gewiß sein können, daß seine Meinung auch gehört und seine Vorschläge ernstgenommen werden. Wenn die Jahre der Existenz der etwas gebracht haben, dann einen Reifungsprozeß. Gerade in innerer Opposition zu dem offiziell Verkündeten haben überraschend viele gelernt, selbständig zu denken und zu handeln; es ist nur noch nötig, sie aufzufordern, sich an dem Umgestaltungsprozeß zu beteiligen.

Begonnen werden müßte der Prozeß der Wandlung auf dem Gebiet der praktischen Politik. Hier sollten zuerst Korrekturen erfolgen, und diese grundsätzlicher Natur; das Monopol des einen und einzigen Machtapparats, Hauptmerkmal des Stalinschen Systems, hat seine Sterilität erwiesen; der Mannigfaltigkeit der Meinungen, dem großen Dialog, muß Raum gegeben werden, um das Tor aufzustoßen zu der Demokratisierung, Offenheit und den garantierten Rechten für jeden, welche der Genosse Gorbatschow am Vorabend des vierzigsten Jahrestags der Republik von der DDR-Regierung einforderte, und zu allen andern notwendigen Reformen.

Wahlen zur Volkskammer der DDR würden dann Teil sein dieses Prozesses. Freie, geheime, demokratische Wahlen, nicht das Schattenboxen wie bisher üblich, mit mehr als einem, vom Volk selbst zu bestimmenden Kandidaten für jedes Mandat und mit mehreren Parteien – die in der DDR ja vorhanden sind und die sich nur von den Fesseln zu befreien brauchten, mit denen sie sich selber an ihre Leitpartei, die SED, banden. Und selbstverständlich wäre Sorge dafür zu tragen, daß die Auszählung der Stimmen unter Kontrolle durch die Wähler selber oder durch Personen ihres Vertrauens stattfindet.

Eine Regierung, ernannt und bestätigt von einer auf solche Weise gewählten Volkskammer, besäße die Legitimität, die die jetzige nicht hat, und könnte den neuen Abschnitt der Geschichte der DDR in sichere Bahnen bringen: einer DDR, die eines Tages vielleicht auch provisorische Quartiere zu errichten haben würde, um Zuwanderern zu ihrem neuen Sozialismus eine erste Unterkunft zu gewähren.

Zeit für einen Shakespeare

Interview mit Chris Granlund von Marxism Today, London

Oktober 1989

CHRIS GRANLUND: Aufgeregte Zeiten.

STEFAN HEYM: Ja, ziemlich.

GRANLUND: Wie wird die SED mit diesen Entwicklungen fertigwerden?

HEYM: Ich weiß nicht, was die oben tun werden; das dürfte sich, nach dieser Massendemonstration in Leipzig, in den nächsten Stunden entscheiden.

GRANLUND: Nachdem beide deutsche Staaten den kalten Krieg durchlebt und die allgemeine Lage sich so verändert hat, könnte einer argumentieren, daß die Bedingungen für die Existenz der DDR nicht mehr bestehen.

HEYM: Das stimmt nicht. Wie Sie meinem Artikel (siehe „Neue Hoffnung für die DDR", Seite 271) entnehmen können, behaupte ich, daß ein sozialistischer Staat auf deutschem Boden für den Fortschritt des Sozialismus' überall in der Welt notwendig ist.

GRANLUND: Wird dieser Sozialismus im großen ganzen der Hauptlinie der gegenwärtigen Entwicklung in der Sowjetunion entsprechen?

HEYM: Das weiß ich nicht. Ich meine, der deutsche Sozialismus hat eine andere Tradition als der in der Sowjetunion und muß daher, schon weil hier in der DDR eine einigermaßen funktionierende Industrie besteht, nicht unbedingt dieselben Verrenkungen vollziehen wie die Russen. Wir haben sehr gut ausgebildete Arbeiter, während sie in der Sowjetunion immer noch Schwierigkeiten mit ihren Fachkräften haben. Die Leute hier wären fähig, ab morgen früh ihre Betriebe zu übernehmen und selber zu leiten. Auch begabte Manager und Techniker und Ingenieure sind vorhanden. Nur der Apparat gestattet ihnen nicht, vernünftig zu arbeiten.

GRANLUND: Welche der Oppositionsgruppen bietet die beste Hoffnung für Veränderungen in der DDR?

HEYM: Wie die Ereignisse in Leipzig gezeigt haben, kommt

es nicht so sehr auf die einzelne Gruppe an. Ich glaube, bei uns hier setzt sich in diesen Tagen das durch, von dem die Rosa Luxemburg einst geträumt hat: die Spontaneität der Massen, auf die sie immer wartete und die nie kam. Die Leute gehen auf die Straße ... Und in den Betrieben wird sich wohl auch einiges tun.

GRANLUND: Wie wird sich das politisch ausdrücken?

HEYM: Das kann ich Ihnen nicht sagen, die Menschen werden selber für sich sprechen. Es mag auch sein, daß in der SED genügend fortschrittliche Kräfte sind, um die Partei zu übernehmen.

GRANLUND: Sie meinen also, daß als Resultat derartiger Erklärungen und von Massendemonstrationen wie in Leipzig mehr und mehr Mitglieder der SED dem Ruf nach Reformen folgen werden?

HEYM: Wenn die Gerontokraten da oben auf ihren alten Wegen beharren und die bewaffnete Polizei einsetzen, dann kann es sehr böse ausgehen. Aber ich glaube nicht, daß die Menschen sich dem noch beugen werden. Sie haben von der Freiheit gekostet – und die schmeckt süß.

GRANLUND: Glauben Sie, daß das veränderte Verhältnis zwischen der Sowjetunion und der DDR ...?

HEYM: Genau das ist einer der Gründe für das Ganze. Lebte Breschnew noch, hätten wir immer noch die Eiszeit. Gorbatschows Stellung würde enorm gestärkt werden, wenn echte Reformen in der DDR kämen, und dieses um so mehr, als Ereignisse wie in Polen in der DDR nicht eintreten würden. Dies Land hier hat eine lange sozialistische Tradition, eine demokratisch-sozialistische, der Sozialismus stammt von hier, Marx war Deutscher, Engels war Deutscher, Lassalle war Deutscher. Das ist die Tradition hier, nicht so ein Katholizismus wie in Polen.

GRANLUND: Die letzten Ereignisse haben besonders im Westen Spekulationen über die beiden Deutschlands mit sich gebracht. Das Wort Wiedervereinigung wird immer häufiger in die Debatte geworfen.

HEYM: Das ist Westpropaganda. Wenn es einmal eine deutsche Wiedervereinigung geben wird, dann wird sie nicht der Art sein, wie manche heute glauben – daß die Bundesrepublik die Deutsche Demokratische Republik einfach schluckt –, das ist außer Frage. Wiedervereinigung kann erst sein, wenn die zwei großen Blöcke sich aufgelöst haben, und dann wird sie auf ganz neue und andere Weise kommen, als beide Seiten sich jetzt vorstellen.

GRANLUND: Betrachten Sie sich als Marxisten oder als Sozialdemokraten? Wie würden Sie sich selber beschreiben?

HEYM: Ich würde Ihnen vorschlagen, Sie lesen meine Bücher – dann wissen Sie's.

GRANLUND: Sie werden viel im Westen veröffentlicht und weniger in der DDR. Sie erscheinen häufig im Westfernsehen auf Programmen, die auch in der DDR zu sehen sind. Würden Sie eine DDR-Kultur, die sich unter solchen Umständen zu entwickeln hatte, als eine Nationalkultur bezeichnen?

HEYM: Es gibt keine DDR-Nationalkultur, ebensowenig wie es eine DDR-Nation gibt. Es gibt Deutsche in einem sozialistischen, besser gesagt, „sozialistischen", noch-stalinistischen Staat. Aber das wird sich verändern, und diese Deutschen werden, wenn alles gutgeht, Bürger in einem wirklich sozialistischen Staate sein.

GRANLUND: Empfinden Sie Treue dem Land gegenüber, in dem Sie leben.

HEYM: Das ist ein großes Wort, Treue. Ich habe in diesem Land ausgehalten, seit 1952, obwohl dessen Führung mich in regelmäßigen Abständen in den Hintern getreten hat. Das ist doch wohl eine Art Treue, oder?

GRANLUND: Und gar keine emotionelle Bindung?

HEYM: Ich bin nicht so ein Mensch. Meine Emotionen laufen auf anderen Bahnen.

GRANLUND: Aber warum sind Sie denn noch dort? Viele Leute würden gerne wissen wollen, warum Sie ausgeharrt haben?

HEYM: Um Augenblicke zu erleben wie diesen. Und außerdem, glauben Sie, daß der Sozialismus in der DDR sich dadurch gebessert haben würde, daß ich weggehe?

GRANLUND: Nein.

HEYM: Sehen Sie, darum bin ich geblieben.

GRANLUND: Ist das Ihre Rolle als Schriftsteller in der DDR?

HEYM: Es gehört zu meiner Arbeit, aber es ist nicht alles. Vor allem bin ich Romancier.

GRANLUND: Und was halten Sie von dem Roman, der sich jetzt vor Ihren Augen entfaltet?

HEYM: Der ist höchst dramatisch, auf beiden Seiten der Handelnden. Die alten Herren sind ja nicht durchaus bösartig, eher sind sie tragische Charaktere. Dies ist die Zeit für einen Shakespeare.

Zwischenbericht

Nun ist es also geschehen: Immer näher kam das Rudel dem schlingernden Schlitten, hechelnd und heulend, und einer mußte den Wölfen geopfert werden – der Schwächste. Ihm und zwei seiner glücklosen Getreuen, dem Wirtschafts- und dem Medienboß, werden sie jetzt alles aufhalsen, die schlechte Versorgung, das miserable Fernsehen, die Massenflucht, die ganze Misere der DDR.

Aber wie sicher sitzt der Rest? Und was ändert sich unter dem neuen Kutscher? Werden die Pferde besser? Die Wölfe weniger hungrig? Und wohin soll nun die Reise gehen?

Immer noch haben sie, als Leitstern, nur ihre halbherzige und doppelsinnige Erklärung vom 11. Oktober, in welcher sie zusagten, sie wollten gemeinsam mit dem Volke in einer starken sozialistischen DDR die Schwelle zum nächsten Jahrtausend überschreiten und würden der Partei und dem gesamten Volk im Sinne der strategischen Konzeption von Kontinuität und Erneuerung Vorschläge unterbreiten, die auf den tausendfach geführten Diskussionen in den Parteiorganisationen der SED und auf den Vorschlägen und Überlegungen von Werktätigen aus allen Teilen der Republik beruhten.

Statt dessen rollten drei greise Köpfe.

War das die Wende? Soll das alles gewesen sein? Ein halbwegs neuer Mann und ein schon angewelkter Text?

Nicht daß das tektonische Beben, das dem vorherging, auf der nach oben offenen Skala für politische Erschütterungen so niedrig einzustufen wäre wie dieser Text unter den Dokumenten der Weltgeschichte; Blut floß kaum, aber für eine Weile hing alles in der Schwebe, Straßenkämpfe oder nicht, Tien An Men vor der Tür von Auerbachs Keller, mit schlimmen Folgen für Gleichgewicht und Frieden in Europa; dann zog irgendein Ungenannter – war es wirklich schon der Neue? – die Eingreiftruppen zurück, bevor sie noch zuschlagen durften, und fünfzigtausend, oder waren es ihrer siebzigtausend, und beim zweiten Mal einhundertfünfzigtausend gar, liefen friedlich und unbehelligt über den

Leipziger Ring und riefen im Chor: „Wir sind das Volk!" –
und bei Gott, sie waren es; späte Rechtfertigung der Rosa
Luxemburg, die immer von der Spontaneität der Massen gepredigt hatte.
Dies war der historische Moment, in solcher Klarheit selten
zu erkennen, da die Quantität des alten Professors Hegel in
eine neue Qualität umschlug und wenigstens dieser Aspekt
des Marxismus sich bestätigte – und wir können sagen, wir
sind dabeigewesen.
Wenn sie uns nur nicht die Hoffnung für den Sozialismus,
den neuen, den besseren, wieder kaputtmachen mit ihren
schiefen Worten, die DDR-Ajatollahs, die immer alles gewußt haben und die, kaum daß es ihnen zehn Sekunden
lang den Atem verschlug, schon wieder den Ton anzugeben
suchen. Glauben sie wirklich, mit dem Opfer von drei armen Schluckern dem sozialistischen Weltgeist Genüge getan zu haben?
Der kleine Junge, der da ausrief, der Kaiser habe ja gar
nichts an, muß nach seinem epochemachenden Ruf recht
zwiespältige Gefühle gehabt haben: Wohl wird er, einerseits, Genugtuung empfunden haben, daß er gegen all das
Hoch-und-Hussa-Geschrei der Menge recht behalten hatte,
andererseits aber, und dies Gefühl verstärkte sich gewiß
noch im Laufe der Zeit, dürfte der allgemeine Schwenk ins
Gegenteil ihn auch angewidert haben: welch Helden, die
sich nun gar nicht genugtun konnten, den armen Kaiser zu
verlachen.
Das Verhalten zahlreicher Bürger nach dem 11. Oktober
1989 in der Deutschen Demokratischen Republik erinnert
peinlich an Gesamtdeutschland im Mai 1945: Auch damals
waren die Tüchtigeren unter den Volksgenossen sofort bemüht gewesen, die Kurve zu kriegen, und Nazis hatte es so
gut wie keine gegeben, alle waren sie heimliche Wider-
standskämpfer oder hatten zumindest jüdische Großmüt-
ter.
Jetzt mokiert sich der Präsident des Schriftstellerverbandes
über die Jubelveranstaltung, die er selber zwei Tage vor seinen neuen Erkenntnissen noch in einem Theater der
Hauptstadt hatte abhalten lassen, und wundert sich laut,
welche Kraft es wohl sei, die junge Frauen veranlasse, ihre
Kinder über Botschaftszäune zu reichen. Und er ist nur ei-

ner von denen, deren Zunge über Nacht von einer Seite ihres Mundes auf die andere rutschte.

Leid können einem die kleinen Mitglieder der Partei tun, die so lange an die Verkündigungen ihrer Oberen und an die Autorität der nun Abgehalfterten geglaubt haben, und die armen Arbeiter, die, aufgefordert von ihren Parteisekretären, vor wenigen Wochen noch Briefe schrieben zur Veröffentlichung im Zentralorgan, wie diesen hier:

Wer so seine Heimat und Freunde verläßt, dem haben sie nie etwas bedeutet. Sie sollten das Recht verwirkt haben, diese Heimat je wieder zu betreten. Sie haben ihre Wahl getroffen, ein Zurück darf nicht ermöglicht werden.

Und sympathischer als die ganze Sache derer, die ihr Mäntelchen nach dem plötzlich veränderten Winde hängen, wirken da allemal noch die alten Stalinisten, deren Hirnwindungen sich nicht so rasch umpolen lassen: Hat einer das Zittern der Hand bemerkt, als auf der Tribüne der Genosse Honecker die Brille zurechtschob, um noch einmal, am Vorabend des vierzigsten Jahrestags seiner Republik, im Flackern der Fackeln Begeisterung auf den Unter den Linden vorbeiziehenden kindlichen Gesichtern zu suchen?

*

Als Honecker, das ist schon ein paar Jahre her, sich gegen die Verfilmung von Plenzdorfs „Neuen Leiden des jungen W." aussprach, einer Modernisierung des Goetheschen Werther, soll er gesagt haben, er habe nicht Jahre im Zuchthaus gesessen, damit jetzt die jungen Menschen sich selber umbrächten.

Und heute? Seine Jahre im Zuchthaus, damit diese selben jungen Menschen zu Zigtausenden von ihm weglaufen? Sind sie nicht sämtlich in seiner DDR aufgewachsen, wurden sie nicht in den Schulen seiner Frau Margot, der Ministerin, erzogen? Was ist da schiefgegangen, und wo? War er nicht immer besten Willens? Und besten Glaubens?

Da schreiben sie nun in ihrer Politbüroerklärung, die führenden Genossen, nachdem sie sich zunächst einmal gelobt haben für vierzig Jahre unbestreitbarer Leistungen, welche sie gemeinsam mit dem Volke erbracht: Es lasse sie keineswegs gleichgültig, wenn so viele Menschen sich von unserer

Deutschen Demokratischen Republik lossagten.
Und zu den Ursachen dafür: Diese möchten vielfältiger Art
sein, und wir müßten und würden sie auch bei uns suchen.
Und klopfen sich dann auf die Brust und verkünden: Wir
stellen uns der Diskussion! – und mehr noch: DDR, Sozialismus und Frieden gehörten für immer zusammen mit Demokratie und Freiheit.

*

Ähnlich bemerkenswert klingt: „Die Hauptaufgabe für die
weitere Demokratisierung des Lebens in der Deutschen
Demokratischen Republik ist und bleibt, daß die Volksmas-
sen durch ihre Mitarbeit und Aktivität diesen Prozeß bestimmen und dazu beitragen, alle bürokratischen Hemmnisse zu überwinden, die demokratische Gesetzlichkeit zu
sichern und die gewählten Volksvertretungen voll zur Gel-
tung gelangen zu lassen." Und weiter: „Es darf keine Ein-
schränkung der freien Meinungsäußerung geben. Jedes Be-
vormunden und Kommandieren muß unterbleiben."
Und schließlich: „Unsere Agitation und Propaganda er-
weckt manchmal den Anschein, als ob es in der Deutschen
Demokratischen Republik keinerlei Schwierigkeiten gebe
und alles glattgehe. Auch die oft noch vorhandene Schwarz-
weißmalerei in der Gegenüberstellung der Verhältnisse in
der Deutschen Demokratischen Republik und in Westdeutschland ist schädlich."
Doch halt! – das stammt gar nicht aus dieser Verlautbarung,
das wurde von dem gleichen Politbüro schon anno 1956 gesagt, nach dem zwanzigsten Parteitag der sowjetischen
Kommunisten, auf dem einige Fehler des Genossen J. W.
Stalin besprochen wurden.
Eine große Verwirrung ist ausgebrochen im Staate DDR
nach dem Stühlerücken und den Deklamationen, die den
ärgsten Ärger auffangen und dem großen Lümmel, dem
Volk, bedeuten sollen, daß die oben wirklich über seine
Nöte nachdächten. Sachlicher Dialog, tönt es da, und ver-
trauensvolles politisches Miteinander, aber wer mit wem reden soll und worüber, davon kein Wort.
Und wie das vorgetragen wird in Presse und Fernsehen, mit
welcher Biederkeit, wir sind ja alle für Verbesserungen, wie

denn sonst, und besonders bei der Arbeit für den Sozialismus. Was hat sich denn geändert? Der alte Ton ist geblieben und der alte Geist; und wie da abgewiegelt wird in den wiederum bestellten Briefen aus der Bevölkerung, in denen es nur so überquillt von herzlichem Vertrauen zur Führung von Staat und Partei. Da ist die Verschwörung schon wieder im Gange: die Verschwörung der verbliebenen Böcke zur Erhaltung ihrer Gärtnerposten.

Und dennoch, woher soll er denn kommen, der deutsche Gorbatschow, wenn nicht aus den Reihen dieser Partei, in einem Staat, in dem jahrzehntelang niemandem außerhalb ihrer Reihen ein ernst zu nehmendes Wort gestattet wurde? Wo, wenn nicht in der Partei, soll denn einer gelernt haben, was auf der Suche nach neuen Lösungen für die aufgestauten Probleme gebraucht wird an praktischer Politik und Personenkenntnis und Durchsetzungsvermögen?

Und wenn er jetzt noch Charisma hätte und Phantasie und das Minimum an Integrität, das ihn wohltuend abhöbe von dem Rest der Apparatschiki, und wenn er nicht nur *einer* wäre, sondern andere neben sich hätte mit ähnlichen Fähigkeiten und Erfahrungen wie er und einer ähnlichen Vision?

Statt dessen – Krenz.

Und auf der Gegenseite, unter den neuen Gruppen, die sich plötzlich gebildet haben auf dem Boden, der lange schon vorbereitet war, gleichfalls die Suche: Suche nach dem Weg zu einem Ziel, von dem vorläufig keiner so recht zu wissen scheint, wie es aussehen soll – noch Sozialismus, oder schon nicht mehr? Und wenn Sozialismus, was für einer, wie strukturiert, die Produktionsmittel wem gehörig?

Oder freie Marktwirtschaft, bitte sehr, aber mit wieviel sozialer Sicherheit, mit der berühmten Geborgenheit aller DDR-Bürger, die zur großen Faulheit führt, oder mit Arbeitslosigkeit, welche die Kumpel schon Mores lehren wird, und wer kriegt den Mehrwert, so einer erwirtschaftet wird, und von wo soll das Kapital kommen, das gebraucht wird an allen Ecken und Enden? Und die Rechtssicherheit, wer soll sie garantieren, die Genossen von der Staatssicherheit etwa? Und die neue Demokratie, diese vor allem, ja, aber mit wieviel Pluralismus, und mit Freiheit auch für ihre Feinde? Und das alles ist zu durchdenken in kürzester Frist, Meinungsstreit eingeschlossen, denn die Zeit drängt, und die Menschen erwarten nicht nur neue Personen, sondern auch neue Antworten; und wer sollen ihre Sprecher sein, die Sprecher derer, die das Land eben nicht verlassen wollen und statt dessen ihre ungeschützten Leiber den schlagstock- und wasserwerferbewehrten Hütern der alten Ordnung entgegenstellen?

Und wann werden sie sprechen dürfen, nicht nur in Wohnküchen und Kirchen, sondern öffentlich und vor aller Ohren, auch in den Medien der Republik?

Auch neben dem Wechsel bleibt das Wort des Tages: Glaubwürdigkeit.

Nach so vielen Jahrzehnten der ewig gleichen Sprüche, das beweisen die mit den Herbstferien sprunghaft wieder gestiegenen Zahlen der über Ungarn Geflüchteten, ist das Mißtrauen der Bürger der DDR ihren Machthabern gegenüber so groß wie je. Die Leute fürchten, daß die Genossen, auch wenn sie jetzt freundlich lächelnd die Zähne zeigen, damit noch zuschnappen könnten bei passender Gelegenheit. Und man würde gern wissen, wer die Fehler untersuchen soll, die da gemacht wurden in Wirtschaft, Politik und im Umgang mit den Menschen, und die Verantwortlichen dafür feststellen – waren es nur drei? Und wer die Reformen durchführen soll und die neuen Maßnahmen? Und wie es möglich sein soll, daß die Großredner von gestern die Texte von morgen ehrlichen Herzens sprächen: Entweder logen sie damals, oder sie lügen jetzt.

*

Glaubwürdigkeit erwirbt man durch Taten, nicht durch Worte, seien sie noch so rührend. Glaubwürdig würden sie werden, die Genossen, an dem Tag, da die Polizei wieder ihrem eigentlichen Zweck diente, dem Schutz der Bevölkerung, und nicht deren Überwachung, und da die Mauer nur noch Zollgrenze wäre und nicht ein Alptraum auf der Brust der Menschen, und da in den Schulen der Fortschritt der Schüler nicht vom Verhalten ihrer Eltern abhängig gemacht wird und die Lehrer die simple Wahrheit lehren dürfen statt irgendwelcher immer noch unbewiesenen Thesen, und da vor Gericht es gleich ist, ob einer zur Partei gehört oder nicht, und in den Krankenhäusern dito, und da in Zeitung und Rundfunk und Fernsehen die Welt dargestellt wird, wie sie ist, und nicht, wie irgendeiner sie gesehen haben möchte, und da Staatsbeamte und Parteifunktionäre sich als Diener des Volkes betrachten und nicht als dessen Herren und Meister.

So einfach ist das und doch so schwierig. Und wenn die, die jetzt, nach Honecker, noch in den Positionen der Macht sind, sich diese Glaubwürdigkeit nicht schaffen können, dann werden andere an ihre Stelle treten müssen. Denn bestehen wird nur ein Staat, der glaubwürdig ist, mit einer Regierung, der man vertraut; jeder andere, besonders hier in Deutschland, würde zugrunde gehen, unweigerlich.

Spiegel-Essay

Rede auf der Berliner Demonstration

4. November 1989

Freunde! Mitbürger!

Es ist, als habe einer die Fenster aufgestoßen nach all den Jahren der Stagnation, der geistigen, wirtschaftlichen, politischen, den Jahren von Dumpfheit und Mief, von Phrasengewäsch und bürokratischer Willkür, von amtlicher Blindheit und Taubheit.

Welche Wandlung: Vor noch nicht vier Wochen die schöngezimmerte Tribüne hier um die Ecke mit dem Vorbeimarsch, dem bestellten, vor den Erhabenen – und heute Ihr, die Ihr Euch aus eigenem freien Willen versammelt habt für Freiheit und Demokratie und für einen Sozialismus, der des Namens wert ist. In der Zeit, die hoffentlich jetzt zu Ende ist, wie oft kamen da die Menschen zu mir mit ihren Klagen: dem war Unrecht geschehen und der war unterdrückt und geschurigelt worden, und allesamt waren sie frustriert. Und ich sagte: So tut doch etwas!

Und sie sagten resigniert: Wir können doch nichts tun.

Und das ging so, in dieser Republik, bis es nicht mehr ging. Bis sich soviel Unbilligkeit angehäuft hatte im Staate und soviel Unmut im Leben der Menschen, daß ein Teil von ihnen weglief, die andern aber, die Mehrzahl, erklärten, und zwar auf der Straße, öffentlich: Schluß! Ändern! Wir sind das Volk!

Einer schrieb mir, und der Mann hat recht: Wir haben in diesen letzten Wochen unsere Sprachlosigkeit überwunden und sind jetzt dabei, den aufrechten Gang zu erlernen. Und das, Freunde, in Deutschland, wo bisher sämtliche Revolutionen danebengegangen, und die Leute immer gekuscht haben, unter dem Kaiser, unter den Nazis und später auch.

Aber sprechen, frei sprechen, gehen, aufrecht gehen, das ist nicht genug. Laßt uns auch lernen, zu regieren. Die Macht gehört nicht in die Hände eines einzelnen oder ein paar weniger oder eines Apparats oder einer Partei. Alle müssen teilhaben an dieser Macht, und wer immer sie ausübt und wo immer, muß unterworfen sein der Kontrolle der Bürger, denn Macht korrumpiert, und absolute Macht, das können wir heute noch sehen, korrumpiert absolut.

Der Sozialismus, nicht der Stalinsche, der richtige, den wir endlich erbauen wollen zu unserem Nutzen und zum Nutzen ganz Deutschlands, ist nicht denkbar ohne Demokratie. Demokratie aber, ein griechisches Wort, heißt Herrschaft des Volkes.

Freunde! Mitbürger! Übernehmt die Herrschaft.

Hurra für den Pöbel

November 1989

Geplant war wohl nicht gewesen, was dann geschah.

Geplant war, wenn es denn überhaupt einen Plan noch gab nach dem Ausbruch des großen Wirrwarrs, Luft ablassen zu lassen, den Druck zu mindern, der sich seit langem schon aufgestaut hatte in der Psyche der Menschen und der immer wieder anstieg, trotz Abwanderung und Flucht der Zehntausende, oder vielleicht gerade deswegen. Drei Köpfe – was wog das; damit begnügten die unten sich nicht. Die unten wollten, wenn nicht gekippte Sessel oder Schlimmeres gar, dann wenigstens aussprechen dürfen, nach all den Jahren erzwungenen Schweigens, wie's ihnen ums Herz war, und ein Ohr finden, ein geneigtes, dem sie ihre Klagen vortragen durften und ihre Beschwerden: über die Unterdrückung jeder selbständigen Regung und jeder Kritik, und das gibt es nicht und an jenem mangelt's, und wie schiebt man uns kaltherzig von Amtsstube zu Amtsstube, und warum wird der bevorzugt vor mir, und was kriegt einer zu kaufen für sein ehrlich verdientes Geld, und wer ist verantwortlich für die Ersatzteile, die es nicht gibt, und was ist nun mit Reisen und mit den Devisen dafür und bespitzelt wird man dazu noch.

Wenn auch unüblich bisher, ist derart Verlangen von unten kein Grund zum Erschrecken. Dem stellen wir uns. Wem stellen wir uns? Dem Dialog. Dialog heißt: die reden, wir antworten. Oder antworten auch nicht, lächeln mit wissendem Lächeln und nicken und bedeuten denen, daß wir Verständnis haben für ihre Nöte, volles Verständnis, und daß alles gut sein wird, solange wir miteinander reden, denn reden miteinander, Dialog also, wirkt vertrauensbildend, und Vertrauen ist, was jetzt gebraucht wird vor allem anderen.

*

Welch schöner Gedanke. Man stelle sich vor, die Höflinge von Versailles hätten, als die Pariser Marktweiber ins Schloß eindrangen mit zornfunkelndem Auge und kreischender Stimme, Dialoge mit diesen geführt statt diskret zu verschwinden; vielleicht herrschte in Frankreich noch immer ein König.

Und dennoch, es liegt ein teuflischer Reiz im dialektischen Spiel des Wechselgesprächs, und eine ebenso teuflische Gefahr. Schon Plato wußte davon und Sophokles, von Shakespeare, Goethe, Ibsen gar nicht zu reden. Worte, ein wenig gewärmte Luft, Gewicht null, können, passend zusammengefügt, schärfer sein als Pfeil und Speerspitze und gleich tödlich, und wer sich verfängt in ihrem Netz, ist seinem Peiniger ausgeliefert. Das haben die Urheber des Dialogs, die klugen, so nicht bedacht, daß sie, statt dessen Meisterdirigenten, des Dialoges Opfer werden könnten unter den herausfordernden Zurufen von irgendwelch ganz gewöhnlichem Volk. Da meinten sie, geschult wie sie sich glaubten durch Lehrgänge und Kurse, mit ein paar Phrasen, fein ineinander verschachtelt, die Widersprüche klären zu können, welche die Menschen dieser Republik umtreiben, und leichthin abzuwiegeln, was sie bedroht und beunruhigt; doch ihre Zungen, verformt von der wohlgesetzten, politisch in jeder Hinsicht korrekten und amtlich abgesegneten Prosa von gestern, verkrampften sich in ihrem Sekretärsjargon, und was blieb, war das simple *Wir sind das Volk!* und *Keine Gewalt!* und *Wer?* und *Was?* und *Warum?*

Kein Wunder, daß Friedhelm Rausch, Generalleutnant der Polizei und deren Oberster in Berlin der Hauptstadt, den Dialog im Saale dem auf der Straße vorzieht, ganz abgesehen von dem Lärm solcher Massendemos, über den, wie der Generalleutnant berichtet, zahlreiche Bürger bei ihm Beschwerde führten.

*

Einer erzählte, ein junger Mann, von dem Dialog, den er geführt mit einem der Oberen. Da standen wir, berichtete er, Aug in Aug, aber wir verstanden einander nicht. Er lebe, sagte der junge Mann, im Stadtbezirk Prenzlauer Berg; sie aber, die mit ihm und mit seinesgleichen im Dialog sich befanden, lebten in Sondersiedlungen mit Sonderläden und Sonderschulen und Sonderkrankenhäusern.

Er fügte nicht extra hinzu, denn dieses war unnötig, daß

das Bewußtsein eben bestimmt werde durch das Sein; aber die Sache ist noch komplexer: die, an welche das Volk seine Worte richtet, können sie diese Worte überhaupt begreifen? Und haben sie Antworten? Oder sind sie, nach einem ganzen langen Leben als unbelästigte Obrigkeit, derart verschreckt durch die plötzlichen Stimmen von unten, daß das Hirn ihnen sich sträubt vor dem Gehörten und die Kehle sich ihnen zuschnürt?

*

Viele von uns, schrieb einer der Untertanen, haben in den letzten Wochen erst unsere Sprachlosigkeit überwunden und sind jetzt dabei, den aufrechten Gang zu erlernen. In Anbetracht dessen ist ihr Schritt aber doch schon recht fest, und woher die taktische Klugheit, mit der sie als erstes sich selber zum Volk deklarierten, zum Schöpfer der Historie?

Ihre Forderungen dabei, wie maßvoll, wie präzise zum Punkt: die Freiheiten, Meinungs-, Rede-, Presse-, Versammlungs-, Reisefreiheit; die Entlohnung, für Leistung, nicht Fälschung; die Trennung, von Staatsgewalt und Einheitspartei, von Gesetzgebung, Justiz und Exekutive; und freie Wahlen endlich und Schluß mit dem Machtmonopol eines Apparats, Schluß mit dessen Privilegien; und wie verschmutzt ist unsere, nicht der Regierung, Umwelt denn wirklich; und die Geheimpolizei, laßt sie Nützlicheres tun als Eckenstehen und Ohrenspitzen, sollen sie arbeiten gehen, die Kerle; und überall und von jetzt an Schluß mit den ewigen Lügen, den Ausreden, der Schönfärberei, wir fordern Wahrheit.

Wenn man vergleicht, Demonstrationen früher: im Zentralorgan die seitenlangen Listen der Losungen zum 1. Mai, zum 7. Oktober, eine jede ein Meisterstück nichtssagenden Formelkrams, doch schön gestaffelt in der Marschkolonne zu tragen auf handwerklich perfekt gemachten Transparenten, zur Augenweide für die dort auf der Tribüne – und jetzt die windschiefen Buchstaben, hingeworfen auf rauhes Tuch, auf ein Pappschild, eine Rolle Papier an zwei Holzleisten, aber das Wort darauf bedeutungsschwer. Dabei formt sich das, mal mit Kerzen, mal ohne, immer neu, in dieser Stadt, in jener, wird improvisiert, vor einem Kirchtor, einem Theater, einem verstaubten, schlecht belüfteten Tanzsaal, irgendwo, zumeist aus plötzlichem Anlaß, und zum Teufel mit der amtlichen Genehmigung. Wo haben die das gelernt, Studenten, junge Arbeiter, ein paar Schauspieler, Krankenschwestern, Buchdrucker, Pfarrer, Redakteure, die sich zusammentun von Mal zu Mal, aus dem Stegreif? Wo haben sie gelernt, den Punkt des Anstoßes zu finden, der alle just in dem Moment erregt? Woher wissen sie, welch besondere staatliche Willkür welch besondere Wirkung hat auf das Gemüt der Menschen, das so sensibel geworden ist seit den Oktobertagen? Wer hat sie gelehrt, daß die Leute sich erregen werden, wenn der Generalstaatsanwalt nicht anklagt, die anzuklagen wären für die Brutalitäten von Dresden und von Berlin, und dafür die jungen Soldaten bestraft werden, die sich weigerten, auf wehrlose Frauen einzuprügeln, und über den Wahlbetrug, der immer noch schwärt, und über die Billigung des Massakers von Peking seitens der Spitze des Staates – ja, wer lehrte sie das?

Doch die Gruppen nicht, von denen tuschelnd immer die Rede; politische Dilettanten zumeist, die selbst auf ein Mindestprogramm sich nicht einigen können, amorph, suchen sie selber nach Erfahrung noch. Oder ein Verschwörerbund mit geheimer Disziplin, gebaut nach Leninschem Organisationsprinzip, der alles zentral dirigierte? Aber das ist ebenso unwahrscheinlich, denn gäbe es diesen, die Strukturen von Partei und Staat wären ganz anders bereits erschüttert.

Nein, der große Lehrmeister des Aufruhrs ist die Partei selber: diese Partei, die bei allen Verdrehungen und Entstellungen, bei allem Verschweigen und Verniedlichen, doch immer noch ein wenig Marx hinblätterte und das Kommunistische Manifest, in dem zu lesen steht über die Herrschaftsverhältnisse in der Gesellschaft und über die Revolution. Und mit Recht hat der Herr von Schnitzler, bevor er abtrat als Adlershofs Fernsehkommentator, noch einmal betont, daß stets die Geschichte eine Geschichte von Klassenkämpfen war; doch vergaß er, die Klassen zu nennen, um welche es sich handelt im spezifischen Falle DDR. Hier, im ersten deutschen Arbeiter-und-Bauern-Staat, wurde die Rolle der Feudalherren übernommen von der Großbürokratie; nur der Pöbel blieb der Pöbel.

Hurra für den Pöbel, der den Generalleutnant Rausch zwang, öffentlich Abbitte zu tun für die Gewalttätigkeiten und Mißhandlungen, begangen von seiner Polizei an unschuldigen jungen Menschen in den Tagen des Oktober. Es war wie im glorreichen Jahr 1848, als der König den Hut ziehen mußte vor der Revolution, zum Gedenken an deren Tote, und die Lokalitäten, wo dies beides geschah, liegen nur wenige Schritte entfernt voneinander.

*

In atemberaubend kurzer Zeit haben die Geister, welche die Sekretäre und Bürgermeister und Direktoren und Vorsitzenden und Ober- und Unterleiter selber riefen, den Dialog ihnen aus den Händen genommen; die Sache hat eine Dynamik entwickelt, die mit jeder Rundfunksendung, jeder Fernsehübertragung – über DDR-eigene Medien, bitte sehr! – an Rasanz gewinnt, bis unter den bohrenden Fragen aus der Menge der Demonstranten die Selbstsicherheit der Persönlichkeiten, die so hochgemut zum Gespräch mit dem Volke antraten, schwindet, und ihr Blick, unstet geworden, vergebens nach Halt sucht in der gnadenlosen Menge.

Fast täten sie einem leid; wie unnahbar waren sie vor kurzem noch, wie sicher hinter den festgezurrten Blöcken ihrer Sprache, dem Monolith ihrer Gedankenwelt; jetzt wird ihnen Maß genommen, und jedes ihrer Worte, jedes Zögern im Satz, jede Geste, jede Miene, ins Zigfache vergrößert und verschärft durch das Auge der Kamera, entblößt ihr Wesen. Da ist es schwer zu bestehen, und gerade die Wendigsten finden den geringsten Glauben.

Noch ist alles in der Schwebe. Die Menschen warten ab, bevor sie sich noch einmal festlegen; man traut der Lage nicht, wie rasch kann sie sich wenden, und ist es nicht doch sicherer, man geht fort, statt sich einer ungewissen Zukunft in einem ungewissen Land zu überlassen, in dem man nicht weiß, wer morgen regiert und mit welchen Methoden, und was es zu kaufen geben wird in den Läden, wenn überhaupt etwas, und zu welchen Preisen. Wie denn unter all den Fragen dieses Dialogs, die fortgesetzt auftauchen wie Blasen im Teich, die wirtschaftlichen am rarsten sind: Ahnen sie alle, die Fragenden wie die Befragten, wie wenig sie wissen, und daß hier, in der kaum erforschten Ökonomie des Sozialismus' – was haben uns denn Stalin gegeben und seine Nachfolger an Brauchbarem? – die eigentlichen Gefahren liegen.

*

Noch ist alles in der Schwebe.
Noch sind die Alten in ihren Ämtern, bis auf die drei zur Wende Gefeuerten und den armen Harry Tisch, der, ausgestoßen von seinen eignen Kreaturen, seine Gewerkschaftswelt nicht mehr versteht; und solange sie in ihren Ämtern noch sitzen und sich räkeln auf ihren Stühlen traut keiner, keiner, dem Bestand des Neuen, das so unerwartet dem deutschen Boden entsprang. Sie spielen auf Zeit, noch immer. Irgendwann, hoffen sie, wird das Frage-und-Antwort-Spiel, dem so wenig Konkretes folgt, die Spieler ermüden; irgendwann die Füße zu schmerzen beginnen, die Montag um Montag, und wenn sich's ergibt, auch an anderen Tagen der Woche, über das Pflaster ziehen, und der November ist da, nach dem bunten Oktober, mit dem Matsch auf den Straßen, und Dezember wird folgen. Noch scheuert die Polizei, die grüne wie die geheime, sich wund am Zügel, der sie hält, noch ist nicht entschieden, wie Lenin einst sagte, wer wen.
Doch das Tempo läßt sich nicht bremsen, die Geschichte duldet kein Patt. Den Dialogen müssen und werden Taten folgen.
Es lebe die Republik!

Spiegel

Sozialismus ist …

Rede auf einer Demonstration am 9. Dezember 1989 in Berlin

Wie Sie wissen, habe ich meine Meinung klar und öffentlich auch schon zu einer Zeit gesagt, als andere schwiegen. Ich denke, das gibt mir das Recht, auch jetzt zu sprechen, selbst wenn das, was ich zu sagen habe, mich bei manchem von Ihnen nicht populär machen sollte.

Eine tiefe Skepsis ist unter den Menschen, kein Wunder nach den Ereignissen und Enthüllungen der letzten Tage und Wochen, und manche sagen, je eher wir uns der Bundesrepublik anschlössen, desto besser, und nach vierzig Jahren des verlogenen, real existierenden Sozialismus wird gefragt, was denn Sozialismus eigentlich sei und ob es ihn überhaupt gäbe.

Der Sozialismus – und ich weiß, das mancher das Wort schon nicht mehr hören mag – der Sozialismus ist nicht, ich wiederhole *nicht*, die Diktatur eines Apparats oder einer Partei über das Leben der Menschen, und er ist nicht die Unterdrückung der Wünsche und Gedanken des Volkes. Das ist kein Sozialismus. Der Sozialismus ist vielmehr, oder sollte es sein, Freiheit, Gleichheit, Brüderlichkeit, plus sozialer Gerechtigkeit, und er ist, wie Brecht sagte, das Einfache, das schwer zu machen ist. Ich habe mich seit meiner Jugend für diese Art Sozialismus eingesetzt, und ich habe erlebt, wie viele für diese Sache sich geopfert haben und gestorben sind, und ich bin dagegen, daß jetzt, wo durch die Revolution hier zum ersten Mal es möglich wird, auf einem Stück deutschen Bodens einen solchen menschlichen, demokratischen Sozialismus zu machen, das Land DDR so mir nichts dir nichts aufgegeben werden soll.

Im Zusammenhang mit diesem Gedanken steht der Aufruf „Für unser Land". Der Aufruf wurde verfaßt und unterschrieben von ehrlichen Leuten in der ehrlichen Absicht, zur Klärung der Geister beizutragen. Er war ein Appell an jeden einzelnen in diesem Lande, und es widert mich an, daß er zu einer Kampagne nach altbekannter Manier mißbraucht wurde.

Dennoch hat der Aufruf sein Gutes gehabt: er hat viele zum Nachdenken angeregt, zum Nachdenken über die DDR, Deutschland, die Zukunft. Das deutsche Volk ist eines. Deutschland wurde gespalten als Folge des Krieges, so wie Europa und die Welt gespalten wurden, und in dem Maße, in dem die Spaltung Europas und der Welt aufgehoben wird, wird auch die Spaltung Deutschlands verschwinden; die beiden deutschen Staaten, der Prozeß hat bereits begonnen, werden sich einander annähern und miteinander kooperieren und, alliiertes Einverständnis vorausgesetzt, sogar konföderieren, bis es keine trennende Grenze zwischen ihnen mehr gibt.

Die Frage ist nur, was für ein geeintes Deutschland das dann sein soll: ein Großdeutschland wieder, wie gehabt, durch Anschluß zusammengekommen, ein Viertes Reich, gefürchtet von den Völkern und von nachdenklichen Menschen in beiden deutschen Staaten ebenso – oder ein anderes, Neues, in das auch die Bürger der DDR ihre Erfahrungen und Werte und die Resultate ihrer langjährigen Mühen mit eingebracht haben werden.

Dieses, wie auch das Wohl der Menschen hüben wie drüben, erfordert aber, daß Wirtschaft wie Gesellschaft in der DDR jetzt in Ordnung kommen, in eine demokratische Ordnung.

Ich glaube, das läßt sich schaffen.

Nachwort

Ende Oktober 1988 fuhren wir zusammen von Kiel nach
Karlsruhe, eine Woche Lese-Reise, jeden Abend in einer
anderen Stadt. „Nachruf" war gerade erschienen, seine Au-
tobiographie, und wir hofften, daß sich der Wälzer gut pla-
ziert auf der Bestseller-Liste. Gemeinsam hatten wir die
Stellen gesucht, die er vortragen könnte, kein leichtes Un-
terfangen, 844 Seiten und welch ein Leben. Eine klare Um-
rißzeichnung sollte es sein, farbig, aber nicht grell, sie
müßte Neugier wecken fürs ganze Bild, Lebensbild. („Herr
Heym ist im Anschluß bereit, sein Buch zu signieren", verkündeten die freundlichen Buchhändler). „Zu lang", sagte
ich, als wir hin und her blätterten, „das wird zuviel, das sind
anderthalb Stunden, das hält keiner durch". Da war er beinahe beleidigt. Und er behielt Recht. Respektable Säle, die
Leute, Jeans wie dunkle Anzüge, waren aufmerksam und
animiert und reagierten bis zum Schluß auf Nuancen. Eine
Leselampe auf dem Podium leuchtete in das ruhige, breite
Gesicht zwischen weißen, etwas struppeligen Haaren, die
Stimme trug und hatte im Hintergrund immer noch eine
sanfte sächsische Melodie.

Auf kurzen Spaziergängen, zwischen Intercity und Hotel-
foyer, Interview, Lesung, Abendessen, spielten wir das
Spiel: Wie verändern wir die DDR. Wir hatten die Probleme unseres Landes im Kopf. 1989 stand vor der Tür, die
Erinnerung an die große Revolution der Franzosen, Auf-
bruch in Polen, Ungarn, in der Sowjetunion. Die Honecker-
Partei, „eine hinter ihren Privilegien verschanzte Oligar-
chie", hatte vor dem 40. Jahrestag „das Alter Breschnews"
(Pierre Bordieu).

Heym, wie immer, gab sich auch am Rhein beweglich und
optimistisch, zitierte Hegel und „alles fließt". Ich sekun-
dierte mit dem Toynbee-Modell von den wandlungsunfähi-
gen Minderheiten, die ihre Niederlage proben, und daß
neue Herausforderungen nach Antworten suchen, die von
neuen Minderheiten formuliert werden … Wer kennt sie
nicht, diese endlosen Debatten.

Ein gutes halbes Jahr später, in einer Rede in Frankfurt am Main, sagt er zu Beginn: „Mit dem Alter kommen die Zweifel. Das wird manch einem so gehen; was hat man nicht alles geglaubt und lauthals verkündet – und nun? Und die Versuchung naht sich: Laß es doch gut sein, verkriech dich im Sessel und halt dir die Füß' warm." Und am Schluß dann, typisch für den Mann: „In Ost und West gleichermaßen, so scheint es, hat das Gesetz von der schwindenden Geduld zu wirken begonnen, welches da lautet: je länger die Dauer eines Zustands, desto geringer die Geduld. Wir stehen vor großen Umwälzungen." Das war nach seiner spektakulären Lesung aus dem „Ahasver", zur Frühjahrsmesse in der Leipziger Nikolaikirche. Dreitausend waren gekommen, ihn zu hören – und gingen danach still, „ohne Gewalt". Die Stasi war nervös und in Alarmbereitschaft, Parole: der Gegner schießt sich auf Leipzig ein …

Unsere Spiele? Eins ging so: Die Bewohner von Wandlitz werden ausgesiedelt nach Berlin-Hellersdorf. Sie fahren mit konventionellen Verkehrsmitteln ins Zentrum, dreimal in der Woche verschärft mit großem Gepäck oder Kinderwagen. Sind sie nicht pünktlich am Arbeitsplatz, brummt ihnen ein mürrischer Pförtner Nachsitzen auf. Nach der Arbeit Kaufhalle, Weißkohl und Äpfel … Das fällt mir ein, da ich jetzt in meiner Zeitung lese, daß es ab 20. Februar 1990 Kurgäste gibt in Wandlitz, im Rehabilitationssanatorium Bernau-Waldfrieden …

Im Frühsommer '89 entstand auch die Idee zu diesem Band. Heym sollte, endlich, auch in der DDR als Publizist vorgestellt werden, im Taschenbuch, in hoher Auflage zum kleinen Preis. Zum einen ging es um Biographie. Wohl findet man sein Leben und die Essenz seines politischen Denkens in den Romanen und Erzählungen. Deutlicher noch werden sie im umfangreichen publizistischen Werk. An eine rasche Veröffentlichung des „Nachrufs" in der DDR war vor einem Jahr noch nicht zu denken. Stefan Heym, auf der einen Seite öffentlich geschmähter, „ehemaliger USA-Bürger" und „kaputter Typ", am 20. April 1979, zehn Tage nach seinem 66. Geburtstag rechtskräftig verurteilt wegen Devisenvergehens, auf der anderen populäre „Fernsehpersönlichkeit": „Keine Kneipe im Bereich von ARD und ZDF, in der er anonym sein Bier trinken konnte … Die Öffentlichkeit sein Panzer, kann er, die bekannteste Unperson der Republik, vor Millionen aussprechen, was die meisten seiner Mitbürger nur zu denken wagen und kann derart ihr Denken hier und da sogar beeinflussen." Jenen alten Mann mit kalten Füßen im bequemen Sessel, den er in seiner Frankfurter Rede, Juni 1989, beschwor, läßt er fragen: „Nur, wie dann reagieren, wenn Menschen zu dir kommen, jüngere vor allem, und wissen wollen, wie sie leben sollen in dieser Welt, die du und deinesgleichen geformt haben für sie, und wenn sie Antworten erwarten von dir auf die großen Fragen der Zeit?"

Zum anderen war an Anregung und Wirkung gedacht, an eine Art Mobilmachung kritischen Geistes. Wir hatten bei Reclam im Oktober 1988 Volker Brauns „Verheerende Folgen mangelnden Anscheins innerbetrieblicher Demokratie" in 30 000 Exemplaren herausgebracht, unterdessen kletterte die Auflage auf 100 000, RUB-Band 1276, Einemarkfünfzig, wie ein Flugblatt. („Solange eine Gesellschaft, sie mag mittlerweile wie immer heißen, auf Gewalt beruht, nämlich solange es die da oben und die da unten gibt, bedarf es der Gegengewalt, sie zu verändern", Seite 85.) Jetzt sollten Heyms publizistische Erziehung zur Demokratie, seine kritischen Analysen und Appelle, die aufgeschriebene oder gesprochene, vorgelebte und nachvollziehbare zivile Courage folgen. Wir wollten die notwendigen „großen Umwälzungen", die ins kaputte Haus standen, mit vorbereiten helfen.

Heyms langes Leben ist Polemik im aufklärerischen Sinn sozial-revolutionärer Vorfahren: was als das Bessere erkannt wird, im kleinen wie im großen, soll als Besseres auch etabliert werden, lieber heute als morgen, wenn es geht, sofort.

Stefan Heym war von Beginn an Erzähler und Publizist. „Ich habe mich in das Gewühl des täglichen Kampfes begeben; wenn mir dabei die Krawatte verrutscht ist – nun gut, ich bitte um Entschuldigung." Was er im Sommer 1954 im knappen Vorspruch für eine erste Sammlung seiner Artikel und Reportagen notierte, gilt für den Chemnitzer Oberprimaner, der wegen eines politischen Gedichts 1931 von der

Schule flog, ebenso wie für den Redakteur des New Yorker Volksecho, der sich mit den Nazis herumschlug. Kein touristischer Trip, sondern täglicher Kampf war der Marsch mit der amerikanischen Armee quer durch Frankreich, über den Rhein, bis an die Elbe. Das Headquarter der 12. Armeegruppe zeichnet den Technical Sergeant Nr. 32860259 mit der Bronze Star Medal aus für seine publizistische Arbeit unter direkter Feindbedrohung.

Ungeduld und ein Schuß Hoffnung zuviel auf rasche Entnazifizierung und Demokratisierung ließen ihn früh mit den Realitäten des beginnenden kalten Krieges kollidieren. Seine „Kreuzfahrer" erzählen von einer Mission und markieren zugleich den Abschied von ihr.

Danach kommt der Abschied von McCarthys Amerika und wieder das Gewühl des täglichen Kampfes, als er 1952 in der DDR eintrifft. Hier fühlte er sich gebraucht, nützlich, als Geburtshelfer neuen Denkens und Handelns, da sah er sich anerkannt und weitgehend in Übereinstimmung mit den Zielen des Staates, dessen Bürger er wurde. Scharf beobachten, schreiben ohne Schnörkel, sich einen Kopf machen, das hatte er gelernt; eingreifen, sich einmischen, Veränderungen anregen, das war nach seinem Geschmack. Dieser Gesellschaft wollte er Sicherheit geben, Souveränität, mit ihr wollte er sich identifizieren können. Der wechselvolle Alltag diktierte ihm die Themen seiner Aufsätze, Anregungen, Polemiken in die Schreibmaschine, wenig Zeit blieb, die Krawatte geradezuziehen und sich feinzumachen für das offizielle Parkett. Er kümmerte sich ungeniert um die Besoldung von Krankenschwestern und die Mitbestimmung für kleine Angestellte. Im April 1957 schrieb er: „Lieber hätte ich mich in den letzten Jahren ausschließlich jener Literatur gewidmet, die hier in Deutschland als „schöne" bezeichnet wird zum deutlichen Unterschied von der garstigen des garstigen Alltags. Dennoch hat die Alltagsliteratur ihre Vorzüge. Sie zwingt den Autor, sofort und direkt zu denken, um sofort und direkt Stellung zu nehmen; sie ermöglicht es dem Autor, sofort und direkt zu den Menschen zu sprechen, um sofort und direkt in das Geschehen einzugreifen."

Er schrieb voller Lust und Laune, wie immer eigentlich, wie heute noch, unerschrocken, forsch respektlos, auch Pathos nicht scheuend, kein Blatt vor dem Mund. Heinar Kipphardt sagte ihm zum 65. Geburtstag: „Mich beeindruckte sein enormer Sinn für die Realität, sein Wunsch, eine Identität zwischen Leben und Arbeit zu finden. Die Literatur, verbunden mit einem stark reporterhaften Element, war für ihn ein Mittel zur direkten Einflußnahme auf die Wirklichkeit. Die stärkste Seite seiner Arbeit liegt für mich in der Tradition der amerikanischen Schule der Alltagsbeobachtung. Der Versuch eben, Literatur mit politischer Praxis zu verbinden. Es blieb für ihn immer wichtig, als Schriftsteller eine bestimmte Würde zu behalten. Nicht zu taktieren. Sich nicht anzupassen."

Am 12. Mai 1957 veröffentlichte Stefan Heym, angeregt durch einen Leserbrief, in seiner Kolumne OFFEN GESAGT in der „Berliner Zeitung" den Wortlaut des Göttinger Appells. Achtzehn prominente Wissenschaftler rieten zu einem Verzicht der Bundesrepublik auf Atomwaffen und erklärten zugleich: „Wir bekennen uns zur Freiheit, wie sie heute die westliche Welt gegen den Kommunismus vertritt." Diesen Passus hatte die DDR-Presse unterschlagen. Heym wetterte: „Seit wann scheuen ausgerechnet wir uns vor dem Abdruck langer Texte … Unsere redaktionellen Schönfärber, die uns die westdeutschen Atomwissenschaftler als eine Kollektion waschechter Antifaschisten vorsetzen möchten – sehen sie denn nicht, daß der Göttinger Appell seine riesige Schlagkraft erst dadurch gewinnt, daß sich der Satz von der westlichen Freiheit darin befindet!"
Die redaktionellen Schönfärber fühlten sich gekränkt und nahmen übel. Zwei Tage später erklärte das Redaktionskollegium der „BZ am Abend" unter der Überschrift „Ganz offen gesagt", Heym habe die Journalisten der DDR fast in Bausch und Bogen beleidigt, Gebot für jeden Redakteur sei, das Wesentliche zu popularisieren, Heym aber betreibe unter dem Vorwand großer Offenheit … Popularitätshascherei, sein Artikel zeichne sich durch unmotivierte Überheblichkeit aus. Am 16. Mai stellte sich der Zentralvorstand des DDR-Presseverbandes hinter die BZA-Redakteure, nannte Heyms Formulierung einen ungerechtfertigten Angriff gegen die Vertrauenswürdigkeit unserer Presse und war zu-

gleich der Meinung, daß es nicht zweckmäßig ist, die Polemik über das Für und Wider in den Spalten der Zeitungen fortzusetzen. Heyms Entgegnung blieb ungedruckt: „Der wäre ein schlechter Sozialist, der einer Polemik zu entgehen sucht, indem er den Streitpunkt verschweigt und verdeckt. Polemiken, an denen wir nicht teilnehmen, finden ohne uns statt; und der Dreck wird nicht weniger dadurch, daß man ihn unter den Teppich schiebt."

Leser meldeten sich zu Wort. Heyms Kolumne OFFEN GESAGT, entstanden unmittelbar nach dem 17. Juni 1953, war von Beginn an ein Dialog mit ihnen. „Ich habe gelernt, wo sie der Schuh drückt, ein Schriftsteller muß so etwas wissen," schrieb Heym. – Bravo Heym, schrieb ein Berliner, möge ein gütiges Schicksal Dich noch lange der BZ erhalten. Heym wehrt sich und will sich nicht den Mund verbieten lassen. Im Juli zieht er noch einmal gegen Bürokraten und Schönfärber vom Leder: „Auch wenn er nur ein kleiner Hahn auf einem kleinen Misthaufen ist, umgibt der Bürokrat sich mit Ja-Sagern, denn jeder Zweifel würde seine Autorität und seinen notdürftig zusammengezimmerten Glauben an sich selbst erschüttern. Instinktiv verbündet er sich mit seinesgleichen zum gegenseitigen Schutze, und wer einem aus dem Verein auf die Füße tritt, ,liegt schief' oder ,erschüttert das Vertrauen' und was dergleichen Redensarten mehr sind." Heym zeigte die Zähne, aber es war ein Abgesang. Die Partei wollte sich von ihm nichts mehr sagen lassen, offen schon gar nicht.

Zwei Jahre zuvor, 1956, hatte er sich noch ironisch mit der Westberliner B. Z. angelegt, die meldete: Stefan Heym in Ungnade. Heym damals: „So ist das Leben. Gestern ritt ich noch auf stolzen Rossen bei Ulbricht vor, und heute bin ich in Ungnade. Ich hatte gar nicht gewußt, daß es bei mir so auf und ab geht." Am 18. Mai 1958 schrieb er seinem Chefredakteur: „Es tut mir leid, Ihnen mitteilen zu müssen, daß ich OFFEN GESAGT einstelle."

Die Ausflüge des Schriftstellers Stefan Heym in den Journalismus erscheinen wie Vorstöße. Eingreifen, mitreden, ja, aber er will auch das Feld vorbereiten für eine breite Wirkung seiner Romane. Hartnäckig verteidigt er einmal errungene Positionen. „Alltagsliteratur ist unter den Gattungen der Literatur ungefähr das, was die Infanterie unter den Waffengattungen ist. Ohne Infanterie ist es aber unmöglich, einen Krieg zu gewinnen."

Die Themen seiner Bücher und die seiner publizistischen Arbeiten laufen vielfach parallel – Antifaschismus, Demokratie und Sozialismus, die Arbeiterbewegung und ihre Geschichte, die Situation eines Autors in dieser Welt. Publizistik, der rasche Gang in die Medien und anschaulich-ausholendes Erzählen durchdringen und beflügeln einander. Aber man wird dem Erzähler nicht gerecht, sieht man ihn, mit dem Blick auf sein journalistisches Werk, stärker als politische Figur denn als literarischen Kopf. Seine Bücher sind mehr als eine epische Umsetzung aktueller Themen, sind mehr als Verpackung und Vehikel für zeitkritische Befunde und polemisch gemeinte Diagnosen, mag auch der Journalist durchscheinen in der Prosa, der Dichter im Pressebericht.

Er hat sich gewandelt, und er ist zugleich sich und seiner Überzeugung treu geblieben. Aus dem rigorosen Antifaschismus der dreißiger Jahre wächst sein Engagement für eine Demokratie Rooseveltscher Prägung. Er versucht, demokratisches Bewußtsein mit sozialistischem Gedankengut zu verknüpfen, so, wie er später immer wieder Sozialismus mit Demokratie zu vereinen bemüht ist. Nach seinen Erfahrungen ist das eine nicht denkbar ohne das andere. Man könnte diesem Stefan Heym utopisches Denken vorwerfen, vielleicht auch Naivität hin und wieder, ihm ankreiden, daß er Illusionen nachhing, daß er die Macht des Wortes mit der dem Dichter gebührenden Eitelkeit überschätzte, daß er ein komischer Rufer in der Wüste war – er kontert: „Manchmal ist es notwendig zu rufen, auch wenn es scheint, als ob nichts als Wüste um einen herum ist." So landet er häufig zwischen den Stühlen, aber dieser Schreiber aus Leidenschaft in Berlin-Grünau meint unverdrossen: „In dieser Zeit ist das vielleicht eine ganz ehrenhafte Position."

Er war nicht frei von Irrtümern, hat lange geglaubt, daß vieles leichter gehen sollte, daß er diesem Nazi und jenem kalten Krieger und den vielen Bürokraten nur den Kopf zu waschen brauchte. Es führt eine direkte Linie von seinen Vorschlägen 1953, eine bessere Presse zu machen, von seiner permanenten Kritik an unbrauchbar gewordenen Kommandotönen und Papiermaßnahmen, seinem vehementen Einsatz für demokratischen Sozialismus und eine bürgernahe Rede- und Arbeitsweise hin zur mutigen Attacke gegen das SED-Politbüromitglied Konrad Naumann, dem er vor versammelten Schriftstellerkollegen im März 1977 sagte: „Unterschiedliche Meinungen, die es geben muß, muß man auch ausdrücken können. Kritik muß man auch bei uns öffentlich äußern können."

Da ist vor 25 Jahren mitten in Berlin, *in der schönen neuen Kongreßhalle am Alexanderplatz* etwas passiert: Ein „Internationales Colloquium der Schriftsteller sozialistischer Länder" findet statt im Dezember 1964 und Heym tritt, wieder einmal in Verschiß bei den Behörden, *zu dem Ereignis gar nicht erst eingeladen,* unaufgefordert ans Rednerpult, *er hätte wohl ein paar Worte zu sagen:* „Aber wieviel mehr hätten diese Menschen (in den sozialistischen Ländern) durch ihre Mühen und Opfer erreichen können, um wieviel weiter hätte die Geschichte vorwärts geschritten sein können, wenn ihr Fortschritt nicht gehemmt worden wäre von dem, was mit großer Zurückhaltung als Entstellung der Leninschen Normen bezeichnet wird?" Heym forderte, *als er da stand in der Kongreßhalle und den Offiziellen in die staunend geöffneten Münder sah:* „Diskussion ohne Tabus, Bezweifeln auch des scheinbar Selbstverständlichen, Infragestellen auch des scheinbar längst Feststehenden." Und: „Wir diskutieren unsere Anschauungen, um den Leib des Sozialismus von den Rost- und Blutflecken der Stalin-Ära und von dem Schimmelpilz der Bürokratie zu säubern." *Ein Husarenstreich, ein einsamer, gewiß* – die Zusammenhänge sind nachzulesen im „Nachruf" und das, was er vorträgt, ist überschrieben mit: Stalin verläßt den Raum.

Verblüffendes, Frappierendes Vorausdenken. 1965: „Die gegenwärtigen Formen der Demokratie im Sozialismus können nicht als die endgültigen betrachtet werden ... Sozialismus erfordert Zweifel, selbständiges Denken, Lust an der Initiative! Erreichen wir das, dann werden sich die nationalen Fragen ebenso lösen wie die ökonomischen." 1973 in der New York Times: „Die Bürokratie muß den Bedürfnissen der Bürger untergeordnet, und das Leben der Bürger muß materiell lohnender und geistig anregender gestaltet werden ... Die Menschen sind da, mit denen das geschafft werden kann. Wenn die Chance verpaßt wird, dann wird Ostdeutschland in seiner eigenen Trägheit stecken bleiben."

Der knappe, leicht fortzuschreibende Rückblick erscheint legitim, denn er signalisiert Kontinuität im Grundsätzlichen, Einmischung in Permanenz. „Ich glaube, ich habe immer ein Doppelleben geführt eins als Dichter und eins als Journalist ... Ich habe mich immer, wo nötig, ohne poetische Ziererei den Problemen gestellt." (Im Gespräch mit Günter Gaus, Oktober 1985). Woher das kommt, Klarsicht und Klartext lange bevor Glasnost, Perestroika und Wende zu handlichen, geschmeidigen Begriffen zwischen Morgenzeitung und Tagesthemen avancierten, wissen wir heute genauer, nachdem er uns seinen „Nachruf" geschrieben hat. Es ist der alte, manchmal bärtige, oftmals totgesagte, aber nicht totzukriegende aufklärerische Impetus, der das, was gerade ist, nicht als etwas Gegebenes und auf ewig Gefügtes begreift, sondern als etwas Gewordenes, von Menschen gemacht und verwaltet. Solche Alles-fließt-Verhältnisse und die Leute in ihnen, meint Heym, sind ansprechbar und sie verändern sich. „Die Feindbilder zerbröckeln; die Menschen sind es satt, die klügeren unter ihnen wenigstens, einander mit Haß im Herzen zu sehen, wenn Haß sie alle so teuer zu stehen kommt." (April 1989) Der „kleine Mann", eine zentrale Figur in seinem Denken, Schreiben, Reden muckt auf gegen den starken, der ihm ans Zeug geht, und er schaut dabei auf den Schriftsteller als moralische Anstalt, ob der das nun will oder nicht. „Das ist ja überhaupt das Komische, daß die Schriftsteller in dieser Zeit in Westdeutschland wie bei uns immer dazu aufgerufen werden, irgendetwas zu vertreten und plötzlich zu Leitfiguren werden ..." (Im Gespräch mit Günter Grass, Brüssel 1984). Ob er's mag oder nicht oder ob er hin und wieder auch damit kokettiert – „Ich wünschte, daß uns die Politiker, die eigentlich dafür bezahlt werden, die Aufgabe abnähmen" – er ist zur Institution geworden. Allerdings: nicht als Produzent von Leit-Bildern, nicht als Former und Kneter unbedarfter Seelen, sondern als Betreiber eines Labors für die Produktion von Selbstbesinnung, Selbstbewußtsein, Mündigkeit. Wenn schon Leitfigur, dann mit dem noblen Ziel, sich überflüssig zu machen.

Fünf Reden und Aufsätze vom historischen Herbst 1989 stehen am Ende unseres Bandes. Heym schreibt und redet und diskutiert, der Schriftsteller geht, wie viele seiner Kollegen, auf die Straße. Ich sehe ihn, wie er am 28. Oktober durchs Mittelschiff der Berliner Erlöser-Kirche zum provisorischen Podium drängt, durch ein Beifall-Spalier solidarischer Verehrung, „wider den Schlaf der Vernunft". Der Kundgebungssprecher am Alexanderplatz kündigt ihn an als „Nestor unserer Bewegung". Einer trug ein Foto von ihm durch die Demonstranten, „Heym for President" hat er draufgeschrieben.

Jetzt, im Januar 1990, finde ich ihn nachdenklich und fragend. Der optimistische Vorausseher und geradlinige Vernünftler alter Schule fühlt sich unbehaglich in „Strömungen, die wir in Gang setzten, doch nicht allzeit beherrschen." „Wer versucht hat, sich einzumischen in das Geschehen, durch Tat, durch Wort oder sonstwie, der muß sich fragen lassen, ob er denn glaube, daß er sein Ziel erreicht hat, oder ob nicht vielmehr sein Mühen sich als vergeblich erwies."

Vorm Haus stehen Besucher unangemeldet am niedrigen Gartentor, Telefon, übervoll ist der Briefkasten – zustimmendes Schulterklopfen, Bitten um Lebenshilfe wie immer, aber auch: „Bleibt uns vom Leib mit euren geistreichen Argumenten, vierzig Jahre eures Sozialismus sind genug, haben wir jeder doch nur ein einziges Leben und bitte, keine Experimente mehr mit uns und Deutschland, Deutschland."

Fragen. Was haben wir gewollt, was nun? „Und wo, in Dreiteufels Namen, bleibt die neue Konzeption, die so nötig und so dringlich gebraucht wird? Weiterhin Sozialismus –

ja oder nein? Und wenn ja, welche Art Sozialismus denn? Mit wieviel Prozent Marktwirtschaft, welchen Besitzverhältnissen?"

„Wer, oder was, wurde besiegt durch den, bisher wenigstens, friedlichen Aufruhr des Volkes? War es der Sozialismus, der da geschlagen worden war, wie manche jetzt jubeln, die bar jeglichen Gedankens an Sinn oder Unsinn des Lebens, ausgezogen sind, dies Leben endlich nur zu genießen und ohne moralische Skrupel? Oder nicht doch das System nur, der regierende Klüngel, der die Idee verfälscht hatte zum Nutzen der eigenen Herrschaft und für den Besitz von Jagdrechten in Privatrevieren und von Armaturen im Badezimmer, wie sie die Ewings in Dallas allemal prächtiger hatten?"

„Aber wie es nun aussieht, sind die Geschädigten, seit sie die Mauer durchbrachen, nicht mehr in Stimmung, zwischen dem Mißbrauch einer Idee und der Idee selber zu unterscheiden …"

Da hebt er das Haupt aus den Schultern, hebt sich ab von den Mühen und Enttäuschungen des Alltags: „Es kann sich ja auch richten", sagt er. „Und es könnte sich herausstellen, daß wir doch im Recht waren …" Der streitbare, umstrittene, liebenswerte alte Uhu aus Grünau: „Das Klare und Vernünftige wird auferstehen, nicht als Phönix vielleicht, eher wie ein Spatz, der den Kopf aus dem Dreck steckt und trotzig von neuem zu tschilpen beginnt." Und klettert steifbeinig über eine steile Leiter in den Dachboden, wo die Schreibmaschine wartet.

Januar 1990   *Heiner Henniger*

Inhalt